Diogenes Taschenbuch 20304

Das Diogenes Lesebuch französischer Erzähler

Herausgegeben von
Anne Schmucke und
Gerda Lheureux

Diogenes

Die Nachweise im Anhang
verfaßte Leslie Giger

12/82/8/1
ISBN 3 257 20304 7

Inhalt

»Man muß hauptsächlich darauf arbeiten, Lust und Liebe zum Lesen zu wecken; sonst erzielt man weiter nichts als mit Büchern bepackte Esel.«

Montaigne

Stendhal
Vanina Vanini

Es war an einem Frühlingsabend des Jahres 1829. Ganz Rom war in Bewegung: der berühmte Bankier, Herzog von B..., gab einen Ball in seinem neuen Palazzo am Venezianischen Platz. Alles, was die Künste Italiens, der Luxus von Paris und London hervorbringen können an Herrlichkeiten, hatte sich vereinigt zur Verschönerung dieses Palastes. Der Zustrom war gewaltig. Die sonst so zurückhaltenden schönen Blondinen des englischen Adels hatten sich eifrig um die Ehre einer Einladung zu diesem Ball beworben; sie kamen in Menge. Die schönsten Frauen Roms stritten mit ihnen um den Schönheitspreis. Ein junges Mädchen – der Glanz ihrer Augen und ebenholzschwarzen Haare verkündeten die Römerin – trat am Arm ihres Vaters ein; alle Blicke folgten ihr. Ein seltsamer Stolz lag in jeder ihrer Bewegungen.

Die Fremden waren sichtlich verblüfft von der Pracht dieses Balles. »Kein König in Europa«, sagten sie, »gibt Feste, die diesem nahekommen.«

Die Könige haben keinen Palast von römischer Architektur; sie sind gezwungen, die großen Damen ihres Hofes einzuladen; der Herzog von B... fordert nur hübsche Frauen auf. An diesem Abend war er glücklich gewesen in seinen Einladungen; die Männer schienen geblendet. Man wollte entscheiden, wer unter so vielen bemerkenswerten Frauen die schönste wäre; man schwankte kurze Zeit; aber schließlich wurde die Fürstin Vanina Vanini, das junge Mädchen mit dem schwarzen Haar und den Feueraugen, zur Königin des Balles ausgerufen. Alsbald verließen die Fremden und die jungen Römer alle andern Salons und drängten in den, wo sie sich aufhielt.

Auf den Wunsch ihres Vaters, des Fürsten Asdrubale Vanini, hatte sie zunächst mit zwei oder drei regierenden Fürsten Deutschlands getanzt. Sie nahm sodann die Aufforderungen einiger sehr schöner und sehr vornehmer Engländer an, deren steifes Wesen sie langweilte. Mehr Gefallen fand sie offenbar daran, den jungen Livio Savelli zu quälen, der sehr verliebt schien. Er war der glänzendste junge Mann von Rom und aus fürstlichem Haus; aber, hätte man ihm einen Roman zu lesen gegeben, er hätte das Buch nach der zwanzigsten Seite weggeworfen und erklärt, es mache ihm Kopfweh. Das war ein Nachteil in Vaninas Augen.

Gegen Mitternacht verbreitete sich auf dem Ball eine Neuigkeit, die starken Eindruck machte. Ein junger, in der Engelsburg gefangengehaltener Carbonaro war am selben Abend in einer Verkleidung entflohen; bei der letzten Gefängniswache angekommen, hatte er in romantisch mutwilliger Kühnheit die Soldaten mit einem Dolch angegriffen, war aber selbst verwundet worden; und nun folgten die Häscher der Spur seines Blutes durch die Straßen; man hoffte ihn einzufangen.

Während diese Begebenheit erzählt wurde, führte Don Livio gerade Vanina vom Tanze auf ihren Platz zurück; geblendet von ihrer Schönheit und ihren Erfolgen und beinah wahnsinnig vor Liebe, sagte er:

»Vergeben Sie die Frage – wer könnte Ihnen überhaupt gefallen?«

»Der junge Carbonaro, der eben entsprungen ist«, antwortete ihm Vanina, »der hat doch wenigstens mehr getan, als geboren zu werden.«

Der Fürst Don Asdrubale näherte sich seiner Tochter. Don Asdrubale ist reich: seit zwanzig Jahren hat er nicht mit seinem Intendanten abgerechnet, so daß der ihm seine eignen Einkünfte zu hohem Zinsfuße leiht. Wenn man ihm auf der Straße begegnet, könnte man ihn für einen alten Schauspieler halten; es würde einem nicht auffallen, daß er fünf, sechs mächtige Ringe mit dicken Diamanten an den Händen trägt. Seine beiden Söhne sind Jesuiten geworden und dann im Irrsinn gestorben. Er hat sie vergessen; aber daß seine einzige Tochter Vanina nicht heiraten will, verdrießt ihn sehr. Sie ist schon neunzehn Jahre alt und hat die glänzendsten Partien ausgeschlagen. Aus welchem Grunde? Demselben, der Sulla dazu brachte, abzudanken: Verachtung für die Römer.

Am Tag nach dem Balle bemerkte Vanina, daß ihr Vater, sonst der nachlässigste Mensch, der sich nie im Leben die Mühe gegeben hatte, einen Schlüssel in die Hand zu nehmen, umständlich die Tür zu einer kleinen Treppe verschloß, welche zu einigen Zimmern im dritten Stockwerk des Palastes führte. Die Fenster dieser Zimmer gingen auf eine Terrasse mit Orangenbäumen. Vanina hatte einige Besuche in der Stadt zu machen; als sie zurückkam, war das Hauptportal des Palais durch die Vorbereitungen zu einer Illumination versperrt; der Wagen fuhr durch die Hinterhöfe. Vanina hob die Augen und sah mit Erstaunen, daß ein Fenster der Räume, welche ihr Vater so sorgfältig abgeschlossen hatte, offenstand. Sie entledigte sich ihrer Gesellschaftsdame, stieg in den Giebelstock hinauf und suchte so lange, bis sie ein kleines vergittertes Fenster fand, das auf die Terrasse mit den Orangenbäumen ging.

Zwei Schritt vor ihr war das offene Fenster, das sie gesehen hatte. Die Stube war bewohnt, aber von wem nur?

Andern Tages verschaffte sich Vanina einen Schlüssel zur Terrassentür.

Schleichend wie ein Marder kam sie an das Fenster, das noch offen war. Ein Laden verbarg sie. Hinten im Zimmer stand ein Bett und in dem Bett lag jemand. Erst wollte sie sich zurückziehen; aber dann bemerkte sie ein Frauenkleid, das auf einen Stuhl geworfen war. Als sie die Person im Bette schärfer ins Auge faßte, sah sie, daß diese blond und offenbar sehr jung war. Sie zweifelte nicht mehr daran, daß es eine Frau wäre. Das Kleid auf dem Stuhl war blutbesudelt; auch an den Frauenschuhen, die auf einem Tisch standen, war Blut. Die Unbekannte machte eine Bewegung; Vanina nahm wahr, daß sie verwundet war. Ein großes blutbeflecktes Stück Linnen bedeckte ihre Brust; das Linnen war nur mit Bändern festgemacht; diesen Verband konnte nicht die Hand eines Wundarztes angelegt haben. Vanina bemerkte, daß ihr Vater sich täglich gegen vier Uhr in seine Gemächer einschloß und sodann die Unbekannte besuchte; bald kam er wieder herunter, stieg in den Wagen und fuhr zur Gräfin Vitteleschi. Sobald er fort war, ging Vanina hinauf auf die kleine Terrasse, von wo sie die Unbekannte beobachten konnte. Ihr Gemüt war erregt zugunsten dieser jungen, so unglücklichen Frau; sie suchte ihr Abenteuer zu erraten. Das blutige Kleid auf dem Stuhl schien von Dolchstichen zerrissen zu sein. Vanina konnte die Risse zählen. Eines Tages sah sie die Unbekannte genauer; ihre blauen Augen waren zum Himmel gerichtet; sie schien zu beten. Bald füllten Tränen die schönen Augen; und der jungen Fürstin wurde es schwer, nicht zu ihr zu sprechen. Am nächsten Tage wagte es Vanina, sich vor der Ankunft ihres Vaters auf der kleinen Terrasse zu verstecken. Sie sah Don Asdrubale bei der Unbekannten eintreten; er trug ein Körbchen mit Speisen. Der Fürst sah besorgt aus und redete nicht viel. Er sprach so leise, daß Vanina, obwohl die Glastür offen war, seine Worte nicht verstehen konnte. Er ging gleich wieder.

»Diese arme Frau muß schreckliche Feinde haben«, sagte sich Vanina, »wenn mein Vater, der doch so sorglos ist, sich niemandem anzuvertrauen wagt und die Mühe nimmt, täglich hundertzwanzig Stufen zu steigen.«

Als Vanina eines Abends den Kopf sachte dem Fenster der Unbekannten näherte, begegnete sie ihren Augen, und alles ward entdeckt. Vanina warf sich auf die Knie und rief:

»Ich liebe Sie, ich bin Ihnen ergeben!«

Die Unbekannte winkte ihr, einzutreten.

»Können Sie mir verzeihen?« rief Vanina. »Wie beleidigend muß Ihnen meine dumme Neugier vorkommen! Ich schwöre Ihnen Verschwiegenheit, und wenn Sie es verlangen, werde ich nie wiederkommen.«

»Wen müßte es nicht glücklich machen, Sie zu sehen?« sagte die Unbekannte. »Bewohnen Sie dies Palais?«

»Gewiß«, erwiderte Vanina. »Aber ich sehe, Sie kennen mich nicht: ich bin Vanina, Don Asdrubales Tochter.«

Die Unbekannte sah sie verwundert an, errötete heftig und sagte dann:

»Gewähren Sie mir die Hoffnung, daß Sie mich alle Tage besuchen werden; aber ich wünschte, daß der Fürst nicht um Ihre Besuche wüßte.«

Vaninas Herz schlug heftig; das Benehmen der Unbekannten schien ihr voll Vornehmheit. Diese arme junge Frau hatte ohne Zweifel irgendeinen Mächtigen beleidigt. Hatte sie vielleicht in einem Anfall von Eifersucht ihren Liebhaber getötet? Eine gewöhnliche Ursache konnte Vanina ihrem Mißgeschick nicht zutrauen. Die Unbekannte sagte ihr, daß sie an der Schulter eine Wunde bekommen hatte bis in die Brust und die ihr viel Schmerz machte. Oft hatte sie den Mund voll Blut.

»Und Sie haben keinen Wundarzt!« rief Vanina.

»In Rom«, sagte die Unbekannte, »müssen, wie Sie wissen, die Wundärzte der Polizei genau Bericht erstatten über alle Verwundungen, die sie behandeln. Der Fürst geruht, eigenhändig meine Wunden hier mit dieser Leinwand zu verbinden.«

Die Unbekannte vermied es mit großer Feinheit, ihren Unfall rührend darzustellen; Vanina liebte sie inbrünstig. Nur eins verwunderte die junge Fürstin: mitten in einer sicherlich recht ernsthaften Unterhaltung hatte die Unbekannte Mühe, eine plötzliche Lachlust zu unterdrücken.

»Ich wäre glücklich«, sagte Vanina, »Ihren Namen zu wissen.«

»Ich heiße Clementina.«

»Liebe Clementina, morgen um fünf Uhr will ich Sie besuchen.«

Am Tage danach fand Vanina ihre neue Freundin sehr krank.

»Ich will Ihnen einen Wundarzt bringen«, sagte Vanina und küßte sie.

»Lieber will ich sterben«, sagte die Unbekannte. »Sollte ich meine Wohltäter bloßstellen?«

»Der Wundarzt von Monsignore Savelli-Catanzara, dem Gouverneur von Rom, ist der Sohn eines Bediensteten von uns«, erwiderte lebhaft Vanina; »er ist uns ergeben, und durch seine Stellung hat er niemand zu fürchten. Mein Vater glaubt nicht an seine Treue; ich werde ihn holen lassen.«

»Ich will keinen Wundarzt!« rief die Unbekannte mit einer Heftigkeit, die Vanina überraschte. »Kommen Sie zu mir, und sollte Gott mich zu sich rufen, so werde ich glücklich in Ihren Armen sterben.«

Am nächsten Tag ging es ihr schlechter.

»Wenn Sie mich lieben«, sagte Vanina im Weggehen, »so lassen Sie einen Arzt kommen.«

»Wenn er kommt, ist mein Glück dahin.«

»Ich lasse ihn holen«, erwiderte Vanina.

Wortlos hielt die Unbekannte sie zurück, nahm ihre Hand und bedeckte sie mit Küssen. Es gab ein langes Schweigen; die Unbekannte hatte Tränen in den Augen. Schließlich ließ sie Vaninas Hand los und sagte mit einer Miene, als ginge sie in den Tod:

»Ich habe Ihnen ein Geständnis zu machen. Vorgestern, als ich sagte, ich hieße Clementina, habe ich gelogen; ich bin ein unglücklicher Carbonaro ...«

Erstaunt schob Vanina ihren Stuhl zurück. Bald erhob sie sich.

»Ich fühle«, fuhr der Carbonaro fort, »daß dies Geständnis mir das einzige Gut raubt, das mich noch an das Leben fesselt; aber es ist unter meiner Würde, Sie zu täuschen. Ich heiße Pietro Missirilli; ich bin neunzehn Jahre alt; mein Vater ist ein armer Wundarzt aus Sant-Angelo-in-Vado, ich bin Carbonaro. Man hat unsere letzte Venta überrascht; ich bin in Fesseln aus der Romagna nach Rom geführt worden. Dreizehn Monate verbrachte ich in einem Verlies, wo Tag und Nacht eine Lampe brannte. Eine mitleidige Seele hat den Einfall gehabt, mich befreien zu lassen. Man verkleidete mich als Frau. Als ich das Gefängnis verließ und bei der Wache des letzten Tores vorbeikam, schimpfte ein Soldat auf die Carbonari; ich habe ihm eine Ohrfeige gegeben. Ich versichere Ihnen, daß es kein eitles

Bravourstück von mir war, sondern einfach Geistesabwesenheit. Nachts in den Straßen Roms, nach diesem törichten Streich verfolgt, von Bajonettstößen verwundet, schon meine Kräfte verlierend, dringe ich in ein Haus ein, dessen Tür offensteht; ich höre, wie die Soldaten mir nachkommen, ich springe in einen Garten hinab, falle ein paar Schritte vor einer lustwandelnden Dame hin.«

»Gräfin Vitteleschi, die Freundin meines Vaters«, sagte Vanina.

»Wie? Hat sie es Ihnen gesagt?« rief Missirilli. »Nun, wie dem auch sei, diese Dame, deren Namen nie ausgesprochen werden darf, rettete mir das Leben. Während die Soldaten bei ihr eintraten, um mich zu ergreifen, ließ mich Ihr Vater in seinem Wagen wegfahren. – Ich fühle mich sehr schlecht: seit einigen Tagen hindert mich dieser Bajonettstich in der Schulter am Atmen. Ich werde sterben, verzweifelt sterben, da ich Sie nicht wiedersehen soll.«

Vanina hatte ungeduldig zugehört; sie ging rasch fort: Missirilli fand kein Mitleid in diesen schönen Augen, nur verletzter Hochmut lag in ihnen.

Nachts erschien ein Wundarzt; er war allein. Missirilli war verzweifelt; er fürchtete, Vanina nie wiederzusehn. Er stellte dem Wundarzt Fragen; der ließ ihn zur Ader, ohne zu antworten. Die folgenden Tage das gleiche Schweigen. Pietros Augen wichen nicht von dem Fenster zur Terrasse, durch das Vanina einzutreten pflegte; er war sehr unglücklich. Einmal glaubte er gegen Mitternacht jemanden im Schatten auf der Terrasse zu bemerken: war es Vanina?

Jede Nacht kam Vanina und drückte ihre Wange an die Scheibe.

»Wenn ich zu ihm spreche«, sagte sie sich, »bin ich verloren! Nein, niemals darf ich ihn wiedersehn!«

Als sie diesen Entschluß gefaßt hatte, erinnerte sie sich wider Willen an die Freundschaft, die sie zu diesem Jüngling ergriffen hatte, als sie ihn so töricht für eine Frau hielt. Nach so süßer Vertraulichkeit sollte sie ihn also vergessen! In ihren vernünftigsten Momenten erschrak Vanina vor dem Wechsel, der sich in ihrem Denken vollzog. Seit Missirilli sich zu erkennen gegeben hatte, waren ihr alle Dinge, an die sie sonst zu denken pflegte, wie mit einem Schleier verhüllt und in die Ferne gerückt.

Ehe eine Woche um war, trat Vanina, blaß und bebend, mit dem Wundarzt in das Zimmer des jungen Carbonaro. Sie wollte ihm sagen, daß er den Fürsten veranlassen müßte, sich durch einen Bedienten vertreten zu lassen. Sie blieb keine zehn Sekunden; aber einige Tage später kam sie wieder mit dem Wundarzt, aus Menschlichkeit. Dann eines Abends, als es Missirilli schon viel besser ging und Vanina nicht mehr den Vorwand hatte, für sein Leben zu fürchten, wagte sie es, allein zu kommen. Bei ihrem Anblick war Missirilli auf dem Gipfel des Glücks, aber er suchte, seine Liebe zu verbergen; vor allem wollte er nicht von der einem Manne geziemenden Würde abweichen. Vanina war mit geröteter Stirne und vor Liebesworten bangend bei ihm eingetreten: es verwirrte sie, als er sie mit edler und ergebener, aber kühler Freundschaft empfing. Als sie ging, versuchte er nicht, sie zurückzuhalten.

Als sie einige Tage danach wiederkam, dasselbe Benehmen, dieselben Versicherungen ehrerbietiger Ergebenheit, ewiger Dankbarkeit. Da gab es für sie kein Übermaß im Zaum zu halten, und Vanina fragte sich, ob sie allein liebte. Dieses bisher so stolze junge Mädchen fühlte mit Bitterkeit die ganze Größe ihres Wahnsinns. Sie spielte Heiterkeit und sogar Kühle und kam seltener, aber sie konnte es nicht über sich gewinnen, den jungen Kranken nicht mehr zu sehen.

Missirilli fühlte brennende Liebe, aber in dem Gedanken an seine niedere Herkunft und an das, was er sich schuldig war, hatte er sich gelobt, sich nicht zu Liebesreden zu verstehen, es sei denn, daß Vanina acht Tage lang nicht zu ihm käme. Nach und nach verging der Stolz der jungen Fürstin.

»Gut«, sagte sie sich schließlich, »wenn ich ihn sehe, so tue ich es für mich, um mir Freude zu machen, und nie werde ich ihm meine Zuneigung bekennen.«

Sie machte Missirilli lange Besuche, und er sprach mit ihr, wie er es hätte tun können, wenn zwanzig Personen zugegen gewesen wären. Einmal, nachdem sie den Tag damit verbracht hatte, ihn zu verabscheuen und sich fest zu versprechen, noch kälter und strenger mit ihm zu sein als gewöhnlich, sagte sie ihm am Abend, daß sie ihn liebte. Bald hatte sie ihm nichts mehr zu verweigern.

Ihre Tollheit war groß, aber Vanina war vollkommen glücklich. Missirilli dachte nicht mehr an das, was er seiner Manneswürde schuldig zu sein glaubte; er liebte, wie man zum ersten Male liebt mit neunzehn Jahren und in Italien. In der Gewissenhaftigkeit der Liebe aus Leidenschaft ging er so weit, der jungen stolzen Fürstin einzugestehen, welche Politik er getrieben hatte, um von ihr geliebt zu werden. Er war von dem Übermaß seines Glückes überrascht. Vier Monate vergingen im Fluge. Eines Tages gab der Wundarzt dem Kranken seine Freiheit wieder. »Was soll ich tun?« dachte

Missirilli. »Verborgen bleiben bei einer der schönsten Römerinnen? Die erbärmlichen Tyrannen, die mich dreizehn Monate gefangenhielten, mich nie das Tageslicht sehen ließen, werden glauben, meinen Mut gebrochen zu haben! Italien, du bist wahrhaftig unglücklich, wenn dich deine Kinder um so Geringes im Stiche lassen!«

Vanina zweifelte nicht daran, daß es Pietros größtes Glück wäre, für immer an sie gefesselt zu bleiben; er schien ja so glücklich; aber in seiner Seele hallte ein bitteres Wort des Generals Bonaparte wider und bestimmte seine ganze Haltung zu den Frauen. Als der General Bonaparte im Jahre 1796 Brescia verließ, sagten die Stadtväter, die ihn zum Tore geleiteten, zu ihm, daß die Brescianer mehr als alle andern Italiener die Freiheit liebten.

»Ja«, antwortete er, »sie lieben es, zu ihren Liebchen davon zu sprechen.«

Missirilli sagte mit ziemlich gezwungener Miene zu Vanina: »Sobald es Nacht wird, muß ich fort!«

»Sieh zu, vor Tagesanbruch ins Palais zurückzukommen; ich werde dich erwarten.«

»Bei Tagesanbruch werde ich schon mehrere Meilen von Rom fern sein.«

»Sehr gut«, sagte Vanina kalt, »und wohin gehst du?«

»In die Romagna, mich zu rächen.«

»Da ich reich bin«, erwiderte Vanina mit der ruhigsten Miene, »so wirst du, hoffe ich, Waffen und Geld von mir annehmen.«

Missirilli sah sie einige Augenblicke an, ohne die Miene zu verziehen: dann warf er sich in ihre Arme und rief:

»Seele meines Lebens, du machst mich alles vergessen, selbst meine Pflicht. Aber je edler dein Herz ist, um so mehr mußt du mich verstehen.«

Vanina weinte sehr, und es wurde verabredet, daß er Rom erst am übernächsten Tage verlassen sollte.

»Pietro«, sagte sie am nächsten Tage, »oft hast du mir gesagt, daß ein Mann von Ansehen, ein römischer Fürst zum Beispiel, der über viel Geld verfügen könnte, imstande wäre, der Sache der Freiheit die größten Dienste zu leisten, wenn jemals Österreich fern von uns in irgendeinen großen Krieg verwickelt wird.«

»Zweifellos«, sagte Pietro erstaunt.

»Nun gut! Du bist kühn; dir fehlt nur eine hohe Stellung; ich biete dir meine Hand an und zweihunderttausend Lire Einkommen. Ich nehme es auf mich, die Einwilligung meines Vaters zu erreichen.«

Pietro warf sich ihr zu Füßen; Vanina strahlte vor Freude.

»Ich liebe dich leidenschaftlich«, sagte er, »aber ich bin ein armer Diener des Vaterlandes; je unglücklicher Italien ist, um so treuer muß ich ihm bleiben. Um Don Asdrubales Einwilligung zu erreichen, müßte ich mehrere Jahre hindurch eine traurige Rolle spielen. Vanina, ich weise deine Hand zurück.«

Missirilli mußte sich beeilen, Wort zu halten; der Mut wollte ihm versagen.

»Mein Unglück«, rief er, »ist, daß ich dich mehr liebe als das Leben, und daß es für mich die schlimmste Strafe ist, Rom zu verlassen. Ach, warum ist Italien nicht schon befreit von den Barbaren! Mit welcher Lust ginge ich mit dir zu Schiff, um in Amerika zu leben!«

Vanina erstarrte. Dies Ausschlagen ihrer Hand hatte ihren Stolz überrascht; aber bald warf sie sich Missirilli in die Arme.

»Nie bist du mir so liebenswert erschienen«, rief sie; »ja, mein kleiner Landbader, ich bin dein für immer. Du bist ein großer Mann, wie unsere Ahnen, die Römer.«

Alle Zukunftsbilder, alle trübseligen Einflüsterungen des gesunden Menschenverstandes verschwanden; es war ein Augenblick vollkommener Liebe. Als man wieder vernünftig reden konnte, sagte Vanina:

»Ich werde fast ebensobald wie du in der Romagna sein. Ich lasse mir die Bäder der Toretta verordnen. Ich werde das Schloß beziehen, das wir in San Nicolo bei Forli besitzen . . .«

»Dort will ich mein Leben mit dir verbringen«, rief Missirilli.

»Mein Los ist von nun an, alles zu wagen«, fuhr Vanina fort und seufzte. »Ich werde zugrunde gehn für dich, aber es tut nichts. Wirst du ein entehrtes Mädchen lieben können?«

»Bist du nicht mein Weib«, sprach Missirilli, »das ich immer verehren werde? Ich werde dich zu lieben, dich zu schützen verstehen.«

Vanina mußte in Gesellschaft gehen. Kaum hatte sie Missirilli verlassen, so fing er an, sein Benehmen barbarisch zu finden.

»Was ist das, das Vaterland?« fragte er sich. »Es ist nicht ein Wesen, dem wir Dank schulden für eine Wohltat und das leiden würde, uns verfluchen könnte, wenn wir undankbar sind. Vaterland, Freiheit, das ist wie mein Mantel, etwas, das mir nützt, das ich mir kaufen muß, wenn ich es nicht vom Vater geerbt habe . . . aber ich liebe am Ende Freiheit und Vaterland nur, weil diese beiden Dinge mir nützlich sind. Wenn ich nichts mit ihnen anfangen kann, wenn sie für mich wie ein Mantel im Monat August sind, was hilft es mir, sie zu kaufen, noch dazu zu solch hohem Preise? Vanina ist so schön! Sie hat einen so seltenen Geist! Man wird ihr zu gefallen suchen; sie wird mich vergessen. Welche Frau hat jemals nur Einen geliebt? Diese römischen Fürsten, die ich als Staatsbürger verachte, haben mir soviel voraus! Sie müssen sehr liebenswert sein! Ach, wenn ich weggehe, vergißt sie mich, und ich verliere sie für immer.«

Mitten in der Nacht kam Vanina zu ihm; er erzählte ihr, in welche Unsicherheit er versunken war, wie er gegen das große Wort Vaterland aus Liebe zu ihr gestritten hatte. Vanina war glückselig.

»Müßte er bedingungslos wählen zwischen dem Vaterland und mir«, sagte sie sich, »ich würde siegen.«

Die Glocke der nahen Kirche schlug drei Uhr; der Augenblick des letzten Lebewohls kam. Pietro riß sich aus den Armen seiner Freundin. Schon stieg er die kleine Treppe hinab, da sagte Vanina mit verhaltenen Tränen lächelnd:

»Hätte dich ein armes Weib vom Lande gepflegt, tätest du nichts, um ihr zu danken? Versuchtest du nicht, es zu bezahlen? Die Zukunft ist ungewiß, du reisest mitten unter deine Feinde; gib mir drei Tage zum Danke, als wäre ich ein armes Weib, dem du die Pflege bezahlen wolltest.«

Missirilli blieb. – Endlich verließ er Rom. Mit Hilfe eines von einer ausländischen Gesandtschaft gekauften Passes gelangte er zu seiner Familie. Es gab große Freude; man hatte ihn tot geglaubt. Seine Freunde wollten zur Feier seiner glücklichen Ankunft ein oder zwei Karabinieri (so heißen die Gendarmen im Kirchenstaat) töten.

»Laßt uns nicht ohne Notwendigkeit einen Italiener töten, der mit Waffen umzugehen weiß«, sagte Missirilli, »unser Vaterland ist keine Insel wie das glückliche England; uns fehlen Soldaten, um der Einmischung der Könige Europas zu widerstehen.«

Einige Zeit danach wurde Missirilli von den Karabinieri heftig verfolgt: er tötete zwei von ihnen mit der Pistole, die Vanina ihm gegeben hatte. Man setzte einen Preis auf seinen Kopf.

Vanina erschien nicht in der Romagna: Missirilli glaubte sich vergessen. Seine Eitelkeit war verletzt. Er fing an, über den Standesunterschied nachzudenken, der ihn von seiner Geliebten trennte. In einem Augenblick der Rührung und des Heimwehs nach dem vergangenen Glück kam ihm der Gedanke, nach Rom zurückzukehren und zu sehen, wie es Vanina ginge. Schon war dieser tolle Gedanke im Begriff, über das, was er für seine Pflicht hielt, zu triumphieren, da läutete eines Abends die Glocke einer Bergkirche das Angelus auf seltsame Art, als wäre der Glöckner nicht recht bei der Sache. Das war ein Zusammenkunftssignal für die Venta der Carbonari, welcher Missirilli sich bei seiner Ankunft in die Romagna angeschlossen hatte. In derselben Nacht fanden sich alle in einer bestimmten Einsiedelei im Walde ein. Die beiden Einsiedler waren mit Opium betäubt und merkten nicht, zu welchem Zwecke ihr Häuschen diente. Missirilli, der in trüben Gedanken ankam, erfuhr, daß der Anführer der Venta gefangen worden war und daß er, ein junger Mensch von kaum zwanzig Jahren, zum Oberhaupt einer Venta gewählt werden sollte, zu der Männer von über fünfzig Jahren zählten, die schon seit Murats Feldzug im Jahre 1815 an den Verschwörungen teilhatten. Als ihm diese unverhoffte Ehre zuteil wurde, fühlte Pietro sein Herz schlagen. Sobald er allein war, beschloß er, nicht mehr an die junge Römerin zu denken, die ihn vergessen hatte, und alle seine Gedanken der Pflicht zu weihen, Italien von den Barbaren zu befreien.

Zwei Tage später las Missirilli in dem Bericht über die ein- und abreisenden Personen, den man ihm als dem Oberhaupte der Venta vorlegte, daß die Prinzessin Vanina auf ihrem Schloß San Nicolo eingetroffen war. Der Anblick dieses Namens brachte seiner Seele mehr Verwirrung als Freude. Umsonst wähnte er, dem Vaterlande seine Treue dadurch zu sichern, daß er es über sich gewann, nicht gleich am Abend selbst zum Schlosse San Nicolo zu eilen; das Bild Vaninas, die er vernachlässigte, hinderte ihn, seine Pflichten in vernünftiger Art zu erfüllen. Am nächsten Tage sah er sie; sie liebte ihn wie in Rom. Ihr Vater, der sie verheiraten wollte, hatte ihre Abreise verzögert. Sie brachte zweitausend Zechinen mit. Diese unvorhergesehene Hilfe diente in hervorragender Weise der Erhöhung seines Ansehens in der neuen Würde. Man ließ in Korfu Dolche anfertigen; man gewann den Privatsekretär des Legaten, welcher mit der Verfolgung der Carbonari beauftragt war. So bekam man die Liste der Pfarrer, die der Regierung Spionendienste leisteten.

Um diese Zeit wurden die Vorbereitungen zu einer Verschwörung fertig, die weniger tollkühn war als die meisten, die in dem unglücklichen Italien gewagt worden sind. Es ist hier nicht am Platz, auf die Einzelheiten einzugehen. Nur soviel will ich sagen: hätte das

Unternehmen Erfolg gekrönt, so konnte Missirilli einen guten Teil des Ruhmes für sich beanspruchen. Durch seine Tatkraft hätten sich mehrere tausend Aufständige auf ein gegebenes Signal erhoben und in Waffen die Ankunft höherer Führer erwartet. Der entscheidende Moment nahte, als, wie das immer geschieht, die Verschwörung durch die Verhaftung der Führer lahmgelegt wurde.

Kaum war Vanina in der Romagna, so hatte sie den Eindruck, daß die Liebe zum Vaterland ihren Geliebten jede andre Liebe vergessen machte. Das reizte den Hochmut der jungen Römerin. Umsonst versuchte sie, vernünftig zu sein; ein finsterer Gram kam über sie: sie überraschte sich dabei, daß sie die Freiheit verfluchte. Eines Tages, als sie nach Forli zu Missirilli kam, war sie ihres Schmerzes, den bisher ihr Stolz gemeistert hatte, nicht mehr Herr.

»Wahrhaftig«, sagte sie zu ihm, »du liebst mich wie ein Gatte, ich habe auf mehr gerechnet.«

Bald flossen ihre Tränen; aber es waren Tränen der Scham, daß sie sich bis zu Vorwürfen herabgelassen hatte. Missirilli blieb diesen Tränen gegenüber geistesabwesend. Plötzlich kam Vanina der Gedanke, ihn zu verlassen und nach Rom zurückzukehren. Sie fand eine qualvolle Freude darin, sich für die Schwäche, die sie zum Sprechen gebracht hatte, zu bestrafen. Nach wenigen Minuten des Schweigens war ihr Entschluß gefaßt; sie hätte sich Missirillis unwürdig gefunden, wenn sie ihn nicht verließ. Sie genoß in Gedanken seine schmerzliche Überraschung, wenn er sie vergeblich neben sich suchen würde. Aber bald ergriff sie schmerzhaft der Gedanke, daß sie nicht die Liebe des Mannes hatte gewinnen können, für den sie soviel Tollkühnes getan. Da brach sie das Schweigen und machte alle Anstrengungen, um ein Liebeswort aus ihm zu locken. Er sagte ihr mit zerstreuter Miene sehr zärtliche Dinge; wenn er aber von seinen politischen Unternehmungen sprach, hatte er einen viel herzlicheren Ton; mit Schmerz rief er aus:

»Ach! wenn es diesmal nicht glückt, wenn die Regierung wieder alles entdeckt, verlasse ich unsere Sache.«

Vanina blieb still. Seit einer Stunde fühlte sie, daß sie den Geliebten zum letzten Male sah. Das Wort, das er ausgesprochen, gab ihrem Geist eine verhängnisvolle Erleuchtung. Sie überlegte:

Die Carbonari haben von mir mehrere tausend Zechinen erhalten. An meiner Aufopferung für die Verschwörung kann man nicht zweifeln.

Sie fuhr aus ihrer Versonnenheit nun auf, um Pietro zu sagen:

»Willst du vierundzwanzig Stunden mit mir auf dem Schloß San Nicolo zusammen sein? Eure Versammlung heute abend bedarf deiner Gegenwart nicht. Morgen früh können wir in San Nicolo spazierengehen; das wird deine Erregung beruhigen und dir alle Kaltblütigkeit geben, die du in diesem ernsten Moment brauchst.«

Pietro ging darauf ein.

Vanina verließ ihn, um die Vorbereitungen für ihre Reise zu treffen, und schloß ihn wie gewöhnlich in das kleine Zimmer ein, in dem sie ihn verborgen hatte.

Sie eilte zu einer ihrer früheren Kammerfrauen, die sich nach Forli verheiratet hatte, wo sie einen kleinen Handel betrieb. Dort angekommen, schrieb sie hastig auf den Rand eines Gebetbuches, das sie im Zimmer fand, genaue Angaben über den Ort, wo die Venta der Carbonari sich in der Nacht desselben Tages vereinigen sollte. Sie schloß ihre Denunziation mit den Worten: »Diese Venta besteht aus neunzehn Mitgliedern; hier ihre Namen und Adressen.« Die folgende Liste war sehr genau bis auf den einen Punkt, daß der Name Missirilli ausgelassen war. Nachdem sie dies geschrieben, sagte sie zu der Frau, deren sie sicher war:

»Bring dies Buch zum Kardinal-Legaten; er soll das Geschriebene lesen und dir das Buch wiedergeben. Hier sind zehn Zechinen; wenn jemals der Kardinal deinen Namen erfährt, ist es dein sicherer Tod; aber du rettest mir das Leben, wenn du den Legaten die Seite lesen lässest, die ich geschrieben habe.«

Alles gelang vortrefflich. Aus Furcht benahm sich der Legat nicht als großer Herr. Er erlaubte der Frau aus dem Volke, die ihn sprechen wollte, mit Maske vor ihm zu erscheinen unter der Bedingung, daß ihr die Hände gefesselt würden. So wurde die Händlerin vor den hohen Herrn geführt, der sich hinter einem Riesentisch mit grünem Tuche verschanzt hatte.

Der Legat las die Seite im Gebetbuch, das er aus Furcht vor einem scharfen Gift weit von sich weghielt. Er gab es der Händlerin zurück und ließ niemanden ihr nachgehn. Weniger als vierzig Minuten, nachdem sie ihren Geliebten verlassen hatte, erschien Vanina, die ihre frühere Kammerfrau hatte zurückkommen sehn, wieder vor Missirilli, den sie von nun an ganz ihr eigen glaubte. Sie erzählte ihm von einer außerordentlichen Bewegung in der Stadt; man bemerkte Patrouillen von Karabinieri in Straßen, in die sie sonst nie kamen.

»Wenn du mir glauben willst«, fügte sie hinzu, »so reisen wir am besten gleich nach San Nicolo.«

Missirilli war einverstanden. Sie gingen zu Fuß bis zu dem Wagen der jungen Prinzessin, in dem ihre Gesellschaftsdame, eine zuverlässige und gutbezahlte Vertraute, eine halbe Stunde vor der Stadt wartete.

Auf dem Schlosse San Nicolo angekommen, war Vanina, verstört von ihrem seltsamen Unternehmen, doppelt zärtlich zu dem Geliebten. Aber indem sie ihm von Liebe sprach, hatte sie das Gefühl, Komödie zu spielen. Gestern bei dem Verrat war ihr keine Reue in den Sinn gekommen. Jetzt, während sie ihn in ihren Armen hielt, sagte sie sich:

»Es gibt ein Wort, das man ihm sagen kann, und wird dieses Wort ausgesprochen, so muß er mich augenblicklich und für immer verabscheuen.«

Mitten in der Nacht drang ein Bedienter ungestüm in ihr Zimmer ein. Dieser Mensch war Carbonaro, wovon sie nichts ahnte. Missirilli hatte also Geheimnisse vor ihr, selbst in solchen Kleinigkeiten. Sie erschauerte. Dieser Mann brachte Missirilli die Nachricht, daß in der Nacht in Forli die Häuser von neunzehn Carbonari umzingelt und sie selbst, als sie von der Venta zurückkamen, festgenommen wurden. Trotz des unerwarteten Überfalles hatten sich neun gerettet. Zehn konnten die Karabinieri in die Festung der Zitadelle bringen. Beim Eintritt in diese hatte sich einer durch einen Sturz in den tiefen Brunnen getötet.

Vanina verlor die Fassung; glücklicherweise bemerkte Pietro es nicht; er hätte ihr Verbrechen in ihren Augen lesen können.

»In diesem Augenblick«, fügte der Bediente hinzu, »bildet die Garnison von Forli eine Kette durch alle Straßen. Jeder Soldat ist nur so weit vom nächsten entfernt, daß er zu ihm sprechen kann. Die Einwohner können nur dort von einer Seite der Straße zur andern hinüber, wo ein Offizier steht.«

Als dieser Mann hinausgegangen war, hatte Pietro nur einen Augenblick des Nachdenkens. Dann sagte er: »Für den Moment ist nichts zu machen.«

Vanina verging; sie zitterte unter den Blicken ihres Geliebten.

»Was hast du nur so Ungewöhnliches?« fragte er.

Dann dachte er an etwas andres und sah sie nicht mehr an. Gegen Mittag wagte sie es, ihm zu sagen:

»Da ist nun wieder eine Venta entdeckt; ich denke, nun wirst du für einige Zeit ruhig sein.«

»Sehr ruhig«, antwortete Missirilli mit einem Lächeln, das sie schaudern machte.

Sie mußte einen Anstandsbesuch bei dem Dorfpfarrer von San Nicolo machen, der ein Spion der Jesuiten sein konnte. Als sie um sieben Uhr zum Essen heimkam, fand sie das kleine Zimmer, in dem ihr Liebhaber verborgen gewesen, verlassen. Außer sich, lief sie ihn suchend durch das ganze Haus; er war nicht zu finden. Verzweifelt kehrte sie in das kleine Zimmer zurück; nun erst bemerkte sie einen Zettel; sie las:

»Ich werde mich dem Legaten stellen; ich verzweifle an unsrer Sache; der Himmel ist gegen uns. Wer hat uns verraten? Offenbar der Unglückliche, der in den Brunnen gesprungen ist. Da mein Leben dem armen Italien nutzlos ist, will ich nicht, daß meine Kameraden, wenn sie sehen, daß ich allein nicht verhaftet bin, auf den Gedanken kommen können, ich habe sie verkauft. Leb wohl; wenn Du mich liebst, trachte mich zu rächen. Verdirb, vernichte den Schurken, der uns verraten hat, und wäre es mein eigner Vater.«

Vanina fiel in einen Stuhl, halb ohnmächtig und in quälendes Weh versunken. Sie konnte kein Wort sprechen; ihre Augen waren trocken und brannten.

Endlich warf sie sich auf die Knie.

»Großer Gott!« rief sie, »nimm mein Gelübde an; ja, ich werde den Schurken bestrafen, der verraten hat; aber zuvor muß Pietro die Freiheit wiederbekommen.«

Eine Stunde später war sie auf dem Wege nach Rom. Seit langem drängte ihr Vater sie, zurückzukommen. Während ihrer Abwesenheit hatte er ihre Heirat mit dem Fürsten Livio Savelli eingeleitet. Gleich nach ihrer Ankunft sprach er ihr mit Zagen davon. Zu seinem großen Erstaunen war sie vom ersten Wort an einverstanden. Am selben Abend stellte ihr der Vater bei der Gräfin Vitteleschi Don Livio fast offiziell vor; sie sprach viel mit ihm. Er war sehr elegant und hatte die schönsten Pferde; aber obwohl man ihm viel Geist zusprach, galt er doch für so oberflächlich, daß die Regierung keinerlei Verdacht auf ihn hatte. Vanina meinte, wenn sie ihn zunächst verliebt machte, könnte er ihr als bequemer Agent dienen. Da er Neffe des Monsignore Savelli-Catanzara, des Gouverneurs von Rom und Polizeiministers, war, vermutete sie, daß die Spione nicht wagen würden, ihm nachzuspüren.

Nachdem sie einige Tage den liebenswürdigen Don Livio gut

behandelt hatte, erklärte ihm Vanina, er könnte nie ihr Gatte werden; er wäre für sie zu oberflächlich.

»Wenn Sie nicht solch ein Kind wären«, sagte sie zu ihm, »so hätten die Beamten Ihres Oheims keine Geheimnisse für Sie. Zum Beispiel was hat man beschlossen in betreff der Carbonari, die letzthin in Forli entdeckt wurden?«

Zwei Tage später kam Don Livio mit der Mitteilung zu ihr, alle in Forli ergriffenen Carbonari wären entsprungen. Sie heftete ihre großen schwarzen Augen mit dem bitteren Lächeln tiefster Verachtung auf ihn und würdigte ihn den ganzen Abend keines Wortes. Zwei Tage darauf bekannte ihr Don Livio errötend, daß man ihn zunächst getäuscht habe.

»Aber«, sagte er, »ich habe mir einen Schlüssel zum Arbeitszimmer meines Oheims verschafft; ich habe aus den Papieren, die ich dort fand, ersehen, daß eine Kongregation oder Kommission, bestehend aus den namhaftesten Kardinälen und Prälaten, sich in aller Heimlichkeit versammelt und berät über die Frage, ob man diese Carbonari in Rom oder Ravenna aburteilen soll. Die neun in Forli ergriffenen Carbonari und ihr Oberhaupt, ein gewisser Missirilli, der die Dummheit begangen hat, sich zu stellen, werden in diesem Moment auf dem Kastell San Leo gefangengehalten.«

Bei dem Worte Dummheit kniff Vanina den Fürsten heftig.

»Ich will selbst die amtlichen Schriftstücke sehn«, sagte sie, »und mit Ihnen in das Arbeitszimmer Ihres Oheims gehn; Sie werden schlecht gelesen haben.«

Bei diesen Worten erschrak Don Livio; Vanina bat ihn um etwas fast Unmögliches; aber das bizarre Wesen dieses jungen Mädchens verdoppelte seine Liebe. Wenige Tage später konnte Vanina, als Mann verkleidet, in einer niedlichen Livree in den Farben des Hauses Savelli eine halbe Stunde über den geheimsten Papieren des Polizeiministers verbringen. Heftiges Glück ergriff sie, als sie den täglichen Bericht über den Angeklagten Pietro Missirilli entdeckte. Ihre Hände zitterten, als sie dies Papier hielten. Beim Anblick seines Namens war sie einer Ohnmacht nahe. Als sie das Palais des Gouverneurs von Rom verließen, erlaubte Vanina dem Don Livio, sie zu küssen.

»Sie bestehen die Proben gut«, sagte sie, »denen ich Sie unterwerfe.«

Nach solch einem Worte hätte der junge Fürst den Vatikan in Brand gesteckt, um Vanina zu gefallen. An diesem Abend war ein Ball bei dem französischen Gesandten; sie tanzte viel und fast immer mit Don Livio. Er war trunken vor Glück, es raubte ihm jede Überlegung.

»Mein Vater ist bisweilen seltsam«, sagte Vanina eines Tages zu ihm, »heute morgen hat er zwei seiner Leute fortgejagt, die mit Tränen zu mir gekommen sind. Der eine hat mich gebeten, bei Ihrem Oheim, dem Gouverneur von Rom, untergebracht zu werden; der andre, welcher unter der Franzosenherrschaft Artillerist war, möchte auf der Engelsburg angestellt sein.«

»Ich nehme beide in meinen Dienst«, sagte lebhaft der junge Fürst.

»Habe ich Sie darum gebeten?« erwiderte hochmütig Vanina. »Ich wiederhole Ihnen wörtlich die Bitte dieser armen Leute; sie sollen das bekommen, was sie wünschen, und nichts andres.«

Das war äußerst schwierig. Monsignore Cantazara war durchaus kein leicht zugänglicher Mann und nahm in sein Haus nur Leute auf, die ihm wohlbekannt waren. Mitten in einem Leben, das dem Anschein nach von allen Genüssen erfüllt war, fühlte sich Vanina elend, gefoltert von Gewissensqualen. Der schleppende Gang der Ereignisse war ihr tödlich. Der Agent ihres Vaters hatte ihr Geld verschafft. Sollte sie das Vaterhaus verlassen, in die Romagna gehen und versuchen, ihren Geliebten zu befreien? So töricht dieser Plan war, sie war schon im Begriff, sich an seine Ausführung zu machen; da hatte der Zufall Mitleid mit ihr.

Don Livio sagte ihr: »Die zehn Carbonari der Venta Missirilli sollen nach Rom überführt werden, unter dem Vorbehalt, nach ihrer Verurteilung in der Romagna hingerichtet zu werden. Das hat mein Oheim heute abend beim Papst durchgesetzt. Sie und ich sind die einzigen in Rom, die um dies Geheimnis wissen. Sind Sie zufrieden?«

»Sie werden ein Mann«, antwortete Vanina; »schenken Sie mir Ihr Porträt.«

Einen Tag bevor Missirilli nach Rom kommen sollte, reiste Vanina unter einem Vorwand nach Città Castellana. In dem Gefängnis dieser Stadt läßt man die Carbonari übernachten, die man von der Romagna nach Rom überführt. Sie sah Missirilli morgens, als er das Gefängnis verließ; er war in Ketten auf einem Karren; er erschien ihr sehr bleich, aber durchaus nicht entmutigt. Eine alte Frau warf ihm ein Veilchenbukett zu; Missirilli dankte lächelnd.

Vanina hatte ihren Geliebten gesehn; alle ihre Gedanken schienen aufgefrischt; sie hatte neuen Mut. Schon vor langem hatte sie dem

Abbate Cari, dem Anstaltspfarrer der Engelsburg, in die ihr Geliebter gebracht werden sollte, eine schöne Beförderung verschafft; sie hatte den braven Priester zum Beichtiger genommen. Es ist nichts Geringes in Rom, Beichtvater einer Fürstin zu sein, deren Oheim der Gouverneur ist.

Der Prozeß der Carbonari von Forli war nicht lang. Um sich für die Überführung derselben nach Rom, die sie nicht verhindern konnten, zu rächen, setzten die Ultras die Kommission, welche die Carbonari richten sollte, aus den ehrgeizigsten Prälaten zusammen. Vorsitzender der Kommission war der Polizeiminister.

Das Gesetz gegen die Carbonari ist klar; die von Forli konnten sich keinerlei Hoffnung machen; gleichwohl verteidigten sie ihr Leben mit allen möglichen Ausflüchten. Die Richter verurteilten sie nicht nur zum Tode, mehrere stimmten sogar für grausame Strafen, Handabhacken usw. Der Polizeiminister, dessen Glück gemacht war (denn man verläßt diesen Posten nur, um den Kardinalshut aufzusetzen), hatte kein Bedürfnis nach abgehackten Händen: er ging mit dem Urteilsspruch zum Papste und ließ die Strafe aller Verurteilten in einige Jahre Gefängnis umwandeln. Nur Pietro Missirilli war ausgenommen. In diesem jungen Mann sah der Minister einen gefährlichen Fanatiker, und außerdem war er schon wegen der bereits erwähnten Ermordung der beiden Carabinieri zum Tode verurteilt. Vanina erfuhr das Urteil und die Strafmilderung wenige Augenblicke, nachdem der Minister vom Papste zurückkam.

Als am nächsten Tage Monsignore Catanzara gegen Mitternacht in sein Palais heimkehrte, war sein Kammerdiener nicht da; der Minister wunderte sich, läutete mehrere Male; endlich erschien ein alter einfältiger Bedienter; ungeduldig entschloß sich der Minister, sich selbst auszukleiden. Er verschloß die Tür; es war sehr heiß; er nahm sein Gewand und warf es als Bündel auf einen Stuhl. Aber er hatte zu kräftig geschleudert, und das Gewand flog über den Stuhl fort und schlug gegen den Musselinvorhang des Fensters, darin zeichneten sich die Formen einer Menschengestalt ab. Rasch sprang der Minister an sein Bett und ergriff eine Pistole. Als er wieder zum Fenster kam, trat ein sehr junger Mann, in seine Livree gekleidet, vor ihn, die Pistole in der Hand. Bei diesem Anblick hob der Minister die Pistole ans Auge, im Begriff zu schießen. Da sagte der junge Mann lachend:

»Aber, Monsignore, erkennen Sie Vanina Vanini nicht?«

»Was bedeutet dieser schlechte Scherz?« rief der Minister zornig.

»Lassen Sie uns kühl und vernünftig sein«, sagte das junge Mädchen. »Zunächst: Ihre Pistole ist entladen.«

Verwundert vergewisserte sich der Minister davon; dann zog er einen Dolch aus der Tasche des Unterkleides.

Vanina sagte mit reizend gebieterischem Ausdruck:

»Setzen wir uns, Monsignore.« Und sie nahm ruhig auf einem Kanapee Platz.

»Sind Sie wenigstens allein?« fragte der Minister.

»Ganz allein, ich schwöre es Ihnen!« rief Vanina.

Davon überzeugte sich nun der Minister sorgfältig: er ging rings durch das Zimmer und sah überall nach; sodann setzte er sich auf einen Stuhl drei Schritte von Vanina.

»Was könnte mir daran liegen«, sagte Vanina mit sanfter und ruhiger Miene, »einem maßvollen Manne nach dem Leben zu trachten, der wahrscheinlich durch einen schwächlichen Hitzkopf ersetzt werden würde, der sich und die andern zugrunde richten könnte?«

»Was wollen Sie also, mein Fräulein?« sagte der Minister verdrossen. »Dieser Auftritt sagt mir durchaus nicht zu und darf nicht andauern.«

»Was ich hinzuzufügen habe«, erwiderte Vanina mit Hoheit und hatte mit einmal nicht mehr ihre liebenswürdige Miene, »ist für Sie wichtiger als für mich. Man will, daß der Carbonaro Missirilli mit dem Leben davonkomme; wird er hingerichtet, so überleben Sie ihn nicht um eine Woche. Ich habe an all dem kein Interesse; die Tollheit, über die Sie sich beklagen, habe ich begangen, zunächst, um mich zu belustigen, und dann, um einer meiner Freundinnen dienlich zu sein.« Dann fuhr Vanina wieder mit ihrer Gesellschaftsmiene fort: »Ich habe einem Mann von Geist einen Dienst leisten wollen, einem Manne, der bald mein Oheim sein und nach allem Anschein den Glanz seines Hauses hoch erheben wird.«

Der Minister gab die ärgerliche Miene auf; die Schönheit Vaninas trug ohne Zweifel zu diesem raschen Wechsel bei. Man kannte in Rom den Geschmack des Monsignore Catanzara für die hübschen Frauen, und in ihrer Verkleidung als Lakai des Hauses Savelli mit den straff anliegenden Seidenstrümpfen, einer roten Hose, der himmelblauen Weste mit Silberborte und mit der Pistole in der Hand, war Vanina hinreißend.

»Liebe künftige Nichte«, sagte der Minister, schon dem Lachen nahe, »Sie begehen da eine große Tollheit und es wird nicht Ihre letzte sein.«

»Ich hoffe, daß eine so einsichtsvolle Persönlichkeit mein Geheimnis wahren wird«, antwortete Vanina, »und besonders Don Livio gegenüber, und um Sie hierzu zu bewegen, mein lieber Oheim, werde ich, wenn Sie dem Schützling meiner Freundin das Leben schenken, Ihnen einen Kuß geben.«

Indem sie die Unterhaltung in dem halb scherzhaften Ton fortsetzte, mit dem die römischen Damen die größten Angelegenheiten zu behandeln verstehen, gelang es Vanina, dieser Zusammenkunft, welche mit der Pistole in der Hand begonnen hatte, die Stimmung eines Besuchs zu geben, den die junge Fürstin Savelli ihrem Oheim, dem Gouverneur von Rom, macht.

Monsignore Catanzara wies zwar mit Stolz den Gedanken zurück, sich durch Einschüchterung etwas aufdrängen zu lassen, aber er war nun doch so weit, seiner Nichte alle Schwierigkeiten auseinanderzusetzen, auf die er bei dem Versuche, Missirillis Leben zu retten, stoßen würde. Indem er dies besprach, ging der Minister mit Vanina im Zimmer auf und ab; er nahm eine Karaffe mit Limonade und füllte ein Kristallglas. In dem Augenblick, als er es an die Lippen setzen wollte, nahm es Vanina ihm fort, hielt es einige Zeit in der Hand und ließ es dann wie in Gedanken aus dem Fenster fallen. Gleich darauf nahm der Minister ein Schokoladenplätzchen aus einer Bonbonnière. Vanina entriß es ihm und sagte lachend:

»Geben Sie doch acht, alles bei Ihnen ist vergiftet; denn man wollte Ihren Tod. Ich aber habe die Begnadigung meines künftigen Oheims durchgesetzt, um nicht mit ganz leeren Händen in die Familie Savelli einzutreten.«

Monsignore Catanzara war höchst erstaunt; er dankte seiner Nichte und gab große Hoffnung für das Leben Missirillis.

»Unser Handel ist fertig!« rief Vanina, »und zum Beweise hier den Lohn.« Und sie küßte ihn.

Der Minister nahm den Lohn.

»Sie müssen wissen, meine liebe Vanina«, sagte er dann, »ich liebe das Blutvergießen nicht. Übrigens bin ich, obwohl ich Ihnen vielleicht recht alt erscheine, noch jung und kann noch zu einer Zeit am Leben sein, wo das heute vergossene Blut ein Makel sein wird.«

Es schlug zwei Uhr, als Monsignore Catanzara Vanina bis zur kleinen Gartentür begleitete.

Als am übernächsten Tage der Minister in ziemlicher Verlegenheit über sein Vorhaben vor dem Papst erschien, sagte er zu Seiner Heiligkeit:

»Vor allem habe ich Sie um eine Begnadigung zu ersuchen. Einer der Carbonari von Forli ist zum Tode verurteilt geblieben; diese Vorstellung raubt mir den Schlaf; man muß diesen Menschen retten.«

Als der Minister sah, daß der Papst an seinem Entschluß festhielt, machte er viele Einwände und setzte ein Motu proprio auf, das der Papst schließlich, gegen das Herkommen, unterzeichnete.

Vanina hatte gedacht, daß sie vielleicht die Begnadigung ihres Geliebten erreichen könnte, daß man aber versuchen würde, ihn zu vergiften. Seit gestern hatte Missirilli von ihrem Beichtiger, dem Abbate Cari, einige kleine Pakete Schiffszwieback erhalten, mit dem Wink, die Gefängniskost nicht anzurühren.

Als Vanina nachher erfahren hatte, daß die Carbonari von Forli nach dem Kastell San Leo überführt werden sollten, wollte sie versuchen, Missirilli bei seinem Aufenthalt in Città Castellana zu sehen; sie traf vierundzwanzig Stunden vor den Gefangenen in dieser Stadt ein; dort fand sie den Abbate Cari, der mehrere Tage vor ihr angekommen war. Er hatte es beim Kerkermeister durchgesetzt, daß Missirilli mitternachts in der Kapelle des Gefängnisses die Messe hören könnte. Man ging noch weiter: wenn Missirilli sich freiwillig die Arme und Beine mit einer Kette fesseln ließe, würde der Kerkermeister zurückbleiben an der Tür der Kapelle, von wo aus er den Gefangenen, für den er verantwortlich war, immer sehen konnte, ohne indessen hören zu können, was er sprach.

Endlich erschien der Tag, der über Vaninas Schicksal entscheiden sollte. Vom Morgen ab schloß sie sich in der Gefängniskapelle ein. Wer könnte die Gedanken in Worte fassen, die sie diesen langen Tag hindurch bewegten? Liebte Missirilli sie genug, um ihr zu verzeihen? Sie hatte seine Venta verraten, aber ihm hatte sie das Leben gerettet. Als in dieser gefolterten Seele die Vernunft die Oberhand gewann, schöpfte Vanina die Hoffnung, er würde darauf eingehen, mit ihr Italien zu verlassen: hatte sie gesündigt, so war es aus Liebesübermaß. Als es vier Uhr schlug, hörte sie von fern das Getrappel der Pferde der Karabinieri auf dem Pflaster. Der Laut jedes Trittes schien in ihrem Herzen widerzuhallen. Bald unterschied sie das Rollen der Karren, auf denen die Gefangenen befördert wurden. Sie machten auf dem kleinen Platz vor dem Gefängnis halt; sie sah, wie zwei Karabinieri Missirilli heraushoben, der allein auf einem Karren und so mit Ketten belastet war, daß er sich nicht rühren konnte. Wenigstens lebt er, sagte sie sich mit Tränen in den Augen, sie haben ihn noch nicht vergiftet! Der Abend war qualvoll; die Altarlampe, die sehr hoch angebracht war und für die der Kerkermeister mit Öl kargte, erhellte allein die düstere Kapelle. Vaninas Augen irrten über die Grabsteine einiger großer Herren des Mittelalters, die im Gefängnis nebenan gestorben waren. Ihre Steinbilder hatten grimmige Mienen.

Längst hatten alle Geräusche aufgehört; Vanina war verloren in düstere Gedanken. Kurz nach dem Mitternachtsläuten glaubte sie ein leises Geräusch zu hören, wie den Flug einer Fledermaus. Sie versuchte einen Schritt und sank halb ohnmächtig an die Balustrade des Altars. Im selben Augenblick erschienen zwei Phantome in ihrer Nähe, die sie nicht hatte kommen hören. Es war der Kerkermeister mit Missirilli, den soviel Ketten belasteten, daß er wie von ihnen eingewickelt war. Der Kerkermeister öffnete eine Laterne und stellte sie so neben Vanina auf die Balustrade des Altars, daß er seinen Gefangenen deutlich sehen konnte. Dann zog er sich in den Hintergrund nahe der Tür zurück. Kaum war der Kerkermeister fort, so stürzte sich Vanina Missirilli an die Brust. Während sie die Arme um ihn schlang, fühlte sie nichts als kalte kantige Ketten. Wer hat ihm diese Ketten gegeben? dachte sie. Es machte sie nicht glücklich, ihren Geliebten zu küssen. Diesem Schmerz folgte ein zweiter, stechenderer; sie glaubte einen Augenblick, Missirilli wüßte ihr Verbrechen, so eisig war sein Empfang.

»Liebe Freundin«, sagte er endlich, »ich bedaure die Liebe, die Sie für mich hegen; umsonst denke ich nach, womit ich Ihr Gefühl verdient habe. Wir kehren besser, glauben Sie mir, zu christlicheren Gefühlen zurück und vergessen die Trugbilder, die uns ehedem in die Irre geführt haben; ich kann Ihnen nicht angehören. Das beständige Mißgeschick, das meine Unternehmen verfolgt hat, kommt vielleicht von dem Zustande der Todsünde, in dem ich mich beständig befunden habe. Und auch wenn man nur auf den Rat der Menschenklugheit hörte, warum wurde ich nicht in jener Unglücksnacht von Forli mit meinen Freunden verhaftet? Warum war ich im Augenblicke der Gefahr nicht auf meinem Posten? Warum hat meine Abwesenheit den grausamsten Verdacht rechtfertigen können? Ich hatte eine andere Leidenschaft als die für die Freiheit Italiens.«

Vanina konnte sich nicht von ihrer Bestürzung über die Veränderung Missirillis erholen. Ohne sichtlich abgemagert zu sein, hatte er das Aussehn eines Dreißigjährigen. Vanina schrieb diese Veränderung der schlechten Behandlung, die er in der Gefangenschaft erlitten, zu und brach in Tränen aus.

»Ach!« sagte sie, »die Kerkermeister hatten doch so fest versprochen, daß sie dich mit Güte behandeln würden.«

In Wirklichkeit hatte die Nähe des Todes alle religiösen Grundsätze, die mit der Leidenschaft für die Freiheit Italiens vereinbar waren, im Herzen des jungen Carbonaro wieder auferweckt. Nach und nach bemerkte Vanina, daß die erstaunliche Veränderung, die sie bei ihrem Geliebten wahrnahm, rein geistig war und keineswegs die Wirkung schlechter körperlicher Behandlung. Ihr Schmerz, den sie auf dem Gipfel glaubte, wuchs nun noch mehr.

Missirilli schwieg. Vanina schien nahe daran, vor Schluchzen zu ersticken. Er sagte dann, nun selbst ein wenig bewegt:

»Wenn ich auf Erden etwas liebte, so wärest du es, Vanina; aber, gottlob, ich habe nur noch ein Ziel in meinem Leben; ich werde sterben im Gefängnis oder bei dem Versuch, Italien die Freiheit zu geben.«

Wieder gab es ein Schweigen; Vanina konnte offenbar nicht sprechen; sie versuchte es vergeblich. Missirilli fuhr fort:

»Die Pflicht ist grausam, meine Freundin; aber wenn es nicht ein wenig Mühsal gäbe, sie zu erfüllen, wo bliebe das Heldentum? Gib mir dein Wort, daß du nicht versuchen wirst, mich wiederzusehen.«

Soweit es ihm die enge Kette erlaubte, bewegte er das Handgelenk ein wenig und streckte Vanina die Finger hin.

»Wenn ein Mann, der Ihnen teuer war, Ihnen einen Rat geben darf, so heiraten Sie ruhig den verdienstvollen Mann, den Ihr Vater Ihnen bestimmt. Machen Sie ihm keine peinlichen Geständnisse; aber suchen Sie andrerseits auch nicht, mich wiederzusehn; wir wollen von nun an einander fremd sein. Sie haben eine beträchtliche Summe für den Dienst des Vaterlandes vorgestreckt; wird es jemals von seinen Tyrannen befreit, so wird Ihnen diese Summe getreulich aus der Staatskasse zurückgezahlt werden.«

Vanina war zerschmettert. Während er zu ihr sprach, hatte Pietros Auge nur in dem Moment geleuchtet, als er das *Vaterland* nannte.

Endlich kam der jungen Fürstin der Stolz zu Hilfe; sie hatte sich mit Diamanten und kleinen Feilen versehen. Ohne Missirilli zu antworten, reichte sie ihm diese hin.

»Es ist meine Pflicht, dies anzunehmen«, sagte er, »denn ich muß versuchen zu entkommen; aber ich werde Sie nie wiedersehen, ich schwöre es angesichts Ihrer neuen Wohltaten. Leben Sie wohl, Vanina; versprechen Sie, mir niemals zu schreiben, nie zu versuchen, mich zu sehen; lassen Sie mich ganz dem Vaterlande; ich bin tot für Sie: leben Sie wohl.«

»Nein«, erwiderte Vanina wütend, »ich will, daß du weißt, was ich getan habe, geleitet von der Liebe, die ich für dich fühlte.«

Dann erzählte sie ihm all ihre Schritte von dem Augenblick an, als Missirilli das Schloß San Nicolo verlassen hatte, um sich dem Legaten zu stellen. Als dieser Bericht zu Ende war, sagte Vanina:

»All das ist nichts: ich habe mehr getan aus Liebe zu dir.«

Dann sagte sie ihm ihren Verrat.

»Ungeheuer!« rief Pietro wütend, warf sich auf sie und suchte sie mit seinen Ketten zu erschlagen.

Es wäre ihm gelungen, wenn nicht der Kerkermeister beim ersten Schrei herbeigeeilt wäre. Er ergriff Missirilli.

»Da, Ungeheuer, ich will dir nichts schulden«, sagte Missirilli zu Vanina, warf ihr, soweit es seine Ketten erlaubten, die Feilen und Diamanten hin und entfernte sich, so rasch er nur konnte.

Vanina blieb vernichtet. Sie kam nach Rom zurück; und die Zeitung meldete ihre Vermählung mit dem Fürsten Don Livio Savelli.

(Deutsch von Arthur Schurig)

Honoré de Balzac
Facino Cane

Ich wohnte damals in einer Gasse, dic wohl kaum jemand kennen dürfte: in der Rue de Lestiguières, sie führt von der Rue Saint-Antoine, gegenüber einem Brunnen nächst dem Bastilleplatz, bis zur Rue de la Cerisaie. Meine Liebe zur Wissenschaft zwang mich, in einer Mansarde zu wohnen, wo ich nachts arbeitete, die Tage aber verbrachte ich in einer nahen Bibliothek. Ich lebte äußerst einfach, ja fast mönchisch, wie ein geistiger Arbeiter eben leben muß. Selten einmal leistete ich mir bei schönem Wetter einen Spaziergang auf dem Boulevard Bourdon. Nur eine Leidenschaft drohte mich diesem Leben als Forscher abspenstig zu machen – indessen, gehört sie nicht auch dazu? Ich studierte nämlich das Leben des Faubourg, seine Leute und ihren Charakter. Ich war genauso schlecht angezogen wie die Arbeiter und kümmerte mich nicht darum, wie ich aussah; deshalb genierten sie sich auch nicht vor mir; also konnte ich mich ruhig unter sie mischen und zuschauen, wie sie ihre kleinen Geschäfte betrieben und abends nach Arbeitsschluß ihre kleinen Streitigkeiten ausfochten. Beobachten war bei mir schon ganz intuitiv geworden; ich konnte Seele erkennen, ohne den Leib zu vernachlässigen; oder richtiger gesagt, alle äußerlichen Einzelheiten waren mir von vornherein so deutlich, daß ich sogleich durch sic hindurch forschte, meine Beobachtungsgabe ließ mich das Leben jenes Menschen, für den ich mich gerade interessierte, unbedingt mitleben; ich konnte mich ganz genau so in ihn hineinversetzen, wie der Derwisch aus Tausendundeiner Nacht sich in Leib und Seele derer wandelte, über die er bestimmte Formeln sprach.

Sah ich nachts zwischen elf und zwölf Uhr einen Arbeiter mit seiner Frau vom Ambigu-Comique heimkehren, so machte es mir Spaß, vom Boulevard du Pont-aux-Choux bis zum Boulevard Beaumarchais hinter ihnen herzugehen. Natürlich redeten diese Biederleute zuerst von dem Stück, das sie sich angesehen hatten; nach und nach aber landeten sie todsicher bei ihren privaten Sorgen; die Mutter schleifte ihr Kind hinter sich her, ohne im geringsten auf dessen Klagen und Fragen zu hören; man rechnete aus, wieviel Geld es am nächsten Tag setzen würde, und gab es schon auf zwanzig Arten aus. Dann vertieften sie sich in den Haushalt: die Kartoffeln waren zu teuer und der Winter zu lang und der Preis für den Torf zu hoch; wieviel der Bäcker zu bekommen hatte, war nicht ganz klar, sie gerieten deswegen aneinander, wurden immer heftiger, und bei solchen drastischen Reden zeigte jeder, wie er war. Hörte ich diesen Leuten zu, so drang ich auch schon in ihr Leben hinein: mein Leib fühlte ihre Lumpen, ich ging in ihren verschlampten Schuhen; meine Seele nahm ihre Hoffnungen und Schmerzen auf, und ich dachte, sie empfänden es ebenso. Es war ein Wachtraum. Ich erboste mich mit ihnen über die Meister, die sie unterdrückten, und über die üble Behandlung, daß man sie oft vergeblich nach ihrem Geld laufen ließ. Meine ganze Zerstreuung bestand darin, meine Gewohnheiten aufzugeben, mich moralisch durch und durch in einen anderen zu verwandeln und ein Spiel der Willkür zu spielen. Wem verdanke ich diese Anlage? Ist das ein zweites Gesicht? Ist das eine jener Fähigkeiten, durch deren Übersteigerung man wahnsinnig werden könnte? Ich habe niemals den Quellen dieser Macht nachgespürt, sie sind in mir, ich nutze sie – gut! Ich kann nur sagen, daß ich damals schon die Elemente der zusammengewürfelten Masse, die sich Volk heißt, durchgrübelt und genug analysiert hatte, um ihr Gut oder Schlecht wohl einschätzen zu können. Ich wußte schon, was in diesem Faubourg, in dieser Brutstätte der Revolutionen, alles drinsteckte – Helden, Erfinder, Techniker, Schufte, Verworfene, Tugenden und Laster, vom Elend hinuntergestopft, von der Not entkräftet, von Wein und Schnaps verseucht und zerstört. Niemand vermag sich vorzustellen, wie viele namenlose Schicksale, wie viele verschüttete Tragödien sich in dieser Stadt des Leidens abspielen! Wieviel furchtbar Schönes! Keine Phantasie kann die Wirklichkeit ausmalen, die sich hier verbirgt, keiner kann sie finden, kaum einer ihr nahekommen; die Tiefe ist zu schauerlich, in der Tragik und Komik sich so wunderbar zu Meisterwerken des Zufalls entfalten. Ich weiß nicht, warum ich die Geschichte, die ich erzählen möchte, solange bei mir behalten habe, sie ist eine jener seltsamen Dinge, die wie Lotterienummern im Sack bleiben, bis eine Laune des Gedächtnisses sie herauszieht. Ich habe noch einen größeren Vorrat davon, alle sind gleich sonderbar; und sie kommen noch alle dran, verlaßt euch drauf!

Eines Tages bat mich meine Aufwartung, eine Arbeiterfrau, ich möge doch die Hochzeit einer ihrer Schwestern mit meiner Anwesenheit beehren. Damit man sich vorstellen mag, was für eine Hochzeit das sein würde, muß ich noch sagen, daß ich dieser armen

Person, die mir jeden Morgen das Bett machte, die Schuhe reinigte, das Zimmer wischte und das Frühstück richtete, im Monat ganze vierzig Sous gab; für den Rest des Tages stand sie an der Kurbel einer Maschine, und damit drehte sie sich täglich noch saure zehn Sous zusammen. Ihr Mann, ein Tischler, verdiente vier Franken. Aber sie hatten drei Kinder, und da war das noch ein recht kümmerliches Leben. Ich habe gleichwohl niemals eine so restlose Ehrlichkeit gefunden wie bei diesen Leuten. Als ich schon aus dem Faubourg verzogen war, kam Mutter Vaillant noch fünf Jahre lang jedesmal zu meinem Namenstag und gratulierte mir mit Blumenstrauß und Orangen, obwohl sie täglich kaum zehn Sous zu verzehren hatte. Das Elend hatte uns zueinandergeführt. Nie konnte ich ihr mehr als zehn Franken geben, und auch diese mußte ich mir oft erst leihen. Meine Zusage zur Hochzeit war also erklärlich, auch hoffte ich, daß ich mich in die Freude der armen Menschen hineinleben könnte. Schmaus und Tanz dieser Hochzeit fanden bei einem Weinhändler, in einem ersten Stockwerk in der Rue de Charenton statt. Man saß in einem größeren Zimmer, das von Reflektoren aus Weißblech erhellt wurde; die Wände waren etwa bis Tischhöhe mit einer schmierigen Tapete bekleistert. Man hatte Holzbänke aufgestellt. In diesem Zimmer nun saßen achtzig Menschen im Sonntagsstaat, mit Sträußen und Bändern geschmückt, und alle waren sie versessen auf ihr Vergnügen und tanzten sich heiß, als sei das Ende der Welt da. Zur allgemeinen Freude umarmten sich die Jungvermählten, man schrie Ah! und Eh! und machte tausend Späße, die im Grunde viel weniger unpassend waren als der züchtige Augenniederschlag des wohlerzogenen jungen Mädchens. Das brutale Wohlgefühl dieser Leute hatte geradezu etwas Ansteckendes.

Aber weder die Gesichter dieser Gesellschaft noch die Hochzeit selbst noch irgend etwas aus diesem Kreis steht in näherem Zusammenhang mit meiner Geschichte. Ich bitte nur den Leser, sich diesen sonderbaren Rahmen vor Augen zu halten. Man vergegenwärtige sich diese ordinäre, rotbepinselte Kneipe, atme ihren Weindunst, entferne sich nicht aus unserem Faubourg, von seinen Arbeitern, alten Leuten und armen Weibern, die sich in herzlichster Ausgelassenheit für eine Nacht dem Vergnügen hingaben.

Musik wurde von drei Blinden aus der Blindenanstalt gemacht: der erste spielte die Geige, der zweite die Klarinette, der dritte das Flageolett. Alle drei zusammen bekamen für diese eine Nacht sieben Franken. Natürlich verlangte niemand von ihnen um diesen Preis

Rossini oder Beethoven; sie mochten spielen, was sie wollten und konnten, kein Mensch machte ihnen einen Vorwurf, alles war eitel Zufriedenheit. Aber ihre Musik bearbeitete das Trommelfell so hanebüchen, daß ich gleich zu Anfang über die ganze Gesellschaft weg mir erst einmal dieses Blindentrio anschaute. Ich wurde nachsichtiger, als ich aus ihren Uniformen ihr Gebrechen erkannte. Die Künstler saßen in einer Fensternische; wollte man ihre Gesichter betrachten, so mußte man dicht herantreten. Ich tat das nicht gleich; als ich aber nahe bei ihnen stand, war alles entschieden; Hochzeit und Musik verschwanden, meine Neugier war aufs tiefste erregt, denn meine Seele ging ein in den Leib des Klarinettenspielers. Geige und Flageolett hatten die typischen Physiognomien von Blinden: angespannt und ernst; die Klarinette aber mußte den Künstler und Philosophen sofort in ihren Bann ziehen. Man stelle sich vor, über die Gipsmaske Dantes fließe rotes Lampenlicht, und ein Wald schneeweißer Haare stünde darüber. Die Blindheit vertiefte den bitteren und wehen Ausdruck dieses prächtigen Kopfes; denn ein tätiger Geist belebte freudig die blinden Augen. Aus diesem Gesicht mit seiner gewölbten Stirn, die von Runzeln wie morsches Mauerwerk durchfaltet waren, sprach ein einziger, leidenschaftlicher, zäher Wille. Der Alte spielte drauflos, wie es ihm gerade paßte, weder kümmerte er sich um Takt noch um Melodie, seine Finger drückten rein mechanisch auf den alten Klappen hin und her; die gräßlichen Quiektöne, die er da herausbrachte, gingen ihn überhaupt nichts an; die Tänzer merkten das ebensowenig wie die beiden Kameraden meines Italieners; denn ich wollte, daß er ein Italiener wäre – und er war es! Über diesem greisen Homer, der wohl eine ungekannte Odyssee in sich trug, lag etwas Mächtiges und Tyrannisches. Noch aus dem Elend strahlte eine wirkliche Größe, und das Tyrannische an ihm war viel stärker als seine Armut. In diesem wundervoll geschnittenen Gesicht waren alle die heftigen Leidenschaften da, die den Menschen gut und böse, zum Zuchthäusler oder zum Helden machen können; er hatte, wie man das an Italienern oft findet, eine fahle Gesichtsfarbe; über den tiefen dunklen Augenhöhlen standen Büsche graugewordener Brauen, und nur mit Schaudern dachte man an die Gedanken, die dahinter flackerten, man mußte sie fürchten wie Räuber, die mit Fackeln und Dolchen aus der Mündung einer Höhle herausstürzen. Und in diesem Fleischkäfig steckte ein Löwe, der mit vergeblicher Wut an dem eisernen Gitter gerüttelt hatte. Das Feuer seiner Verzweiflung war zu Asche zerfallen, die

Lava ausgeglüht; aber diese Runzeln, diese Ruine und einiger Rauch deuteten an, wie heftig der Ausbruch und wie verheerend das Feuer wütete. Beim Anblick dieses Menschen drang meine Seele so warm in meine Gedanken hinauf, wie die Mienen dieses Mannes eisig waren.

Nach jedem Konter hängten Geige und Flageolett, die sich für Glas und Flasche lebhaft interessierten, ihr Instrument an einen Knopf des schäbigen Rockes, griffen zurück nach einem kleinen Tisch in der Fensternische, wo sie ihre Vorräte hatten, und gaben dem Italiener, der nicht dahinlangen konnte, weil der Tisch hinter ihm stand, ein volles Glas. Die Klarinette nickte einen freundlichen Dank. Sie hatte die exakten Bewegungen, die man immer an den Blinden der großen Pariser Blindenanstalten mit Respekt beobachtet; man meint durchaus, sie könnten sehen. Ich trat, um ihr Gespräch zu hören, näher an die drei heran; als ich aber dicht bei ihnen war, lauschten sie plötzlich vor sich hin, ganz sicher merkten sie, daß jemand in ihrer Nähe war, der nicht zu den Arbeitern gehörte; und sie schwiegen still.

»Sie, Klarinettenspieler«, fragte ich, »aus welchem Land sind Sie eigentlich?«

»Aus Venedig«, antwortete der Blinde in leichtem italienischem Akzent. – »Sind Sie blind geboren oder war es ein . . .?« – »Ja, ein Unglück«, fiel er ein, »ein ganz gemeiner schwarzer Star!« – »Venedig ist eine sehr schöne Stadt, ich hatte immer große Sehnsucht danach.«

Da wurden die Züge des Alten lebendig, seine Runzeln zuckten, er war offensichtlich tief bewegt. »Wenn ich mit Ihnen ginge«, sagte er, »so würden Sie nicht um Ihre Zeit betrogen sein.«

»Reden Sie um Gottes Willen mit ihm nicht von Venedig«, sagte die Geige, »sonst hört unser Doge überhaupt nicht wieder auf, zumal Durchlaucht schon zwei Pullen im Bauch hat!« – »Vorwärts, gespielt! Alter Quietscher!« rief das Flageolett. Und alle drei begannen wieder zu spielen; während sie aber die vier Sätze des Konters herunterhaspelten, schnupperte der Venezianer nach mir, weil er wohl das besondere Interesse roch, das ich ihm zuwandte. Die leblose Trauer seines Gesichtes verschwand; unbestimmte Hoffnung hellte seine Mienen auf, flackerte durch seine Runzeln; er lächelte, wischte sich über die Stirne, über diese verwegene, furchtbare Stirn, und wurde vergnügt wie jemand, der bei seinem Lieblingsthema angelangt ist.

»Wie alt sind Sie?« fragte ich. – »Zweiundachtzig Jahre.« – »Und seit wann blind?« – »Das sind nun an die fünfzig Jahre her«, antwortete er wie einer, der nicht nur das Augenlicht verlor, sondern obendrein noch eine große, große Macht. – »Und warum nennen Ihre Freunde Sie den Dogen?« fragte ich weiter. – »Ach Unsinn!« erwiderte er, »ich bin nämlich venezianischer Patrizier, ich hätte also ebensogut wie jeder andere Doge werden können.« – »Und wie heißen Sie?« – »Hier – bin ich lediglich der alte Canet. Mein Name konnte nur so registriert werden; aber auf Italienisch heißt er Marco Facino Cane, Fürst von Varese!« – »Wie, Sie sind ein Nachkomme des berühmten Condottiere Facino Cane, den die Herzöge von Mailand beerbten?« – »È vero! Seinerzeit floh der Sohn des Cane, weil er fürchten mußte, von den Visconti umgebracht zu werden, nach Venedig und ließ sich dort in das Goldene Buch eintragen. Heute freilich gibt es weder einen Cane noch ein Goldenes Buch mehr!« Und er zog eine Grimasse, die seinen erstarrten Patriotismus und den Ekel vor allem, was Mensch heißt, wieder hochtrieb.

»Nun, wenn Sie venezianischer Senator waren, so mußten Sie reich sein. Wodurch verloren Sie Ihr Vermögen?«

Da wandte er mir mit einer Bewegung voll tiefster Tragik den Kopf zu, als wolle er mich ansehen, und sagte nur: »Durch Unglück!«

Er vergaß das Trinken, ja, das Glas Wein, das ihm jetzt das alte Flageolett reichen wollte, wies er mit einer Gebärde ab. Sein Kopf sank. Das vermochte meine Neugier, weiß Gott, nicht niederzuschlagen. Während darauf die drei mechanisch einen neuen Konter dudelten, sah ich mir den alten venezianischen Nobile mit den leidenschaftlichen Empfindungen eines Zwanzigjährigen an. Vor mir tauchten Venedig und die Adria auf: auf seinem verwüsteten Antlitz sah ich ihre Verwüstung. Ich durchschlenderte diese Stadt, die ihre Bewohner so sehr lieben, ich kam vom Rialto zum Canale Grande, vom Molo dei Schiavoni zum Lido, ich kehrte zurück zum Markusdom, der so seltsam prächtig ist, ich sah mir die Fenster der Casa d'oro an, die alle verschieden geschmückt sind, und dann die üppigen Marmorpaläste – also all den Zauber, den der, der darum weiß, so sehr liebt, weil er ihn jederzeit heranbefehlen kann, ohne sich durch die Realität in seinen dichterischen Träumen stören zu lassen. Ich malte mir das Leben aus, das dieser Enkel aus der Familie der größten Condottieri geführt hatte; ich forschte nach den Zeichen seines Unglücks, und wieso er körperlich und moralisch so heruntergekommen sein konnte, was übrigens jetzt, wo ein neues Leben über ihn gekommen schien, seine Größe und seinen Adel dennoch schön sein ließ. Zweifellos trafen sich unsere Gedanken; ich glaube immerhin, daß Blindheit den Austausch der Geister leichter macht, weil die Aufmerksamkeit nicht von äußeren Dingen abgelenkt wird. Und die Probe dieser Sympathie zwischen uns ließ nicht lange auf sich warten. Facino Cane hörte auf zu spielen, er erhob sich, trat auf mich zu und sagte in einem Ton, der mich wie ein elektrischer Schlag traf: »Gehen wir!«

Draußen auf der Straße fragte er: »Wollen Sie mich nach Venedig führen? Wollen Sie mitkommen? Wollen Sie mir glauben? Sie werden reicher sein als die zehn reichsten Häuser von Amsterdam oder London, reicher als die Rothschilds, reich wie die Märchenmenschen aus Tausendundeiner Nacht!«

Ich hielt ihn für wahnsinnig. Aber aus seiner Stimme gebot eine Macht, der ich gehorchen mußte. Ich ließ mich von ihm führen. Er ging so schnell, als könne er sehen, zu den Bastillegräben. An ganz abgelegener Stelle, wo man seither eine Brücke über den Saint-Martin-Kanal, der zur Seine fließt, geschlagen hat, setzte er sich auf einen Prellstein, und ich setzte mich ihm gegenüber auf einen anderen. Im hellen Mondlicht glitzerte sein weißes Haar wie Silber. Der dumpfe Lärm von den Boulevards herüber störte die Stille fast gar nicht. Nächtliche Stimmung kam hinzu, und so war es wirklich eine romantische Szene.

»Sie reden zu einem jungen Menschen von Millionen. Können Sie zweifeln, daß er auch nur einen einzigen Augenblick zögert, tausend Leiden auf sich zu nehmen, um sie sich zu verschaffen? Wollen Sie mich verspotten?« – »Mag ich ohne Absolution sterben«, stieß er heftig hervor, »wenn das, was ich Ihnen zu sagen habe, nicht stimmt. Ich war zwanzig Jahre alt wie Sie heute; reich, schön, adelig; und ich steckte in der ersten großen Torheit: in der Liebe. Ich habe geliebt, wie heutzutage kein Mensch mehr liebt, so inbrünstig, daß ich mich in eine Kiste stecken ließ auf die Gefahr hin, erstochen zu werden, und das alles nur, um das Versprechen eines Kusses zu erhalten. Leben hieß mir: für sie sterben; 1760 verliebte ich mich in eine Vendramini; sie war eine Frau von achtzehn Jahren, an einen Sagredo verheiratet, einen unermeßlich reichen Senator von damals dreißig Jahren, der in seine Frau leidenschaftlich verliebt war. Wir, meine Angebetete und ich, waren so unschuldig beieinander wie zwei Engel, als uns der ›Sposo‹ überraschte; wir sprachen gerade über die Liebe. Ich war waffenlos, er bewaffnet. Aber er fehlte. Ich sprang zu, würgte ihn mit beiden Händen, drehte ihm wie einem Hahn den Hals um. Ich wollte mit Bianca fliehen, aber sie mochte nicht! Da haben Sie die Weiber! Ich floh allein. Wurde verurteilt. Man zog meine Güter zugunsten meiner Erben ein; doch hatte ich Diamanten, fünf zusammengerollte Tizians und mein ganzes Gold bei mir. Ich ging nach Mailand, dort kümmerte man sich nicht um mich, mein Fall interessierte den Staat nicht. – Nebenbei, ehe ich weitererzähle«, sagte er nach einer kurzen Pause, »ich weiß nicht, ob die Einbildungen einer Frau in den Zeiten ihrer Schwangerschaft oder während der Empfängnis einen Einfluß auf das Kind haben – oder ob nicht; Tatsache bleibt, daß meine Mutter, während sie mich trug, eine besondere Leidenschaft für Gold hatte. Ich habe eine Sucht auf Gold, die meinem Leben so wahrhaft Bedürfnis ist, daß ich noch zu keiner Stunde ohne Gold war. Stets habe ich mit Gold zu tun. In meiner Jugend trug ich immer Schmuck und hatte immer zwei-, dreihundert Dukaten bei mir.«

Und während er das sagte, langte er zwei Dukaten aus der Tasche und wies sie mir.

»Ich rieche das Gold. In meiner Blindheit bleibe ich unweigerlich vor jedem Juwelierladen stehen. Diese Leidenschaft hat mich ruiniert: um mit Gold spielen zu können, bin ich Spieler geworden. Gauner war ich nicht, aber man begaunerte mich, machte mich kaputt. Als das Geld alle war, packte mich das rasende Verlangen, Bianca wiederzusehen. Heimlich kehrte ich nach Venedig zurück, ich fand sie, ein halbes Jahr lang war ich glücklich, sie verbarg mich und brachte mir zu essen. Ich träumte von einem Glück bis ans Ende meines Lebens. Der Proveditore warb um sie. Er ahnte einen Nebenbuhler, in Italien riecht man so etwas: er spionierte uns aus, er überraschte uns im Bett, dieser Schuft! Sie stellen sich vor, wie wir miteinander kämpften; zwar brachte ich ihn nicht um, aber ich verwundete ihn schwer. Das war das Ende meines Glückes. Von dieser Stunde an habe ich Bianca nie wiedergesehen. Ich habe schöne Dinge erlebt, am Hof Ludwigs XV. hatte ich die berühmtesten Weiber. Aber an keiner fand ich die Wunder, die Reize, die Anmut meiner teuren Venezianerin . . . Der Proveditore hatte damals seine Leute mitgebracht. Er rief sie, man umzingelte den Palazzo, drang ein. Ich wehrte mich, dann wollte ich unter Biancas Augen sterben, sie wollte mir nur helfen, den Proveditore zu töten. Sie hatte einmal mit mir nicht fliehen wollen – nach diesem halben Jahr des Glückes aber wollte sie an meiner Seite sterben, sie bekam mehrere Stiche. Durch einen großen Mantel, den man über mich stülpte, wurde ich gegriffen, hinuntergerollt, in eine Gondel geworfen und schließlich in einen unterirdischen Kerker. Ich war damals zweiundzwanzig Jahre alt! Ich hielt den Säbelknauf so fest, daß man mir hätte die Faust abschlagen müssen, um ihn zu kriegen. Ein sonderbarer Zufall, vielleicht auch eine Ahnung der Vorsicht ließ mich das Stück Eisen in einer Ecke verstecken, als könne es mir doch noch einmal von Nutzen sein. Man pflegte mich. Meine Wunden waren keineswegs tödlich. Mit zweiundzwanzig Jahren wird man mit allem fertig. Es hieß, ich würde enthauptet. Um Zeit zu gewinnen, stellte ich mich krank. Da ich annahm, mein Kerker grenze an einen Kanal, sann ich auf Flucht, und zwar wollte ich durch die Mauer hindurchbrechen und über den Kanal schwimmen, auch wenn ich ertrinken müßte. Nun hören Sie, worauf sich meine Hoffnungen stützten!

Immer, wenn mir der Kerkermeister das Essen hereinbrachte, konnte ich an den Wänden die Angaben lesen: Palastseite, Kanalseite, Kellerseite; und schließlich bohrte ich mich in einen Plan hinein, den ich vielleicht selber nicht ganz faßte, der aber aus dem augenblicklichen Zustand des unfertigen Dogenpalastes erklärlich ist. Mit dem Scharfsinn, den die Sehnsucht nach Freiheit einem schenkt, enträtselten meine Fingerspitzen auf einem Stein eine arabische Inschrift. Da teilte der, der diese Arbeit begonnen hatte, seinen Nachfolgern mit: er habe in der untersten Mauerschicht zwei Steine gelockert und in einer Tiefe von elf Fuß weitergegraben. Um voranzukommen, hatte er die Abfälle von Stein und Mörtel über den ganzen Kerkerboden hin verteilen müssen. Hätte die Anlage des Gebäudes, für die eine ganz oberflächliche Bewachung ausreichend schien, die Wächter oder die Inquisitoren nicht sicher gemacht, so hätte gleichwohl die Lage der unterirdischen Kerker, zu denen man auf etlichen Stufen hinuntersteigt, es noch erlaubt, den Boden allmählich aufzuhöhen, ohne daß der Argwohn der Wächter geweckt worden wäre. Diese tolle Arbeit hatte anscheinend nichts genützt, denn da sie nicht fertig geworden war, mußte der Unbekannte wohl gestorben sein. Seine hingebende Mühe konnte aber nur dann nicht für ewige Zeiten umsonst verschwendet sein, wenn einmal ein Gefangener kam, der Arabisch verstand; ich nun hatte im armenischen Kloster orientalische Sprachen studiert. Ein Satz auf der Rückseite des Steins teilte das Schicksal dieses Unglücklichen mit: er war gestorben als das Opfer seiner gewaltigen Schätze, die Venedig in gieriger Weise an sich gerissen hatte. Erst nach einem Monat fand ich das heraus. Während meiner Arbeit und in den Augenblicken einer fast tödlichen Erschöpfung hörte ich Gold klingen, sah ich Gold glitzern, war ich geblendet vom Schein der Diamanten! . . . Ah, warten Sie nur!

Einmal nachts rammte mein stumpfes Eisen Holz. Ich schliff das Säbelende und bohrte damit ein Loch in das Holz. Wollte ich arbeiten, so mußte ich wie eine Schlange auf dem Bauch kriechen, mußte mich nackt ausziehen, mußte wie ein Maulwurf buddeln, die Hände nach vorn und den Stein zur Stütze. Zwei Tage, ehe ich vor meine Richter treten sollte, wollte ich, nachts, den allerletzten Versuch unternehmen; ich bohrte tiefer in das Holz, bis mein Eisen nirgends mehr Widerstand fand.

Und nun stellen Sie sich meine Überraschung vor, als ich mein Auge dem Loch näherte: das war die Wandverschalung eines unterirdischen Raumes, der nur ganz matt, aber doch so weit erhellt war, daß ich einen Berg Gold sehen konnte. In dieser Höhle saßen der Doge und einer von den Zehn. Ich vermochte ihre Stimmen deutlich zu hören; aus ihren Worten erfuhr ich, daß hier der Geheime Schatz der Republik, die Stiftungen der Dogen, die Rücklagen aus der Beute verwahrt wurden, die man den Venezianischen Pfennig hieß; dahinein floß von allem Kriegsertrag ein gewisser Prozentsatz.

Hier mußte meine Rettung liegen!

Als dann der Kerkermeister kam, schlug ich ihm vor, er solle mir zur Flucht behilflich sein und selber mit mir fliehen; wir wollten zusammenraffen, was wir nur schleppen konnten. Er bedachte sich keine Minute, sondern schlug ein. Eben sollte ein Schiff die Anker nach der Levante lichten. Wir hatten für alles vorgesorgt. Bianca stand dem Kerkermeister bei, so daß er ausführen konnte, was ich ihm auftrug. Damit nicht der leiseste Verdacht entstünde, sollte Bianca uns erst in Smyrna treffen. Endlich, eines Nachts, war ein so großes Loch herausgebrochen, daß wir in den Geheimen Schatz von Venedig eindringen konnten. Welch eine Nacht! Vor mir vier Fässer voller Gold! Im Raum daneben hatte man das Silber in zwei richtigen Bergen aufgeschichtet, ein schmaler Weg nur war dazwischen freigeblieben, damit man das Zimmer passieren konnte. Münzen waren an den Wänden bis zu fünf Fuß Höhe wie Böschungen hochgetürmt. Ich glaubte, der Kerkermeister würde wahnsinnig, er sang, tanzte, lachte, schlug Purzelbäume in das Gold hinein. Ich drohte ihn zu erwürgen, wenn er Zeit verlöre oder uns durch Lärm verriete. Er war so berauscht, daß er einen Tisch mit lauter Diamanten zuerst gar nicht sah, und ich war geschickt genug, mich davorzustellen. Ich stopfte, soviel ich nur konnte, in meine Matrosenjacke und in die Hosentaschen. Du lieber Gott, ich habe noch nicht einmal ein Drittel davon an mich genommen. Unter diesem Tisch lagen goldene Barren. Ich bestimmte meinen Kameraden, so viele Säcke mit Gold zu füllen, wie wir eben schleppen konnten; nur so, sagte ich, blieben wir im Ausland unentdeckt. ›Perlen, Edelsteine, Diamanten würden uns nur verraten!‹

Aber, so versessen wir auch waren, wir konnten allerhöchstens zweitausend Pfund fortschleifen, und schon dazu mußten wir sechsmal vom Gefängnis bis zur Gondel hin- und hergehen. Der Wachtposten am Wassertor war mit einem Säckchen von zehn Pfund Gold bestochen. Die beiden Gondoliere wähnten sich im Dienst der Republik. Als der Tag graute, brachen wir auf. Und wie ich dann auf hoher See diese Nacht überdachte, mir alle die Aufregungen der letzten Zeit wieder vergegenwärtigte und diesen unermeßlichen Schatz, und wie ich mir berechnete, daß ich gut dreißig Millionen Gold, zwanzig Millionen Silber und mehrere in Diamanten dort gelassen hatte – da überschauerte es mich wie ein Wahnsinn. Ich hatte das Goldfieber!

In Smyrna gingen wir an Land, aber nur, um uns gleich wieder nach Frankreich einzuschiffen. Wir hatten das französische Schiff eben bestiegen, da schenkte Gott mir die Gnade, daß er mich von meinem Kameraden befreite. Damals ermaß ich kaum die Tragweite dieses teuflischen Zufalls, ich lächelte darüber. Beide waren wir so ganz und gar erschöpft gewesen, daß wir wie tot nebeneinander gehockt hatten, ohne miteinander zu reden, immer nur von dem einzigen Gedanken beherrscht, erst einmal in Sicherheit zu sein und dann unser Glück zu schlürfen. Was Wunder, daß jetzt den armen Burschen ein Schwindel der Freude überfiel. Aber Gott hat mich gestraft. Sie werden es sehen!

Erst als ich zwei Drittel meiner Diamanten in London und Amsterdam verkauft, meinen Goldstaub in Papieren angelegt hatte, wähnte ich mich wirklich sicher. Fünf Jahre hindurch verhielt ich mich still in Madrid. 1770 tauchte ich unter angenommenem spanischen Namen in Paris auf und führte dort ein glänzendes Leben. Bianca war tot. Mitten in diesem üppigen Leben – ich hatte damals den Ertrag eines Vermögens von sechs Millionen – erblindete ich. Zweifellos war das die Folge meiner Kerkerhaft und meiner Arbeit an dem Gemäuer – wenn nicht die Gabe, überall Gold zu sehen, meine Sehkraft beeinträchtigte und mich eines Tages das Augenlicht verlieren ließ.

Zu jener Zeit liebte ich eine Frau, mit der ich mich zu vereinigen hoffte. Ich hatte sie in das Geheimnis meines Namens eingeweiht, sie entstammte einer der mächtigsten Familien. Und ich hoffte auf die Gnade Ludwigs xv. Dieser Frau, einer Freundin der Madame Dubarry, hatte ich mein vollstes Vertrauen geschenkt; sie veranlaßte mich, in London einen berühmten Augenarzt zu konsultieren. Aber einige Monate später ließ sie mich hilflos dort im Hydepark stehen; sie hatte mir all meinen Besitz gestohlen, ich war völlig mittellos, und auch über meinen Namen mußte ich ja schweigen, damit ich nicht der Rache Venedigs verfiel; ich konnte mich also niemandem offenbaren, mußte vielmehr Venedig fürchten. Spione, die mir das Weib auf die Fersen setzte, nutzten meine Blindheit aus. Ach, ich könnte Ihnen Geschichten wie aus dem ›Gil Blas‹ erzählen. Dann kam Ihre Revolution. Man steckte mich ganz einfach in die Blindenanstalt; nachdem das Weib mich zwei Jahre hindurch in Bicêtre als einen Wahnsinnigen hatte festhalten lassen, brachte sie mich dort unter. Ich habe sie nicht töten können. Ich sah ja nichts, ich hatte nicht einmal Geld, um einen Mörder zu dingen. Wenn ich Benedetto Carpi, meinen Kerkermeister, vor seinem Ende noch hätte fragen können, wo eigentlich mein Kerker gelegen habe, so hätte ich in der Stunde, da Napoleon die Republik zertrat, den Ort des Schatzes bezeichnen und nach Venedig heimkehren können . . .

Nun, ich mag blind sein – wir wollen trotzdem miteinander nach Venedig gehen! Ich finde das Gefängnistor wieder, ich sehe hinter den dicken Mauern das Gold, unter dem Kanal, der darüber hintreibt, werde ich es riechen; denn die Geschehnisse, die zum Sturz Venedigs führten, haben das Geheimnis dieses Schatzes mit dem Dogen Vendramino, einem Bruder Biancas, von dem ich meine Aussöhnung mit den Zehn erhofft hatte, verlorengehen lassen. Ich habe einen Brief an den Ersten Konsul geschrieben, ich habe dem Kaiser von Österreich einen Vertrag vorgeschlagen, jeder hat mich, zwar schonend, aber wie einen armen Irren abgewiesen! Also gehen wir nach Venedig! Wir betteln uns durch – und kommen als Millionäre wieder, und Sie werden mein Erbe sein – Fürst von Varese!«

Schweigend hörte ich dieser Erzählung zu, die in meiner Seele schon zu einer starken Dichtung wurde, und ich schwieg auch, als der Greis nun fertig war. Vor mir glänzte sein weißer Schädel, ich starrte auf das schwarze Wasser der Bastillegräben und erwiderte nichts. Wahrscheinlich glaubte Facino Cane, ich ginge mit demselben gütigen Mitleid über ihn hinweg wie die anderen; denn seine Gebärde drückte eine gelassene Verzweiflung aus.

Vielleicht hatte die eigene Erzählung ihn in die glücklichen Tage nach Venedig geführt; er griff nach seiner Klarinette und spielte ein melancholisches Venezianerlied, eine Barcarole, in der er plötzlich als liebender Patrizier wiederkehrte; sie klang wie das klagende »An den Wasserflüssen Babylons . . .« Mir traten die Tränen in die Augen. Späte Fußgänger auf dem Boulevard Bourdon sind damals wohl stehengeblieben, um nach diesem letzten Gebet eines Flüchtlings und nach der letzten Klage über einen verschollenen Namen zu horchen, um den sich die Erinnerung an Bianca flocht. Das Gold aber war stärker, die verderbliche Leidenschaft verwischte den Schein von Jugend.

Er begann wieder: »Immerzu sehe ich den Schatz vor mir, wenn ich wache und wenn ich träume; in den goldenen Bergen blitzen die Diamanten. Oh, so blind, wie Sie meinen, bin ich nicht; Gold und Steine durchglitzern die Nacht des letzten Facino Cane, ja, des letzten; denn mein Rang geht auf die Memmi weiter. Guter Gott, wie rasch hast du den Mörder gestraft! Ave Maria . . .!«

Er sprach einige Gebete, aber ich verstand sie nicht. »Wir gehen nach Venedig!« sagte ich, als er sich erhoben hatte.

»Also habe ich einen Mann gefunden!« rief er aus, und eine jähe Röte überflammte sein Gesicht.

Ich reichte ihm den Arm und führte ihn nach Hause. Vor der Blindenanstalt drückte er meine Hand. Eben taumelten Leute von der Hochzeit vorüber und johlten ihre Trunkenheit in die Nacht.

»Und – morgen brechen wir auf!?« fragte der Alte. – »Sobald wir das nötige Geld zusammenhaben.« – »Aber wir können doch zu Fuß gehen! Ich bettele . . . Ich bin ja rüstig, und wenn man Geld weiß, ist man jung.«

Facino Cane starb noch im Laufe dieses Winters. Er hatte sich erkältet und zwei Monate gelegen.

(Deutsch von Max Krell)

Prosper Mérimée
Matteo Falcone

Wenn man von Porto Vecchio in das Innere der Insel wandert, in nordwestlicher Richtung, steigt der Weg ziemlich rasch, und nach drei Stunden Marsch auf sich schlängelndem Saumpfad, den mächtige Felsblöcke verbauen und zuweilen Schluchten unterbrechen, steht man am Rand einer weitausgedehnten Macchia. Hier ist die Heimat der korsischen Hirten und der Schlupfwinkel derer, die mit dem Gericht in Widerstreit geraten sind. Nun muß man wissen: auf Korsika erleichtert sich der Bauer die Mühe, sein Feld zu düngen, indem er ein Stück Wald in Brand steckt; fliegt das Feuer weiter, als der Zweck es erheischt, so ist das schlimm; doch was auch geschehen mag, die Saat unter der Asche der Bäume, die diese Flur beschatteten, sichert ihm gute Ernte. Die Ähren werden gesichelt, während das Stroh, das zu sammeln zu umständlich wäre, liegenbleibt; und aus den unverbrannten Baumwurzeln treiben im Frühling darauf üppige Sprößlinge, die in ein paar Jahren sieben bis acht Fuß hoch sind. So entsteht ein Buschwald, die Macchia geheißen, aus allerlei Bäumen und Sträuchern, die wirr durcheinander wachsen, wie der göttliche Zufall es fügt. Nur mit der Axt in der Hand bricht sich der Mensch darin Bahn, und an manchen Stellen ist das Dickicht so unzugänglich, daß sogar Wildschafe nicht durchkommen.

Wer einen Menschen umgebracht hat, enteilt in die Macchia von Porto Vecchio. Dort fristet er sein Leben ungefährdet, wenn er eine gute Büchse, Pulver und Blei besitzt; nicht zu vergessen den braunen Kapuzenmantel, der als Lager und Decke dient. Die Hirten spenden Milch, Käse und Kastanien; vom Gericht und von der Sippe des Gemordeten hat er nichts zu befürchten, außer wenn er nach neuem Schießvorrat hinab ins Dorf muß.

Als ich im Jahre 18 . . in Korsika weilte, hatte Matteo Falcone sein Haus eine halbe Meile von diesem Buschwald. Nach dortigem Begriff war er ein wohlhabender Mann; er lebte vornehm, das heißt ohne viel zu tun, vom Ertrag seiner Herden, die von Hirten (einer Art Nomaden) nach den verstreuten Weiden im Hochlande geführt wurden. Ich habe ihn kennengelernt zwei Jahre nach dem Ereignis, das ich erzählen will; er kam mir höchstens fünfzig Jahre alt vor. Man stelle sich einen kleinen, aber kräftigen Mann vor mit pechschwarzem krausem Haar, Adlernase, schmalen Lippen, großen lebhaften Augen und einer Hautfarbe vom Braungelb der Stulpenstiefel. Er galt als hervorragender Schütze, was viel besagt in einem Lande, das daran nicht Mangel hat. Zum Beispiel hätte Matteo auf ein Wildschaf nie mit Schrot geschossen; er erlegte es mit einer Kugel in den Kopf oder aufs Blatt, wie er gerade wollte. Nachts handhabte er seine Waffe genauso gut wie bei Tag, und man hat mir eine Probe seiner Geschicklichkeit berichtet, die mancher, der Korsika nicht kennt, kaum glauben wird. Man stellte in Entfernung von achtzig Schritt eine angezündete Kerze hinter einer tellergroßen Scheibe aus Ölpapier auf. Er legte an; dann blies man das Licht aus. Nach einer Minute drückte er ab und verfehlte die Scheibe im Stockdunkeln bei vier Schuß nur einmal.

Bei so außerordentlicher Tüchtigkeit erfreute sich Matteo Falcone hohen Ansehens. Es hieß, er wäre als Freund so treu wie gefährlich als Feind. Sonst war er gefällig und mildtätig, hielt mit jedermann im Bezirk von Porto Vecchio Frieden; allerdings ging das Gerücht, er habe sich in Corte, woher sein Weib gebürtig war, eines im Streit wie bei Liebschaften gleich unbequemen Rivalen in urwüchsiger Weise entledigt. Jener Flintenschuß nämlich, der besagten Nebenbuhler beim Rasieren am Fenster ins Jenseits beförderte, ward keinem andern zugeschrieben als dem Matteo. Als man sich über die Geschichte beruhigt hatte, heiratete Matteo. Seine Frau Giuseppa schenkte ihm zunächst drei Mädchen (worüber er wütete) und endlich einen Jungen, der – die Hoffnung der Familie und der Erbe des Namens – Fortunato getauft wurde. Die Töchter waren längst gut verheiratet; bei Bedarf konnte Matteo auf die Dolche und Stutzen seiner Schwiegersöhne rechnen. Der Knabe war erst zehn Jahre alt, aber seine Anlagen versprachen das Beste.

An einem schönen Herbsttage brach Matteo mit seiner Frau zu früher Stunde auf, um in einer Lichtung der Macchia eine seiner Herden zu besichtigen. Der kleine Fortunato wollte mitgehen, aber die Lichtung war zu weit, und es war wohl auch nötig, daß jemand zurückblieb, das Haus zu hüten. Also schlug's ihm der Vater ab. Er sollte es zu bereuen haben.

Die Eltern waren etliche Stunden fort; der Knabe lag behaglich ausgestreckt in der Sonne, schaute nach den blauen Bergen und bedachte, daß er am kommenden Sonntag in der Stadt bei seinem Onkel, dem Caporale, zum Mittagsmahl eingeladen war, als ihn plötzlich der Knall einer Feuerwaffe seiner Träumerei entriß. Er sprang auf und horchte in der Schallrichtung, der Niederung zu. Nochmals schoß es und immer wieder, in ungleichen Abständen, näher und näher. Schließlich erschien auf dem Pfad, der vom Hang her zum Hause führte, ein Mann, auf dem Haupt eine Zipfelmütze, wie die Bergbewohner sie tragen, mit struppigem Bart, in zerlumpter Kleidung. Auf seine Büchse gestützt, vermochte er sich kaum weiterzuschleppen. Ein Schuß hatte ihn in den Schenkel getroffen.

Es war ein Bandit, der in der Nacht, um Pulver zu kaufen, nach der Stadt gegangen war, unterwegs aber auf einen Streiftrupp korsischer Jäger gestoßen war, die im Hinterhalt lagen. Nach mannhafter Gegenwehr war es ihm gelungen, den Rückweg zu gewinnen, lebhaft beschossen, von Fels zu Fels wieder feuernd. Er hatte nur geringen Vorsprung vor den Soldaten, und seine Wunde hinderte ihn, den Buschwald zu erreichen, ehe sie ihn einholten.

Er näherte sich Fortunato und rief ihm zu:

Bist du der Sohn von Matteo Falcone?

Ja.

Ich bin Gianetto Sanpierro. Die Gelbkragen sind mir auf den Fersen. Verbirg mich! Ich kann nicht weiter.

Was wird mein Vater sagen, wenn ich dich ohne seine Erlaubnis verstecke?

Er wird sagen, daß du recht getan hast.

Wer weiß?

Rasch, verbirg mich! Sie kommen!

Warte, bis mein Vater heimkommt!

Warten soll ich? Gott verdamm mich! In fünf Minuten sind die Kerle hier. Rasch, verbirg mich – oder ich schlage dich tot!

Mit größter Kaltblütigkeit erwiderte ihm Fortunato:

Deine Flinte ist nicht mehr geladen, und du hast auch keine Patronen mehr in deiner Carchera.

Ich habe meinen Dolch!

Kannst du so schnell laufen wie ich?

Er machte einen Satz und brachte sich in Sicherheit.

Du willst der Sohn von Matteo Falcone sein und läßt mich vor eurem Hause gefangennehmen?

Der Knabe war sichtlich betroffen.

Was gibst du mir, wenn ich dich verstecke? fragte er und kam wieder näher.

Der Geächtete griff in die Ledertasche, die er am Gürtel trug, suchte und brachte ein Fünffrancstück hervor, für das er gewiß hatte

Pulver kaufen wollen. Beim Anblick des Silberlings lächelte Fortunato; er nahm ihn und sagte:

Du brauchst keine Angst zu haben.

Alsbald machte er ein großes Loch in den Heuschober, der vorm Hause stand. Gianetto kroch hinein, und das Kind verbarg ihn so, daß er nur ein kleines Luftloch zum Atmen hatte, ohne daß man vermuten konnte, ein Mensch stäke im Heu. Erfindungsreich wie ein Wilder, hatte er noch einen Einfall. Er holte eine Katze samt ihren Jungen und setzte sie auf den Schober, damit es aussehe, als hätte ihn in der letzten Zeit niemand berührt. Und da er die Blutspur auf dem Wege zum Hause wahrnahm, streute er sorgsam Staub darüber. Danach streckte er sich in voller Gelassenheit wieder in der Sonne hin.

Wenige Minuten später waren auch schon sechs Soldaten in braunen Röcken mit gelbem Kragen, befehligt von einem Feldwebel, vor Matteos Haus. Dieser Feldwebel war ein weitläufiger Verwandter Falcones; bekanntlich gilt in Korsika die Verwandtschaft in weiteren Graden als sonstwo. Er hieß Tiodoro Gamba; er war ein tatendurstiger Mann, gefürchtet von den Geächteten, denn er hatte ihrer schon manchen aufgestöbert.

Guten Morgen, Vetterchen! sagte er zu Fortunato, indem er vor ihn trat. Bist groß geworden. Sag mir mal, ist nicht eben ein Mann vorübergegangen?

So groß wie Ihr bin ich freilich noch nicht, Herr Vetter, entgegnete der Knabe dummdreist.

Wird nicht lange dauern . . . Aber sag, hast du niemanden vorbeikommen sehen?

Ob ich jemanden habe vorbeikommen sehen?

Ja, einen Mann mit einer Zipfelmütze aus schwarzem Samt, in einem Kittel mit rot und gelbem Besatz.

Einen Mann mit einer Zipfelmütze in einem Kittel mit rot und gelbem Besatz?

Ja doch! Gib flugs Antwort und wiederhole nicht erst meine Fragen!

Heute morgen ist der Herr Pfarrer vor unsrer Tür vorbeigeritten auf seinem Pferd Piero. Er hat mich gefragt, wie es dem Vater gehe, und ich habe ihm gesagt . . .

Du willst mich foppen, du Schlingel! Rasch, sag, wohin ist Gianetto? Den suchen wir nämlich, und den Weg da ist er bestimmt heraufgekommen.

Wer weiß?

Wer weiß? Ich weiß, daß du ihn gesehen hast.

Sieht man die Vorübergehenden, wenn man schläft?

Du hast nicht geschlafen, Spitzbube! Die Schießerei hat dich aufgeweckt.

Denkt Ihr denn, Herr Vetter, Eure Flinten machen solchen Lärm? Meines Vaters Stutzen ist viel lauter.

Der Teufel soll dich holen, gottverdammter Bengel! Ich bin überzeugt, daß du den Gianetto gesehen hast. Hast ihn vielleicht gar versteckt. Auf, Kameraden, ins Haus! Schaut nach, ob unser Mann nicht drin ist! Der eine Lauf ist ihm kaputtgeschossen, und der Schelm ist nicht so dumm, die Macchia humpelnd erreichen zu wollen. Überdies hört die Blutspur hier auf.

Und was wird Vater sagen? fragte Fortunato höhnisch grinsend, wenn er erfährt, daß man während seiner Abwesenheit in sein Haus gedrungen ist?

Nichtsnutz! sagte der Feldwebel Gamba und nahm den Jungen am Ohr, du weißt doch, daß es in meiner Macht steht, andre Saiten aufzuziehen! Ich denke, fünfundzwanzig mit der flachen Klinge werden dich zum Reden bringen.

Fortunato grinste weiter.

Mein Vater heißt Matteo Falcone! sagte er würdevoll.

Du weißt, kleiner Wicht, daß ich dich nach Corte oder nach Bastia führen lassen kann. Dort wirst du im Loch liegen auf Stroh, Eisen an den Beinen. Und den Kopf lasse ich dir abhacken, wenn du nicht gestehst, wo Gianetto Sanpierro ist.

Bei dieser lächerlichen Drohung brach der Junge in Gelächter aus, und er wiederholte:

Mein Vater heißt Matteo Falcone!

Feldwebel, raunte einer der Jäger dem Führer zu, mit Matteo wollen wir lieber keine Händel!

Gamba machte ein verlegenes Gesicht. Er beriet sich leise mit seinen Leuten, die bereits das ganze Haus durchsucht hatten. Das war kein zeitraubendes Geschäft, denn die Hütte eines Korsen enthält nur eine einzige viereckige Stube. Die Einrichtung besteht aus einem Tisch, Bänken, Truhen, Jagd- und Hausgerät. Während sie sich besprachen, spielte der kleine Fortunato mit seiner Katze, wobei er sich sichtlich an der Ratlosigkeit der Jäger weidete.

Einer der Soldaten ging an den Heuschober und stach mit seinem Bajonett hinein, nachlässig und achselzuckend, als habe er das

Gefühl, etwas Lächerliches zu tun. Es rührte sich nichts, und der Knabe verriet nicht die geringste Unruhe.

Der Feldwebel und sein Streiftrupp fluchten. Schon schauten die Soldaten ernstlich nach der Niederung, dem Entschlusse nahe, dahin zurückzukehren, woher sie gekommen, da begann ihr Führer, überzeugt, daß mit Drohungen bei Falcones Sohn nichts zu erreichen war, einen letzten Versuch, um zu sehen, ob mit Schmeichelei und Geschenken mehr zu machen sei.

Vetterchen, sagte er, du hast's faustdick hinter den Ohren. Wirst es weit bringen. Doch mit mir solltest du wahrlich dein Spiel nicht treiben. Ich möchte es meinem Vetter Matteo nicht antun; sonst, der Teufel hol mich, würde ich dich abführen!

Hihi!

Aber wenn mein Vetter heimkommt, werde ich ihm den Vorfall erzählen, und er wird dich zur Strafe braun und blau prügeln.

Fragt sich!

Du wirst es sehen. Aber schau! Sei ein braver Junge! Ich schenke dir auch was.

Und ich, Herr Vetter, gebe Euch einen guten Rat. Wenn Ihr noch länger säumt, wird der Gianetto im Buschwald sein, und dann langt ein Kerl wie Ihr nicht, ihn herauszukriegen.

Der Feldwebel zog seine silberne Uhr aus der Tasche, die ihre zehn Taler wert sein mochte, und wie er bemerkte, daß die Augen des kleinen Fortunato bei ihrem Anblick funkelten, ließ er sie an der stählernen Kette baumeln und sagte:

Was, du Schlingel, so eine Uhr hättest du wohl gern am Halse hängen? Du würdest durch die Gassen von Porto Vecchio spazieren, stolz wie ein Pfau, und die Leute würden dich fragen: Welche Zeit ist es? Worauf du ihnen antwortest: Hier, seht selber nach!

Wenn ich groß bin, wird mir mein Onkel, der Caporale, eine Uhr schenken.

Ja, aber der Sohn deines Onkels hat schon eine . . . so schön wie die hier ist sie zwar nicht . . . er ist aber auch jünger als du.

Der Kleine seufzte.

Na, Vetterchen, willst du sie, diese Uhr?

Fortunato schielte nach der Taschenuhr wie eine Katze, der man ein ganzes Huhn vor die Nase hält. Sie hat die Empfindung, daß man Scherz mit ihr treibt; sie getraut sich nicht, die Krallen danach auszustrecken; von Zeit zu Zeit wendet sie den Blick ab, um der Versuchung nicht zu unterliegen, leckt sich aber fortgesetzt das

Mäulchen und zieht dabei ein Gesicht, als wolle sie fragen: Wozu dies grausame Spiel?

Wie dem auch sei, der Feldwebel Gamba bot seine Uhr offenbar allen Ernstes an. Fortunato hielt seine Hand im Zaum, aber er sagte bitter lächelnd:

Was foppt Ihr mich?

Bei Gott, ich foppe dich nicht! Sage mir bloß, wo Gianetto ist – und die Uhr ist dein!

Um Fortunatos Mund flog ein ungläubiges Lächeln, und indem er seine schwarzen Augen auf die des Feldwebels heftete, suchte er darin zu ergründen, ob er dessen Worten glauben dürfe.

Ich will mich degradieren lassen, rief Gamba, wenn ich dir unter dieser Bedingung die Uhr nicht gebe. Die Kameraden sind Zeugen. Ich kann mein gegebenes Wort nicht zurücknehmen.

Wie er so sprach, ließ er die an der Kette herabhängende Uhr hin und her pendeln, so daß sie der bleichen Wange des Knaben ganz nahe kam. Auf Fortunatos Gesicht spiegelte sich der Kampf, der in seiner Seele zwischen seiner Begehrlichkeit und der Ehrfurcht vor dem Gastrecht tobte. Die nackte Brust schwoll ihm; er rang sichtlich nach Atem. Währenddem ward die Uhr hin und her geschlenkert, wobei sie sich drehte und zuweilen an Fortunatos Nase tippte. Nach einer Weile hob sich langsam seine Rechte nach der Uhr hin; die Spitzen ihrer Finger berührten sie, und schließlich lag sie ihm schwer in der Hand, doch ohne daß der Feldwebel das Ende der Kette losließ . . . Das Zifferblatt war lasiert . . . das Gehäuse jüngst blankgeputzt . . . es flammte in der Sonne wie eitel Feuer . . . Die Versuchung war allzu mächtig.

Fortunato hob nun auch die linke Hand und wies mit dem Daumen über seine Schulter weg nach dem Heuschober, an den er gelehnt stand. Gamba begriff die Geste sofort. Er gab die Kette frei; Fortunato fühlte sich im Vollbesitz der Uhr. Behend wie eine Hindin richtete er sich gerade und ging zehn Schritte weg vom Heuschober, den die Jäger sofort auseinanderrissen.

Es dauerte nicht lange, da bewegte es sich im Heu, und ein blutbefleckter Mann kroch heraus, den Dolch in der Hand; doch als er versuchte, sich auf seine Füße zu stellen, machte es ihm die geronnene Wunde unmöglich, sich aufrecht zu halten. Er sank um. Der Feldwebel stürzte auf ihn und nahm ihm den Dolch. Alsdann legte man ihm trotz seines Widerstandes starke Fesseln an.

Als Gianetto, wie ein Bündel Reisig verschnürt, auf dem Boden lag, wandte er den Kopf nach Fortunato, der wieder näher gekommen war. Mißgeburt du! sagte er zu ihm mit mehr Verachtung als Zorn.

Der Knabe warf ihm das Silberstück hin, das er von ihm empfangen hatte, im Gefühl, daß er kein Recht mehr darauf hatte. Aber der Geächtete achtete dieser Bewegung nicht. Kaltblütig sagte er zum Feldwebel:

Mein lieber Gamba, ich kann nicht laufen. Ihr müßt mich schon hinab zur Stadt tragen!

Eben noch liefst du schneller als ein Reh, erwiderte der grausame Sieger. Doch sei beruhigt! Ich bin dermaßen froh, daß ich dich habe, daß ich dich eine Stunde lang auf dem Buckel tragen könnte, ohne matt zu werden. Zunächst, lieber Freund, wollen wir dir eine Bahre aus Ästen und deinem Mantel zurechtmachen. In der Meierei von Crespoli bekommen wir Pferde.

Gut! meinte der Gefangene. Etwas Stroh legt Ihr mir doch auch auf die Bahre, damit ich besser liege.

Wie die Jäger also beschäftigt waren, die einen, aus Kastanienbaumzweigen eine Art Tragebett herzustellen, die andern, dem Gianetto die Wunde zu verbinden, da tauchten mit einem Male Matteo Falcone und sein Weib an der Wendung eines Pfades auf, der zum Buschwald führte. Die Frau ging tiefgebeugt unter der Last eines Riesensackes voll Kastanien, während der Mann, der nichts trug als eine Büchse in der Hand und eine zweite am Riemen über der Schulter, wie ein Prälat stolzierte; ist es doch eines Mannes unwürdig, andre Bürde zu tragen als seine Waffen. Angesichts der Soldaten war Matteos erster Gedanke: Die wollen mich verhaften! Aber warum dieses Mißtrauen? Hatte er mit dem Gericht irgend etwas zu schaffen? Keineswegs. Er genoß einen guten Ruf. Er war, wie man zu sagen pflegt, eine wohlbeleumdete Person. Aber er war Korse und Gebirgler, und es gibt unter den Korsen in den Bergen nur wenige, die bei genauer Prüfung ihres Gedächtnisses nicht irgendwelche kleine Sünde fänden, sei es, daß ihnen einmal das Gewehr plötzlich losgegangen oder der Dolch abgerutscht oder sonst eine Bagatelle passiert wäre. Mehr denn sonst einer durfte sich Matteo eines reinen Gewissens rühmen, war es doch schon über zehn Jahre her, daß er einmal sein Gewehr auf einen Menschen angelegt hatte. Immerhin, Vorsicht war geboten, und er setzte sich in Bereitschaft, sich nötigenfalls bestens zu verteidigen.

Weib, sagte er zu Giuseppa, leg deinen Sack nieder und paß auf!

Sie gehorchte ohne weiteres. Er gab ihr die Büchse, die er am Riemen getragen und die ihm jetzt hinderlich sein konnte; die andere, die er in der Hand hielt, machte er schußbereit. Sodann schritt er langsam auf sein Haus zu, dicht an den Bäumen hin, die den Weg säumten, bereit, beim geringsten feindseligen Zeichen schleunigst hinter den dicksten Stamm zu treten, um in Deckung feuern zu können. Sein Weib trottete ihm auf den Fersen nach, mit der zweiten Büchse und der Munitionstasche. Auf Korsika ist es das Amt einer guten Hausgenossin, im Fall eines Kampfes die Gewehre des Mannes zu laden.

Drüben dem Feldwebel ward es arg unbehaglich zumute, als er Matteo derart anrücken sah, Schritt um Schritt, die Büchse schußfertig und den Finger am Abzug.

Sollte es der Zufall gefügt haben, dachte Gamba bei sich, daß sich Matteo als Vetter oder Freund von Gianetto ansieht und er ihn heraushauen will, so wird die Ladung von zwei Flinten zweien von uns so sicher aufs Fell brennen, wie der Donner dem Blitze folgt; und nimmt er mich ins Visier, so nutzt mir alle Vetternschaft nichts.

In so hochnotpeinlicher Lage faßte er einen sehr mutigen Entschluß, nämlich, Matteo allein entgegenzugehen und ihm das Geschehnis zu erzählen, wobei er ihn vertraulich anreden wollte. Doch der kurze Raum, der zwischen ihm und Matteo lag, kam ihm erschrecklich lang vor.

Hallo, alter Kamerad! schrie er. Wie geht es dir? Ich bin's, Gamba, dein Vetter!

Ohne etwas zu erwidern, war Matteo stehengeblieben, und bei jedem Wort, das der andre sprach, hob er die Mündung seiner Büchse ein wenig, so daß der Lauf gen Himmel gerichtet war, im Moment, da Gamba bei ihm anlangte.

Guten Tag, Bruder, sagte der Feldwebel, indem er ihm die Rechte bot. Es ist lange her, seit ich dich gesehen habe.

Guten Tag, Bruder! wiederholte Matteo.

Ich wollte dir und meiner Base Peppa im Vorübergehn Guten Tag sagen. Wir haben heute einen tüchtigen Marsch hinter uns; aber wenn wir auch müde sind, wir dürfen nicht klagen, denn wir haben einen famosen Fang gemacht. Eben haben wir den Gianetto Sanpierro erwischt.

Gott Lob und Dank! rief Giuseppa. Er hat uns vergangene Woche eine Milchziege gestohlen.

Gamba hörte das mit Vergnügen.

Armer Teufel! murmelte Matteo. Er hatte Hunger.

Der Bursche hat sich wie ein Löwe verteidigt, fuhr der Feldwebel fort, etwas eingeschüchtert. Er hat mir einen meiner Jäger niedergeknallt, und nicht zufrieden damit, dem Sergeanten Chardon den Arm zerschossen, was nicht weiter schlimm ist, denn Chardon ist bloß ein Franzose. Zuletzt hat er sich so gut versteckt, daß ihn auch der Teufel nicht entdeckt hätte. Ohne Vetterchen Fortunato hätte ich ihn nie und nimmer gekriegt.

Fortunato? schrie Matteo.

Fortunato? echote Giuseppa.

Ja, Gianetto hatte sich da im Heuschober verkrochen, aber Vetterchen hat mir das Versteck gezeigt. Ich werde es auch seinem Onkel, dem Caporale, berichten, damit er ihm für seine Mühe ein schönes Geschenk schickt. Und sein wie dein Name soll im Bericht nicht fehlen, den ich dem Herrn Staatsanwalt überreichen werde.

Verfluchte Geschichte! flüsterte Matteo vor sich hin.

Sie hatten den Streiftrupp erreicht. Gianetto war bereits auf die Bahre gebettet. Eben sollte aufgebrochen werden. Als er Matteo zusammen mit Gamba erblickte, lächelte er eigentümlich; dann, gegen die Haustüre gewandt, spuckte er auf die Schwelle und sagte:

Verräterhaus!

Nur ein Mann, der mit dem Leben abgerechnet hat, konnte es wagen, Falcone das Wort Verräter ins Gesicht zu schleudern. Ein Dolchstoß, dem kein zweiter hätte zu folgen brauchen, hätte den Schimpf im selben Augenblick gerächt. Doch Matteo tat nichts; nur machte er eine Handbewegung nach der Stirn wie einer, der völlig niedergeschmettert ist.

Fortunato war ins Haus gegangen, sowie er den Vater kommen sah. Bald kam er wieder zum Vorschein, mit einem Topf Milch, den er mit gesenktem Blick Gianetto darbot.

Weg von mir! schrie der Geächtete mit Donnerstimme ihn an.

Darauf sagte er zu einem der Jäger:

Kamerad, gib mir zu trinken!

Der Soldat legte ihm seine Feldflasche zwischen die Hände, und der Geächtete trank das Wasser, das ihm ein Mensch reichte, mit dem er kurz zuvor Flintenschüsse gewechselt hatte. Dann bat er, man möge ihm die Hände anstatt unter dem Rücken über der Brust zusammenbinden.

Ich liege gern bequem, sagte er.

Man beeilte sich, ihm zu willfahren. Darauf gab der Feldwebel das Zeichen zum Aufbruch, nahm Abschied von Matteo, ohne Antwort zu erhalten, und begann raschen Schritts den Abstieg.

Etwa zehn Minuten verstrichen, ehe Matteo den Mund öffnete. Der Knabe schaute mit unruhigem Auge bald zu seiner Mutter, bald zu seinem Vater, der ihn, auf seine Büchse gestützt, mit dem Ausdruck maßlosen Ingrimms betrachtete.

Du fängst gut an! sagte Matteo schließlich mit ruhiger Stimme, die aber für den, der ihn kannte, etwas Schreckliches hatte.

Lieber Vater! rief der Knabe, Tränen in den Augen und näher kommend, offenbar, um vor ihm auf die Knie zu fallen.

Matteo jedoch schrie:

Zurück von mir!

Da blieb das Kind stehen und schluchzte. Regungslos stand es etliche Schritte vor seinem Vater.

Giuseppa trat hinzu. Sie hatte die Uhrkette bemerkt, die aus Fortunatos Hemd hervorblinkte.

Von wem hast du die Uhr? fragte sie in strengem Tone.

Vom Vetter Gamba.

Falcone riß die Uhr an sich und schleuderte sie mit aller Gewalt gegen einen Stein, an dem sie in tausend Stücke zerschellte.

Weib, rief er, ist dieses Kind von mir?

Giuseppas Wangen wurden ziegelrot.

Was sagst du, Matteo? Weißt du, mit wem du redest?

Der erste Sproß meines Stammes, der ein Verräter ist!

Fortunatos Seufzen und Stöhnen wurde immer heftiger. Falcone starrte mit seinen Luchsaugen scharf auf ihn. Endlich stieß er den Kolben seines Gewehres zu Boden, warf es über die Schulter, schlug wieder den Weg nach der Macchia ein und schrie Fortunato zu, er solle ihm folgen. Das Kind gehorchte.

Giuseppa lief hinter Matteo her und faßte ihn am Arm.

Er ist dein Sohn! sagte sie mit bebender Stimme, indem sie den Blick ihrer schwarzen Augen in die ihres Mannes bohrte, wie um darin zu lesen, was in seiner Seele vorging.

Laß mich! erwiderte Matteo. Ich bin sein Vater.

Giuseppa umarmte ihren Sohn und zog sich weinend in die Hütte zurück. Vor einem Bilde der Madonna warf sie sich auf die Knie und betete inbrünstig. Währenddem ging Matteo etwa zweihundert Schritte den Pfad hin und machte erst vor einer kleinen Schlucht halt, in die er hinabstieg. Er untersuchte den Boden mit dem Gewehrkolben und fand ihn weich und leicht aushebbar. Die Stätte dünkte ihn passend für sein Vorhaben.

Fortunato, stell dich an den großen Stein dort!

Das Kind tat, wie ihm geheißen. Dann kniete es nieder.

Bete!

Vater, Vater, Ihr wollt mich töten?

Bete! wiederholte Matteo mit schrecklicher Stimme.

Weinend, schluchzend stammelte das Kind das *Pater* und das *Credo* her. Mit fester Stimme sprach der Vater jedesmal das *Amen* nach.

Sind das alle Gebete, die du weißt?

Lieber Vater, ich kann noch das *Ave Maria* und die Litanei, die mich die Tante gelehrt hat.

Die ist lang, doch in Gottes Namen!

Das Kind sagte die Litanei bis zu Ende her, mit immer leiser werdender Stimme.

Bist du fertig?

Gnade, lieber Vater! Verzeiht mir! Ich will's nicht wieder tun. Ich werde den Vetter Caporale bitten, daß er Gianetto laufenläßt.

Noch redete Fortunato. Matteo hatte den Hahn gespannt und legte das Gewehr an die Wange.

Gott sei dir gnädig! murmelte er.

Der Knabe machte einen verzweifelten Versuch, aufzustehen und die Knie seines Vaters zu umklammern, aber er kam nicht mehr dazu. Matteo drückte ab, und Fortunato fiel tot nieder.

Ohne dem Leichnam einen Blick zu gönnen, schlug Matteo den Heimweg ein. Er wollte einen Spaten holen, seinen Sohn zu begraben. Er hatte nur wenige Schritte zurückgelegt, als er Giuseppa begegnete, die, aufgeschreckt durch den Schuß, herbeilief.

Was hast du getan? schrie sie.

Gerichtet!

Wo liegt er?

In der Schlucht. Ich will ihn begraben. Er ist als Christ gestorben. Ich lasse ihm eine Messe lesen. Sage meinem Schwiegersohn Tiodoro Bianchi, er soll fortan mit in unserm Hause wohnen!

(Deutsch von Arthur Schurig)

Charles Baudelaire
Der schlechte Glaser

Es gibt rein beschauliche und zur Tat gänzlich ungeeignete Naturen, die indessen, unter einem geheimnisvollen und unbekannten Antrieb, manchmal mit einer Schnelligkeit handeln, deren sie sich selbst für unfähig gehalten hätten.

Leute zum Beispiel, die aus Furcht, bei ihrem Hausmeister eine ärgerliche Nachricht zu finden, eine ganze Stunde lang vor ihrer Haustüre herumschleichen, ohne den Mut zu finden einzutreten, andere, die einen Brief vierzehn Tage lang aufbewahren, ohne ihn zu öffnen, oder sich erst nach Ablauf von sechs Monaten entschließen, einen Schritt zu unternehmen, der schon seit einem Jahr notwendig gewesen wäre; solche Leute fühlen sich manchmal plötzlich von einer unwiderstehlichen Macht zur Tat getrieben, wie der Pfeil eines Bogens. Der Seelenforscher und der Arzt, die doch alles zu wissen behaupten, können nicht erklären, woher diesen trägen und wollüstigen Seelen so unversehens eine so tolle Tatkraft kommt, und wie sie, unfähig, die einfachsten und notwendigsten Dinge zu vollbringen, in einer Minute einen ganz überflüssigen Mut entwickeln, um dann die unsinnigsten und oft sogar die gefährlichsten Handlungen zu begehen.

Einer meiner Freunde, einer der harmlosesten Träumer, der je gelebt hat, legte einmal Feuer an einen Wald, um, so sagte er, festzustellen, ob das Feuer wirklich mit solcher Leichtigkeit um sich griffe, wie man allgemein versichere. Zehnmal hintereinander mißlang der Versuch, aber beim elften Male gelang er nur allzu gut.

Ein anderer ist imstande, sich neben einem Pulverfaß eine Zigarre anzustecken, *um zu sehen, um zu wissen, um das Schicksal zu versuchen,* um sich selbst zu zwingen, einen Beweis von Tatkraft zu geben, um den Spieler vorzustellen, um die Lustgefühle der Angst kennenzulernen, für nichts, aus Laune, weil er nichts zu tun hat.

Es handelt sich da um eine Art von Tatkraft, die aus der Langeweile und der Träumerei aufspringt; und die Menschen, bei denen sie sich so überraschend offenbart, sind im allgemeinen, wie ich schon sagte, die lässigsten und träumerischsten Geschöpfe.

Ein anderer, der derart scheu ist, daß er die Augen schon vor den Blicken der Menschen niederschlägt, derart scheu, daß er seinen armen Willen mit beiden Händen zusammennehmen muß, um in ein Café einzutreten oder sich an einer Theaterkasse anzustellen, an der die Aufsichtsbeamten ihm mit der Würde eines Minos, Äakus und Rhadamanthes bekleidet zu sein scheinen, kann ganz plötzlich einem vorübergehenden alten Herrn an den Hals springen und ihm voller Begeisterung vor der erstaunten Menge einen Kuß versetzen.

Warum? Weil . . . weil dieses Gesicht ihm so unwiderstehlich anziehend vorkam? Vielleicht; aber man darf wohl mit größerem Recht vermuten, daß er selbst nicht weiß, warum.

Ich bin mehr als einmal das Opfer solcher Störungen und solcher sprunghaften Anwandlungen gewesen, die uns das Recht geben zu glauben, daß arglistige Dämonen sich in uns einschleichen und uns zwingen, ohne unser Wissen, ihren unsinnigsten Willen auszuführen.

Eines Morgens war ich übel gelaunt, traurig, müde vom Nichtstun aufgestanden, in einer Stimmung, so kam es mir vor, als müßte ich irgend etwas Großes, eine aufsehenerregende Tat vollbringen; und ich öffnete das Fenster, o weh!

(Beachten Sie bitte, der Geist der Schwindelei, der bei einigen Menschen nicht das Ergebnis von Anstrengung oder Berechnung, sondern von zufälliger Eingebung ist, hat in hohem Maße, und wäre es nur im Ungestüm des Verlangens, an jeder Gemütsart teil, die, hysterisch nach Meinung der Ärzte, satanisch nach Meinung derer, die etwas vernünftiger denken als die Ärzte, uns widerstandslos zu einer Menge gefährlicher oder unpassender Handlungen treibt.)

Der erste Mensch, den ich auf der Straße erblickte, war ein Glaser, dessen durchdringender, mißtönender Ruf durch die schwere und schmutzige Pariser Dunstschicht zu mir heraufdrang. Ich könnte nun unmöglich sagen, warum ich von ebenso plötzlichem wie gewalttätigem Haß gegen diesen armen Kerl ergriffen wurde.

»– Heh! Heh!« – Und ich rief ihm zu, heraufzukommen. Dabei überlegte ich, nicht ohne ein Gefühl der Heiterkeit zu empfinden, daß mein Zimmer im sechsten Stock lag und die Treppe sehr eng war, daß es daher für den Mann ziemlich schwierig sein dürfte, den Aufstieg zu bewerkstelligen, und daß er mit den Ecken seiner zerbrechlichen Ware an manchen Stellen hängenbleiben müßte.

Endlich erschien er: Neugierig prüfte ich alle seine Scheiben und sagte dann zu ihm: – »Wie! Sie haben kein farbiges Glas? Rosiges, rotes, blaues Glas, magische Scheiben, Paradiesscheiben? Unverschämter Kerl, der Sie sind! Sie wagen es, in den Armeleutevierteln herumzuspazieren und haben nicht einmal Fensterscheiben, die das Leben in schönem Licht erscheinen lassen!« Und heftig stieß ich ihn auf die Treppe, die er brummend hinunterstolperte.

Ich trat auf den Balkon und griff nach einem kleinen Blumentopf, und als der Mann wieder vor der Haustüre erschien, ließ ich meine Kriegsmaschine senkrecht auf den hinteren Rand seiner Trage fallen, und da der Aufprall ihn umwarf, zerbrach er vollends unter seinem Rücken seine ganze armselige Hausiererware mit so lautem Gekrach, wie wenn ein Kristallpalast vom Blitz zerschmettert worden wäre.

Und berauscht von meinem tollen Beginnen, schrie ich in rasender Wut ihm zu: »Das Leben in Schönheit!«

Solche überreizten Späße sind nicht gefahrlos, und man muß sie oft teuer bezahlen. Aber was bedeutet die Ewigkeit der Verdammnis für denjenigen, der in einer einzigen Sekunde unendliche Wollust gefunden hat?

(Deutsch von Walther Küchler)

Gustave Flaubert
Ein schlichtes Herz

I

Ein halbes Jahrhundert lang beneideten die Bürgerinnen von Pont-l'Evêque Madame Aubain um ihre Magd Félicité.

Für hundert Francs im Jahr besorgte sie Küche und Haushalt, nähte, wusch, plättete, konnte ein Pferd anschirren, das Geflügel mästen, Butter machen, und blieb ihrer Herrin treu – die indessen keine angenehme Person war.

Diese hatte einen schönen Menschen ohne Vermögen geheiratet, der zu Anfang des Jahres 1809 starb und ihr zwei ganz kleine Kinder bei einer Unmenge Schulden hinterließ. Da verkaufte sie ihren Grundbesitz, außer den Gütern Toucques und Gefosses, deren Ertrag sich höchstens auf fünftausend Francs belief, und sie verließ ihr Haus in Saint-Melaine, um ein anderes, das weniger Ausgaben verursachte, zu bewohnen; es hatte ihren Vorfahren gehört und lag hinter den Hallen.

Dieses Haus, das mit Schiefer bekleidet war, lag zwischen einem Durchgang und einer Gasse, die zum Fluß herablief. Die Böden im Innern des Hauses waren uneben, was zum Stolpern Anlaß gab. Ein enger Flur trennte die Küche von dem Saal, in dem Madame Aubain sich in der Nähe des Fensters, in einem Strohsessel sitzend, den ganzen Tag über aufhielt. Acht Mahagonistühle reihten sich an der weißgestrichenen Täfelung entlang. Ein altes Klavier trug, unterhalb eines Barometers, einen pyramidenartigen Haufen von Schachteln und Kartons. Zwei gestickte Lehnsessel standen auf beiden Seiten des Kamins aus gelbem Marmor und im Stil Louis xv. Die Uhr in der Mitte stellte einen Vestatempel dar – und das ganze Zimmer hatte einen etwas modrigen Geruch, denn der Fußboden lag tiefer als der Garten.

Im ersten Stock lag zunächst das Zimmer von »Madame«, das sehr groß und mit einer blaßblumigen Tapete bespannt war und das Porträt von »Monsieur« in der Kleidung eines Dandys enthielt. Es stand mit einem kleineren Zimmer in Verbindung, in dem man zwei Kinderbettstellen ohne Matratzen erblickte. Dann kam der Salon, immer verschlossen und voller Möbel, die mit Überzügen bedeckt waren. Endlich führte ein Gang zu einem Studierzimmer; Bücher und Papierkram füllten die Fächer einer Bibliothek, deren drei Teile einen großen Schreibtisch aus schwarzem Holz umgaben. Die beiden Rückwände verschwanden unter Federzeichnungen, Landschaften in Gouache und Stichen von Audran, Erinnerungen an eine bessere Zeit und entschwundene Pracht. Im zweiten Stock erhellte eine Luke das Zimmer der Félicité, mit Aussicht auf die Wiesen.

Sie erhob sich mit der Morgenröte, um die Messe nicht zu versäumen, und arbeitete ohne Unterlaß bis zum Abend; wenn dann das Mahl beendigt, das Geschirr an seinem Platz und die Tür gut verschlossen war, verscharrte sie die glühende Holzkohle unter der Asche und schlief vor dem Herd ein, den Rosenkranz in der Hand. Beim Einkaufen war niemand hartnäckiger im Feilschen. Was ihre Sauberkeit betraf, so brachte der Glanz ihrer Pfannen die anderen Mägde zur Verzweiflung. Sparsam wie sie war, aß sie langsam und las mit dem Finger auf dem Tisch die Krumen ihres Brotes auf – eines zwölfpfündigen Brotes, das eigens für sie gebacken wurde und zwanzig Tage ausreichte.

Zu jeder Jahreszeit trug sie ein Tuch aus feinem Kattun, das im Rücken von einer Nadel festgehalten wurde, eine Haube, die ihre Haare verbarg, graue Strümpfe, einen roten Rock, und über ihrer Jacke eine Latzschürze wie die Krankenpflegerinnen im Krankenhaus.

Ihr Gesicht war mager und ihre Stimme spitz. Mit fünfundzwanzig Jahren wurde sie für vierzig gehalten. Vom fünfzigsten an schien sie alterslos – und bei ihrer beständigen Schweigsamkeit, mit ihrer geraden Haltung und ihren gemessenen Bewegungen glich sie einer Frau aus Holz, die automatisch ihre Handlungen verrichtet.

II

Wie jede andere hatte auch sie ihre Liebesgeschichte gehabt.

Ihr Vater, ein Maurer, hatte einen tödlichen Sturz von einem Gerüst getan. Dann starb ihre Mutter, ihre Schwestern zerstreuten sich, ein Pächter nahm sie zu sich und ließ sie, so klein sie noch war, die Kühe hüten. Sie zitterte vor Frost unter ihren Lumpen, trank auf dem Bauch liegend das Wasser der Pfützen, wurde beim geringsten Anlaß geschlagen und schließlich wegen eines Diebstahls von dreißig Sou, den sie nicht begangen hatte, fortgejagt. Sie ging auf einen andern Pachthof in Stellung, wurde dort Hühnermagd, und da sie ihren Arbeitgebern gefiel, waren die anderen Mägde auf sie eifersüchtig.

Eines Abends im Monat August (sie war damals achtzehn Jahre alt) nahmen sie sie zur Kirchweih nach Colleville mit. Sie wurde sogleich schwindlig, benommen von dem Lärm der Geiger, den Lichtern in den Bäumen, dem bunten Gemisch der Trachten, den Spitzen, den Goldkreuzen, von dieser ausgelassen tanzenden Menschenmasse. Bescheiden hielt sie sich abseits, als ein junger Mann von wohlhabendem Aussehen, der die Ellenbogen auf die Deichsel eines kleinen Wagens gestützt hatte und dabei seine Pfeife rauchte, sich ihr näherte, um sie zum Tanz einzuladen. Er zahlte ihr einen Most, Kaffee, Kuchen, ein Tuch, und bot ihr, da er glaubte, daß sie seine Absicht errate, seine Begleitung an. Am Rande eines Haferfeldes warf er sie gewaltsam zu Boden. Sie hatte Angst und begann zu schreien. Er suchte das Weite.

An einem andern Abend wollte sie auf dem Weg nach Beaumont einen großen Heuwagen, der sich langsam vorwärts bewegte, überholen, und als sie die Räder streifte, erkannte sie Theodor.

Er redete sie mit ruhiger Miene an und sagte, sie müsse alles verzeihen, da »der Alkohol schuld gewesen sei«.

Sie konnte keine passende Antwort finden und hatte Lust davonzulaufen.

Gleich darauf sprach er von der Ernte und den angesehenen Bürgern der Gemeinde, denn sein Vater hatte Colleville verlassen und war auf den Hof *les Écots* gezogen, so daß sie jetzt Nachbarn waren.

»Ach!« sagte sie.

Er fügte hinzu, daß man ihn gerne unter die Haube bringen möchte. Übrigens habe er es nicht eilig und warte auf eine Frau nach seinem Geschmack. Sie senkte den Kopf. Da fragte er sie, ob sie nicht heiraten wolle. Sie erwiderte lächelnd, es sei nicht schön, sich über sie lustig zu machen. – »Aber nein, ich schwöre Ihnen!« und er legte seinen linken Arm um ihren Leib; sie ging, von ihm umfaßt und gestützt; sie verlangsamten ihren Schritt. Der Wind wehte weich, die Sterne funkelten, die ungeheure Heuladung schwankte vor ihnen; und die vier Pferde wirbelten mit ihren schleppenden Tritten den Staub auf. Ohne Weisung wandten sie sich dann nach rechts. Er umarmte sie noch einmal. Sie verschwand im Dunkel.

Die folgende Woche gewährte sie Theodor des öfteren ein Stelldichein.

Sie trafen sich in Hinterhöfen, hinter einer Mauer, unter einem einsamen Baum. Sie war nicht unschuldig in der Art der jungen Damen – die Tiere hatten sie belehrt –, aber Vernunft und Ehrgefühl bewahrten sie vor einem Fehltritt. Dieser Widerstand fachte Theodors Liebe an, so daß er, um seine Leidenschaft zu befriedigen (oder ganz naiv vielleicht), ihr die Heirat vorschlug. Sie wollte zuerst nicht daran glauben. Er leistete heilige Eide.

Bald rückte er mit einem unangenehmen Geständnis heraus: seine Eltern hatten ihm letztes Jahr einen Ersatzmann gekauft; aber jetzt könne man ihn von einem Tag auf den andern wieder einziehen; der Gedanke an den Dienst erschreckte ihn. Diese Feigheit nahm Félicité für einen Beweis seiner Zärtlichkeit; die ihrige verdoppelte sich dadurch. Sie schlich sich des Nachts davon, und wenn sie zum Stelldichein erschien, quälte Theodor sie mit seinen Ängsten und seinem Drängen.

Endlich gab er an, daß er selbst auf die Präfektur gehen wolle, um sich Bescheid zu holen, und daß er ihr diesen am nächsten Sonntag zwischen elf Uhr und Mitternacht bringen würde.

Als der Augenblick gekommen war, lief sie zu ihrem Schatz.

An seiner Statt fand sie einen seiner Freunde.

Er teilte ihr mit, daß sie ihn nicht mehr wiedersehen sollte. Um vor der Aushebung sicher zu sein, hatte Theodor eine alte, sehr reiche Person, Madame Lehoussais aus Toucques, geheiratet.

Ihr Kummer war hemmungslos. Sie warf sich zu Boden, stieß Schreie aus, rief nach dem lieben Gott und jammerte ganz einsam auf den Feldern bis zum Sonnenaufgang. Dann kehrte sie auf den Hof zurück und gab ihre Absicht, fortzugehen, kund; und nachdem sie am Ende des Monats ihren Lohn empfangen hatte, band sie alle ihre kleinen Habseligkeiten in ein Taschentuch und begab sich nach Pont-l'Evêque.

Vor dem Gasthof wandte sie sich an eine Bürgersfrau in einer Witwenhaube, die gerade eine Köchin suchte. Das junge Mädchen konnte nicht viel, aber sie schien so viel guten Willen zu haben und so wenig Ansprüche zu machen, daß Madame Aubain schließlich sagte:

»Gut, ich nehme Sie!«

Eine Viertelstunde später hatte sich Félicité bei ihr eingerichtet.

Anfangs lebte sie dort in einem gewissen Furchtgefühl, das ihr »die Art des Hauses« einflößte, und das Andenken an »Monsieur«, das über allem lag. Paul und Virginie, das eine sieben, das andere kaum vier Jahre alt, schienen ihr aus einem kostbaren Stoff gebildet zu sein; sie trug sie auf dem Rücken wie ein Pferd, und Madame Aubain verbot ihr, sie jede Minute zu küssen, was sie zu Tode betrübte. Dennoch fühlte sie sich glücklich. Die Sanftheit der Umgebung hatte ihre Traurigkeit vertrieben.

Jeden Donnerstag kamen die gewohnten Gäste, eine Partie Boston spielen. Félicité sorgte schon vorher für die Karten und die Fußwärmer. Sie stellten sich Schlag acht Uhr ein und brachen auf, bevor es elf schlug.

Jeden Montagmorgen breitete der Trödler, der unter dem Durchgang wohnte, sein altes Eisen auf dem Boden aus. Alsdann erfüllte sich die Stadt mit einem Stimmengewirr, in das sich das Wiehern von Pferden, das Blöken von Lämmern, das Grunzen von Schweinen nebst dem harten Rattern der Karren auf der Straße mischte. Gegen Mittag, wenn der Markt am lebhaftesten war, sah man einen alten Bauern von hoher Gestalt am Eingang erscheinen, mit der Mütze auf dem Hinterkopf und einer Hakennase; es war Robelin, der Pächter von Gefosses. Kurze Zeit darauf – stand Liébard da, der Pächter von Toucques, klein, rot, feist, mit einer grauen Weste und sporenbesetzten Stulpenstiefeln.

Beide boten ihrer Herrin Hühner und Käse an. Ständig machte Félicité ihre schlauen Pläne zuschanden; und sie gingen voller Achtung für sie fort.

In unregelmäßigen Abständen empfing Madame Aubain den Besuch des Marquis von Gremanville, eines Onkels von ihr, der sich durch Schwelgerei ruiniert hatte und zu Falaise auf dem letzten Fetzen seiner Güter lebte. Er fand sich immer zur Frühstücksstunde ein, mit einem abscheulichen Pudel, dessen Pfoten alle Möbel beschmutzten. Trotz seiner Bemühungen, sich als vornehmer Mann zu geben, worin er so weit ging, daß er jedesmal seinen Hut lüftete, wenn er »mein seliger Vater« sagte, verführte ihn doch die Gewohnheit, sich Glas auf Glas einzuschenken und schlüpfrige Dinge zu erzählen. Félicité trieb ihn höflich hinaus: »Sie haben jetzt genug, Monsieur de Gremanville! Bis zum nächsten Mal!« Und sie schloß die Tür.

Gern öffnete sie sie dem Herrn Bourais, einem ehemaligen Advokaten. Seine weiße Krawatte und sein kahler Kopf, seine Hemdkrause, sein weiter, brauner Gehrock, seine Art, eine Prise zu nehmen, indem er den Arm bog, seine ganze Persönlichkeit erzeugte bei ihr diese Verwirrung, in die uns der Anblick außerordentlicher Menschen versetzt.

Da er die Güter von »Madame« verwaltete, schloß er sich stundenlang mit ihr in das Zimmer von »Monsieur« ein, fürchtete stets, sich zu kompromittieren, hatte eine grenzenlose Achtung vor den Behörden und behauptete Lateinisch zu verstehen.

Um den Kindern den Unterricht angenehm zu machen, machte er ihnen eine Erdkunde mit Kupferstichen zum Geschenk. Sie stellten mannigfaltige Bilder aus der Welt dar, federngeschmückte Menschenfresser, einen Affen, der ein junges Mädchen raubt, Beduinen in der Wüste, einen Walfisch, der harpuniert wird, und so weiter.

Paul erklärte Félicité diese Stiche. Das war auch ihre ganze wissenschaftliche Bildung.

Die der Kinder wurde von Guyot besorgt, einem armen Teufel, der, im Rathaus angestellt, wegen seiner schönen Handschrift berühmt war und sein Taschenmesser am Stiefel wetzte.

Wenn gutes Wetter war, begab man sich schon in der Früh nach dem Gute Gefosses.

Der Hof lag an einem Hang, das Haus stand in der Mitte; und in der Ferne erschien das Meer wie ein grauer Fleck.

Félicité nahm aus ihrem Korb Scheiben kalten Fleisches, und man frühstückte in einem Raum, der sich an die Molkerei reihte. Er war der einzige Rest eines nun verschwundenen Lusthauses. Die Fetzen der Tapete an der Wand zitterten im Luftzug. Madame Aubain senkte den Kopf unter der Wucht der Erinnerungen; die Kinder wagten nicht mehr zu sprechen. »So spielt doch!« sagte sie; sie liefen davon.

Paul stieg in die Scheune, fing Vögel, ließ flache Steine über das Wasser des Teiches tanzen, oder er schlug mit einem Stock gegen die großen Fässer, die wie Trommeln dröhnten.

Virginie fütterte die Kaninchen, rannte fort, um Kornblumen zu pflücken, und die Schnelligkeit, mit der sich ihre Beine bewegten, entblößte ihre bestickten Höschen.

An einem Herbstabend kehrte man über die Weiden heim.

Der Mond in seinem ersten Viertel erhellte einen Teil des Himmels, und ein Nebel wogte wie ein Schal über den Windungen der Toucques. Rinder lagen auf dem Rasen und ließen ruhigen Blicks die vier Personen vorübergehn. Auf der dritten Weide erhoben sich einige, dann stellten sie sich in der Runde vor ihnen auf. – »Fürchten Sie nichts!« sagte Félicité, und ein wehmütiges Lied summend, streichelte sie den Rücken des zunächst stehenden; es drehte sich um, und die anderen folgten seinem Beispiel. Aber als man die nächste Weide überquerte, ertönte ein furchtbares Brüllen. Es kam von einem Stier, den der Nebel verbarg. Er näherte sich den beiden Frauen. Madame Aubain wollte anfangen zu laufen. – »Nein! nein! Nicht so schnell!« Sie beschleunigten jedoch ihren Schritt und hörten hinter sich ein kräftiges Schnaufen, das näher kam. Seine Hufe fielen wie Hämmer auf das Gras der Wiese; jetzt galoppierte er! Félicité wandte sich um, und sie riß mit beiden Händen Erdschollen aus dem grasigen Boden, die sie ihm in die Augen warf. Er senkte das Maul, schüttelte die Hörner und zitterte vor Wut, während er schrecklich brüllte. Madame Aubain, die mit ihren beiden Kleinen am Ende der Weide angekommen war, suchte verzweifelt nach einem Mittel, die hohe Böschung zu überwinden. Félicité wich schrittweise vor dem Stier zurück, und ständig schleuderte sie ihm Grasklumpen ins Gesicht, die ihn blind machten, während sie schrie: »Beeilt euch! beeilt euch!«

Madame Aubain stieg in den Graben, half Virginie, dann Paul herüber, fiel mehrere Male bei dem Versuch, die Böschung zu erklimmen, und dank ihrem Mut schaffte sie es.

Der Stier hatte Félicité gegen ein Gatter getrieben; sein Geifer flog ihr ins Gesicht, eine Sekunde später hätte er sie aufgeschlitzt. Sie hatte gerade noch Zeit, sich zwischen zwei Latten hindurchzuwinden, und das schwere Tier blieb voller Verblüffung stehen.

Über dieses Ereignis wurde in Pont-l'Evêque noch nach Jahren gesprochen. Félicité bildete sich nichts darauf ein, da sie nicht einmal ahnte, daß sie etwas Heldenhaftes vollbracht hatte.

Virginie nahm sie ausschließlich in Anspruch; denn sie hatte sich infolge des Schreckens eine nervöse Affektion zugezogen, und Herr Poupart, der Arzt, verordnete Seebäder in Trouville.

Zu jener Zeit wurden diese noch wenig besucht. Madame Aubain zog Erkundigungen ein, befragte Bourais und machte Vorbereitungen wie für eine lange Reise.

Ihre Koffer wurden am Abend vorher von Liébards Wägelchen abgeholt. Am nächsten Morgen brachte er zwei Pferde, das eine mit einem Frauensattel, der mit einer Sammetlehne versehen war; und auf dem Rücken des zweiten bildete ein gerollter Mantel eine Art von Sitz. Madame Aubain stieg auf, und hinter ihr nahm Félicité Virginie zu sich, und Paul bestieg Herrn Lechaptois' Esel, den man unter der Bedingung, gut auf ihn zu achten, zur Verfügung gestellt hatte.

Der Weg war so schlecht, daß seine acht Kilometer zwei Stunden erforderten. Die Pferde sanken bis zu den Fesseln in den Schlamm und machten, um wieder herauszukommen, abrupte Bewegungen mit den Hüften; oder sie stolperten in den Wagenspuren, und zu anderen Malen mußten sie springen. An manchen Stellen blieb die Stute Liébards plötzlich stehen. Er wartete geduldig, bis sie sich wieder in Marsch setzte; und er sprach über die Leute, deren Grundstücke den Weg säumten, und gab zu ihrer Geschichte moralische Betrachtungen. So sagte er in den Mauern von Toucques, als man unter von Kapuzinerkresse umrankten Fenstern vorbeiritt, mit Achselzucken: »Da lebt eine Frau Lehoussais, die, anstatt einen jungen Mann zu nehmen . . .« Das übrige hörte Félicité nicht; die Pferde trabten, der Esel galoppierte; alle bogen in einen Fußweg ein, ein Gattertor ging auf, zwei Knaben erschienen, und man stieg vor der Jauchepfütze ab, unmittelbar auf der Schwelle der Tür.

Als Mutter Liébard ihrer Herrin ansichtig wurde, gab sie reichlich ihre Freude zu erkennen. Sie trug ihr ein Frühstück auf, das aus einem Lendenbraten, Kaldaunen, Blutwurst, einem Hühnerfrikassee, Apfelmost, einem Obstkuchen und Branntwein-Pflaumen bestand, während sie das ganze mit Höflichkeiten für Madame würzte, die sich in bester Gesundheit zu befinden schien, für Mademoiselle, das sich »großartig« entwickelt habe, für Monsieur Paul, der erstaunlich »kräftig« geworden, ohne ihre seligen Großeltern zu vergessen, welche die Liébards gekannt hatten, da sie seit mehreren Generationen im Dienst der Familie standen. Der Pachthof zeigte, wie sie selbst, gewisse Alterserscheinungen. Die Deckenbalken waren von Würmern zerfressen, die Mauern rauchgeschwärzt, die Scheiben grau von Staub. Eine eichene Anrichte trug alle möglichen Gerätschaften, Krüge, Teller, Zinngeschirr, Wolfsfallen, Scheren für die Schafe; eine ungeheure Klistierspritze erregte die Heiterkeit der Kinder. Nicht ein Baum in den drei Höfen, der nicht Pilze an seinem Stamm oder in seinen Zweigen einen Mistelbusch gehabt hätte. Der Wind hatte ihrer mehrere umgeworfen. Sie hatten in der Mitte wieder ausgeschlagen; und alle bogen sich unter der Masse der Äpfel. Die Strohdächer, die braunem Samt ähnelten und von ungleicher Dicke waren, hielten den stärksten Sturmwinden stand. Jedoch war die Remise dem Verfall nahe. Madame Aubain sagte, sie wolle sich die Sache angelegen sein lassen, und befahl, die Tiere wieder anzuschirren.

Als man noch eine halbe Stunde Wegs bis Trouville vor sich hatte, stieg die kleine Karawane ab, um die Ecores zu passieren; eine Klippe, die über den Booten hing. Drei Minuten später war man am Ende des Hafendamms und kehrte im »Goldenen Lamm« bei Mutter David ein.

Virginie fühlte sich vom ersten Tag an weniger schwach, was vom Luftwechsel und der Wirkung der Bäder kam. Sie nahm sie in Ermangelung eines Badeanzugs im Hemd; und ihre Bonne kleidete sie in einem Zollhäuschen, deren sich die Badenden bedienten, wieder an.

Nachmittags begab man sich mit dem Esel über die Roches-Noires, in Richtung Hennequeville. Anfangs stieg der Pfad zwischen Geländen hinan, die hügelig wie die Rasenflächen eines Parks waren; dann gelangte man auf eine Hochebene, wo Weide- und Ackerland abwechselten. Am Rande des Weges zwischen Brombeerranken reckten sich Stechpalmen; hier und da schrieb ein großer, abgestorbener Baum mit seinen Zweigen Zickzacklinien in die blaue Luft.

Fast immer machte man auf einer Wiese Rast, wo man Deauville zur Linken, Le Havre zur Rechten und gegenüber das offene Meer hatte. Es glänzte in der Sonne, glatt wie ein Spiegel, und war so ruhig, daß man kaum seinen Wellenschlag hörte; verborgene Sperlinge zwitscherten, und das alles überspannte die ungeheure Wölbung des Himmels. Madame Aubain hantierte sitzend an einer Näharbeit; Virginie, ihr zur Seite, flocht Binsen; Félicité rupfte Lavendel aus; Paul, der sich langweilte, wollte aufbrechen.

Andere Male setzten sie mit einem Boot über die Toucques und suchten Muscheln. Die Ebbe gab Seeigel, Seepferdchen und Seesterne frei; und laufend suchten die Kinder Schaumflocken zu erhaschen, die der Wind davontrug. Schläfrig fielen die Wogen auf den Sand und rollten den Strand entlang; er dehnte sich, so weit das Auge reichte; nach dem Lande zu begrenzten ihn jedoch die Dünen, die ihn vom Marais trennten, einer hippodromförmigen großen Wiese. Wenn sie von dort zurückkehrten, erschien Trouville in der Ferne auf dem Abhang des Hügels, bei jedem Schritt wachsend, und es schien sich mit all seinen ungleichen Häusern in fröhlicher Unordnung zu entfalten.

An den Tagen, an denen es zu heiß war, verließen sie ihr Zimmer nicht. Die blendende Helle von draußen quetschte Lichtstreifen zwischen die Brettchen der Jalousien. Nicht ein Laut aus dem Dorf.

Unten auf dem Bürgersteig kein Mensch. Diese lastende Stille verstärkte die Ruhe über den Dingen. In der Ferne bearbeiteten die Hämmer der Kalfaterer die Schiffskiele, und eine Brise brachte Teergeruch.

Das Hauptvergnügen war die Heimkehr der Boote. Sobald sie die Bojen hinter sich hatten, fingen sie an zu lavieren. Ihre Segel fielen auf Zweidrittelhöhe der Masten; und während das Focksegel sich blähte wie ein Ballon, zogen sie näher, glitten durch das Gekräusel der Wogen bis mitten in den Hafen, wo plötzlich der Anker fiel. Dann legte sich das Boot gegen den Hafendamm. Die Matrosen warfen zappelnde Fische über die Planken; eine Reihe von Karren erwartete sie, und Frauen in Baumwollhauben stürzten herbei, um die Körbe zu holen und ihre Männer zu umarmen.

Eines Tages sprach eine von ihnen Félicité an, die kurz darauf vor Freude strahlend ins Zimmer trat. Sie hatte eine ihrer Schwestern wiedergefunden; und Nastasie Barette, verehelichte Leroux, erschien, einen Säugling an der Brust, an der rechten Hand ein zweites Kind und zu ihrer Linken einen kleinen Schiffsjungen, der die Fäuste in die Seiten stemmte und die Mütze schief auf dem Kopf trug.

Nach einer Viertelstunde wurde sie von Madame Aubain verabschiedet.

Man begegnete ihnen immer in der Nähe der Küche oder auf den Spaziergängen, die man machte. Der Ehemann zeigte sich nicht.

Félicité faßte Zuneigung zu ihnen. Sie kaufte ihnen eine Decke, Hemden, einen Herd; es war klar, daß sie sie ausnützten. Diese Schwäche ärgerte Madame Aubain, die auch die Vertraulichkeiten des Neffen nicht mochte – denn er duzte ihren Sohn; – und da Virginie hustete und die Saison zu Ende ging, kehrten sie nach Pont-l'Evêque zurück.

Monsieur Bourais beriet sie bei der Wahl eines Internats. Das in Caen galt als das beste. Dorthin wurde Paul geschickt; und er nahm tapfer Abschied, zufrieden, fortan in einem Hause zu leben, wo er Kameraden haben würde.

Madame Aubain fand sich in die Trennung von ihrem Sohn, weil sie unumgänglich war. Virginie dachte mit jedem Tag weniger daran. Félicité vermißte seinen Lärm. Doch sollte eine neue Beschäftigung sie zerstreuen; von Weihnachten an brachte sie das kleine Mädchen jeden Tag zum Katechismusunterricht.

III

Wenn sie an der Tür eine Kniebeugung gemacht hatte, ging sie unter dem hohen Schiff zwischen der doppelten Reihe von Stühlen nach vorn, öffnete Madame Aubains Bank, setzte sich und ließ ihre Blicke um sich schweifen.

Die Knaben füllten auf der rechten, die Mädchen auf der linken Seite das Chorgestühl; der Pfarrer stand am Pult; auf einem Fenster des Chors schwebte der Heilige Geist über der Jungfrau; ein anderes zeigte sie kniend vor dem Jesuskind, und hinter dem Tabernakel stellte eine Gruppe aus Holz den Heiligen Michael dar, wie er den Drachen bezwingt.

Der Priester gab zuerst eine kurze Zusammenfassung der Heiligen Schrift. Sie glaubte das Paradies zu sehen, die Sündflut, den Turm zu Babel, brennende Städte, sterbende Völker, gestürzte Götzenbilder; und sie behielt von diesen Visionen die Ehrfucht vor dem Allerhöchsten und die Angst vor seinem Zorn. Wenn sie dann die Leidensgeschichte hörte, weinte sie. Warum hatten sie ihn gekreuzigt, ihn, der die Kinder liebte, der das Volk speiste, die Blinden heilte, und der aus Sanftmut unter den Armen auf dem Mist eines Stalles hatte geboren werden wollen? Die Saat, die Ernte, die Kelter, all die vertrauten Dinge, von denen das Evangelium spricht, sie fanden sich in ihrem Leben; die Anwesenheit Gottes hatte sie geweiht; und zärtlicher noch liebte sie die Lämmer aus Liebe zum *Lamm,* die Tauben wegen des Heiligen Geistes.

Sie hatte Mühe, sich ihn vorzustellen, denn er war nicht nur Vogel, sondern auch noch ein Feuer und zuweilen ein Hauch. Es war vielleicht sein Licht, welches des Nachts an den Ufern der Sümpfe schwebte, sein Atem, der die Wolken trieb, seine Stimme, welche den Glocken ihren Wohlklang verlieh; und sie saß in ihre Andacht versenkt und erquickte sich zugleich an der Kühle der Mauern und der Stille der Kirche.

Was die Dogmen anging, so begriff sie nichts davon, ja, versuchte nicht einmal, zu begreifen. Der Pfarrer redete und redete, die Kinder repetierten, schließlich schlief sie ein; und erwachte mit einem Ruck, wenn die Kinder beim Hinausgehen mit ihren Holzpantinen auf den Fliesen klapperten.

Auf diese Weise, nur durch Zuhören, lernte sie den Katechismus, denn ihre religiöse Erziehung war in ihrer Jugend vernachlässigt worden; und von nun an machte sie Virginies sämtliche Übungen mit, sie fastete wie sie, und sie ging mit ihr zur Beichte. Am Fronleichnamsfest schmückten sie zusammen einen Altar.

Die Erste Kommunion nahm ihr im voraus die Ruhe. Sie war in Aufregung wegen der Schuhe, wegen des Rosenkranzes, wegen des Buches, wegen der Handschuhe. Mit welchem Zittern half sie der Mutter, das Kind ankleiden!

Während der ganzen Messe empfand sie eine Herzensangst. Monsieur Bourais verdeckte ihr eine Seite des Chors; doch gerade vor ihr bildete die Schar der kleinen Jungfrauen mit ihren weißen Kränzchen über den herabgelassenen Schleiern etwas wie ein schneebedecktes Feld; und sie erkannte von weitem die liebe Kleine an ihrem zierlichen Halse und an ihrer andächtigen Haltung. Die Glocke ertönte. Die Köpfe neigten sich; es wurde still. Zum Brausen der Orgel stimmten die Sänger und die Menge das *Agnus Dei* an; dann begann der Vorbeizug der Knaben; und nach ihnen erhoben sich die Mädchen. Schritt vor Schritt gingen sie mit gefalteten Händen auf den über und über erleuchteten Altar zu, knieten auf seiner ersten Stufe nieder, empfingen der Reihe nach die Hostie und schritten in derselben Ordnung wieder zu ihren Bänken zurück. Als Virginie an der Reihe war, beugte sich Félicité vor, um sie zu sehen; und in der Phantasie, welche die wahre zärtliche Liebe verleiht, schien es ihr, als wäre sie selbst dieses Kind; sein Antlitz wurde das ihrige, sein Gewand umgab sie, sein Herz schlug in ihrer Brust; in dem Augenblick, wo es den Mund öffnete, schloß sie die Augen und war nahe daran, in Ohnmacht zu fallen.

In der Frühe des folgenden Tages erschien sie in der Sakristei, damit der Herr Pfarrer ihr die Kommunion reiche. Sie empfing sie andächtig, aber sie empfand dabei nicht wieder die gleiche Wonne.

Madame Aubain wollte aus ihrer Tochter eine wohlerzogene Person machen; und da Guyot sie weder Englisch noch Musik lehren konnte, beschloß sie, das Kind zu den Ursulinerinnen von Honfleur in Pension zu geben.

Das Kind machte keine Einwendungen. Félicité seufzte und fand, Madame sei gefühllos. Dann dachte sie, ihre Herrin habe vielleicht doch recht. Diese Dinge gingen über ihren Verstand.

Eines Tages endlich hielt ein alter großer Wagen vor der Tür; und heraus stieg eine Nonne, die Mademoiselle abholen kam. Félicité hob das Gepäck auf das Verdeck, legte dem Kutscher verschiedenes ans Herz und packte sechs Töpfe mit Eingemachtem und ein Dutzend Birnen nebst einem Veilchenstrauß in den Sitzkasten.

Im letzten Augenblick wurde Virginie von heftigem Schluchzen erfaßt; sie umarmte ihre Mutter, die sie auf die Stirn küßte und dabei wiederholte: »Komm! Nur Mut! Nur Mut!« Der Wagentritt wurde zurückgeschlagen, der Wagen fuhr ab.

Da hatte Madame Aubain eine Ohnmacht; und am Abend stellten sich alle ihre Freunde ein, um sie zu trösten, das Ehepaar Lormeau, Madame Lechaptois, Mademoiselle Rochefeuille, Monsieur de Houppeville und Bourais.

Zuerst schmerzte es sie sehr, ihre Tochter entbehren zu müssen. Aber dreimal die Woche empfing sie von ihr einen Brief, an den anderen Tagen schrieb sie ihr, ging in ihren Garten, las ein wenig und füllte so die Leere der Stunden aus.

Des Morgens trat Félicité aus Gewohnheit in Virginies Zimmer und schaute an die Wände. Es fehlte ihr, daß sie ihr nicht mehr das Haar zu kämmen, die Stiefel zu schnüren, ihr das Bettuch einzustekken brauchte – und daß sie nicht mehr ihr reizendes Gesicht sah, sie nicht mehr an der Hand hielt wie früher, wenn sie zusammen ausgingen. In ihrer Untätigkeit versuchte sie Spitzen zu klöppeln. Unter ihren zu ungeschickten Fingern rissen die Fäden; sie verstand nichts mehr, hatte den Schlaf verloren, war, wie sie sich ausdrückte, »untergraben«.

Um sich zu »zerstreuen«, bat sie um die Erlaubnis, ihren Neffen Victor empfangen zu dürfen.

Er kam sonntags nach der Messe, mit rosigen Wangen, offener Brust, und in den Kleidern den Duft der Felder, die er durchwandert hatte. Sofort legte sie dann sein Gedeck zurecht. Sie frühstückten, einander gegenübersitzend; und während sie selbst so wenig wie möglich aß, um die Ausgabe wieder einzusparen, stopfte sie ihn so mit Essen voll, daß er schließlich einschlief. Beim ersten Klang der Vesperglocke weckte sie ihn, bürstete seinen Überzieher, knüpfte seine Krawatte und begab sich, stolz wie eine Mutter auf seinen Arm gestützt, in die Kirche.

Seine Eltern beauftragten ihn stets, ihr etwas abzuknöpfen, mochte es nun ein Paket Farinzucker, Seife, Branntwein oder zuweilen sogar Geld sein. Er brachte ihr seine Sachen zum Ausbessern; und sie übernahm diese Arbeit, glücklich über eine Gelegenheit, die ihn zwang, wiederzukommen.

Im Monat August nahm ihn sein Vater mit auf See.

Es war die Zeit der Ferien. Die Rückkehr der Kinder tröstete sie. Aber Paul war launenhaft, und Virginie hatte nicht mehr das Alter, in dem man sie duzen konnte, was ihrem Verkehr einen gewissen Zwang antat, ein Hindernis zwischen sie legte.

Victor ging nacheinander nach Morlaix, nach Dünkirchen und nach Brighton; bei der Rückkehr von jeder Reise brachte er ihr ein Geschenk mit. Das erste Mal war es eine Schachtel aus Muscheln, das zweite Mal eine Kaffeetasse, das dritte Mal ein großer Pfefferkuchen. Er wurde hübsch, hatte eine gutgewachsene Gestalt, ein wenig Schnurrbart, gutmütige, offene Augen und trug eine kleine Ledermütze, die er wie ein Steuermann nach hinten schob. Er belustigte sie dadurch, daß er ihr Geschichten erzählte, die von seemännischen Ausdrücken wimmelten.

An einem Montag, dem 14. Juli 1819 (sie vergaß das Datum nicht mehr), verkündete Victor, er habe sich für eine lange Fahrt verpflichtet und würde in der Nacht des zweitnächsten Tages an Bord des Paketbootes von Honfleur gehen, um seinen Schoner zu erreichen, welcher demnächst Le Havre verlasse. Er würde vielleicht zwei Jahre fort sein.

Die Aussicht auf eine so lange Abwesenheit betrübte Félicité tief; und um ihm noch Lebewohl zu sagen, zog sie am Mittwochabend, nachdem Madame gespeist hatte, Galoschen an und legte die vier Meilen zurück, die Pont-l'Evêque von Honfleur trennen.

Als sie am Kalvarienberg angekommen war, ging sie, anstatt sich nach links zu halten, nach rechts, verirrte sich zwischen den Lagerschuppen, kehrte wieder um; Leute, welche sie ansprach, rieten ihr, sich zu beeilen. Sie ging um das mit Schiffen gefüllte Hafenbecken herum, stolperte über Taue; dann senkte sich der Boden, Lichter kreuzten sich, und sie glaubte verrückt geworden zu sein, als sie am Himmel Pferde erblickte.

Am Rande des Hafendamms standen andere und wieherten, erschreckt vom Meer. Ein Kran zog sie in die Höhe und ließ sie dann in ein Schiff hinab, wo sich Reisende zwischen Mostfässern, Käsekörben, Getreidesäcken drängten; man hörte die Hühner gackern und den Kapitän fluchen; und ein Schiffsjunge verharrte, ohne auf all dies zu achten, auf den Ankerbalken gelehnt. Félicité, welche ihn nicht wiedererkannt hatte, schrie: »Victor!« Er hob den Kopf; sie stürzte hinzu, als man plötzlich die Brücke wegzog.

Das Paketboot, das Frauen singend treidelten, lief aus dem Hafen aus. Seine Wanten krachten, schwere Brecher peitschten seinen Bug. Das Segel hatte sich gedreht, man sah niemand mehr – und es bildete auf dem vom Mond versilberten Meer einen schwarzen Fleck, der immer blasser wurde, versank, verschwand.

Als Félicité am Kalvarienberg vorbeikam, wollte sie Gott anempfehlen, was sie am meisten liebte; und sie betete lange, stehend, mit tränenüberströmtem Gesicht, den Blick in den Wolken. Die Stadt schlief, Zollbeamte schritten auf und ab; und ohne Unterlaß stürzte das Wasser durch die Öffnungen der Schleuse, mit dem Tosen eines Wildbachs. Es schlug zwei Uhr.

Das Sprechzimmer des Klosters würde nicht vor Tagesanbruch geöffnet werden. Eine Verspätung aber könnte Madame gewiß verdrießen; und trotz ihrer Sehnsucht, Virginie zu umarmen, ging sie weiter. Die Mägde des Gasthofs standen auf, als sie in Pont-l'Evêque ankam.

Der arme Junge sollte also monatelang auf den Wogen schaukeln! Seine früheren Reisen hatten sie nicht geängstigt. Aus England und der Bretagne kam man heim; aber Amerika, die Kolonien, die Inseln, das verlor sich in unbestimmten Regionen am andern Ende der Welt.

Von nun an dachte Félicité ausschließlich an ihren Neffen. An sonnigen Tagen beunruhigte sie sich um seinen Durst; gab es ein Gewitter, so fürchtete sie den Blitz für ihn. Hörte sie den Wind, welcher im Kamin rumorte und die Schieferplatten davontrug, so erblickte sie ihn von demselben Unwetter gepeitscht, an der Spitze eines gebrochenen Mastes, den ganzen Körper hintübergebeugt, unter einer Decke von Schaum; oder er wurde – das waren Erinnerungen an die Erdkunde mit den Stichen – von den Wilden gefressen, von Affen in einem Wald überfallen, oder er starb auf einem verlassenen Strand. Und niemals sprach sie über ihre Ängste.

Auch Madame Aubain hatte deren, wegen ihrer Tochter.

Die Schwestern fanden, sie sei liebenswürdig, aber zart. Die geringste Erregung entkräftete sie. Man mußte das Klavierspiel aufgeben.

Ihre Mutter verlangte vom Kloster einen regelmäßigen Briefwechsel. Als eines Morgens der Briefträger nicht gekommen war, wurde sie ungeduldig; und sie ging im Zimmer vom Lehnstuhl bis zum Fenster auf und ab. Es war wirklich nicht zu verstehen! seit vier Tagen keine Nachricht.

Um sie mit ihrem Beispiel zu trösten, sagte Félicité zu ihr:

»Ich, Madame, habe schon seit sechs Monaten keine mehr bekommen! . . .«

»Von wem denn? . . .«

Die Magd erwiderte leise:

». . . von meinem Neffen!«

»Ach! Ihr Neffe!« Und achselzuckend nahm Madame Aubain ihren Spaziergang wieder auf, was heißen sollte: »Daran dachte ich nicht! . . . Außerdem kümmert mich das nicht! Ein Schiffsjunge, ein Landstreicher, was soll die Geschichte . . . während meine Tochter . . . Man bedenke doch! . . .«

Obgleich Félicité unter rauhen Verhältnissen aufgewachsen war, war sie empört über Madame; dann vergaß sie.

Es schien ihr ganz selbstverständlich, wegen der Kleinen den Kopf zu verlieren.

Die beiden Kinder hatten gleiche Bedeutung für sie. Dasselbe Band ihrer Gefühle umschlang sie, und ihre Schicksale mußten die gleichen sein.

Der Apotheker teilte ihr mit, daß Victors Schiff in Havanna angekommen sei. Er hatte die Nachricht in einer Zeitung gelesen.

Wegen der Zigarren stellte sie sich Havanna als ein Land vor, in dem man nichts anderes tat als rauchen, und Victor bewegte sich in einer Tabakswolke unter Negern.

Konnte man »falls es not tat«, von dort auf dem Landwege heimkehren? Welche Entfernung hatte es von Pont-l'Evêque? Um das zu erfahren, befragte sie Monsieur Bourais.

Er holte seinen Atlas und begann die Längengrade zu erklären; und über Félicités Verdutztheit zeigte er das typische Lächeln des Pedanten. Schließlich zeigte er mit seinem Bleistift auf einen schwarzen, kaum wahrnehmbaren Punkt zwischen den Einschnitten eines ovalen Flecks und sagte dazu: »Hier«. Sie beugte sich über die Karte; dieses Netz von farbigen Linien ermüdete ihre Augen, ohne daß es ihr etwas sagte; und da Bourais sie aufforderte zu sagen, was sie bedränge, bat sie ihn, ihr das Haus zu zeigen, in dem Victor wohne. Bourais hob die Arme, nieste und lachte ungeheuer; eine derartige Einfalt machte ihm Freude; und Félicité begriff ihre Ursache nicht – sie, die vielleicht erwartete, sogar das Bild ihres Neffen zu erblicken, so beschränkt war ihr Verstand!

Vierzehn Tage später trat Liébard wie gewöhnlich zur Marktzeit in die Küche und übergab ihr einen Brief, welchen ihr Schwager ihr sandte. Da sie beide nicht lesen konnten, wandte sie sich an ihre Herrin.

Madame Aubain, welche die Maschen eines Strickzeugs zählte,

legte dieses zur Seite, erbrach das Siegel des Briefes, schrak zusammen, und mit leiser Stimme und verschleiertem Blick:

»Es ist ein Unglück . . . das man Euch mitteilt. Euer Neffe . . .«

Er war tot. Mehr stand nicht drin.

Félicité sank auf einen Stuhl, lehnte ihren Kopf gegen die Wand und schloß die Augenlider, die sich plötzlich röteten. Dann wiederholte sie von Zeit zu Zeit mit gesenktem Kopf, herabhängenden Händen und starrem Blick:

»Armer kleiner Junge! armer kleiner Junge!«

Liébard betrachtete sie seufzend. Madame Aubain hatte ein leichtes Zittern.

Sie schlug ihr vor, ihre Schwester in Trouville zu besuchen.

Félicité antwortete mit einer Bewegung, daß das nicht nötig sei.

Es trat eine Stille ein. Der tüchtige Liébard hielt es für angemessen, sich zurückzuziehen.

Da sagte sie:

»Denen ist das gleich!«

Ihr Kopf fiel zurück; und mechanisch griff sie von Zeit zu Zeit nach einer der langen Nadeln auf dem Arbeitstisch.

Durch den Hof gingen Frauen mit einer Tragbahre, auf der triefendes Linnen lag.

Als sie diese durch die Scheiben bemerkte, erinnerte sie sich ihrer Wäsche; da sie sie gestern eingeweicht hatte, mußte sie heute ausgespült werden; und sie ging aus dem Zimmer.

Ihr Brett und ihr Faß befanden sich am Ufer der Toucques. Sie warf einen Haufen Hemden auf die Böschung, krempelte ihre Ärmel in die Höhe, nahm ihren Waschbläuel zur Hand; und die heftigen Schläge, die sie gab, hörte man bis in die umliegenden Gärten. Die Wiesen standen leer, der Wind wühlte den Fluß auf; in der Tiefe schwammen darin lange Gräser wie die im Wasser treibenden Haare einer Leiche. Sie bezwang ihren Schmerz und hielt sich bis zum Abend sehr tapfer; aber in ihrem Zimmer gab sie sich ihm hin, flach auf ihrer Matratze liegend, das Gesicht ins Kissen gedrückt und die beiden Fäuste gegen die Schläfen.

Sehr viel später erfuhr sie von Victors Kapitän selbst die näheren Umstände seines Todes. Man hatte ihn im Krankenhaus zu sehr zur Ader gelassen, wegen gelben Fiebers. Vier Ärzte hielten ihn zugleich. Er war sogleich gestorben, und der Direktor hatte gesagt:

»Gut! noch einer!«

Seine Eltern hatten ihn immer unmenschlich behandelt. Sie zog vor, sie nicht wiederzusehen; und sie selbst kamen ihr auch nicht entgegen, sei es, daß sie sie vergessen oder sich in ihrem Elend verhärtet hatten.

Virginie wurde schwächer.

Beklemmungen, Husten, beständiges Fieber und Flecken auf den Wangen zeigten eine ernste Erkrankung an. Monsieur Poupart hatte zu einem Aufenthalt in der Provence geraten. Madame Aubain willigte ein, und sie hätte ihre Tochter sogleich ins Haus zurückgeholt, wäre nicht das Klima von Pont-l'Evêque gewesen.

Sie traf ein Abkommen mit einem Wagenvermieter, der sie jeden Dienstag ins Kloster fahren mußte. In dem Garten befand sich eine Terrasse, von der man die Seine sehen konnte. Über abgefallene Weinblätter ging Virginie dort am Arm ihrer Mutter spazieren. Manchmal zwang sie ein die Wolken durchdringender Sonnenstrahl, mit den Augen zu zwinkern, während sie die fernen Segel und den weiten Horizont vom Schloß von Tancarville bis zu den Leuchttürmen von Le Havre betrachtete. Später ruhte man sich unter der Laube aus. Ihre Mutter hatte ein kleines Faß mit ausgezeichnetem Malagawein besorgt; und sie lachte beim Gedanken an einen Schwips und nahm zwei Fingerhut voll, nicht mehr.

Ihre Kräfte kehrten zurück. Der Herbst schwand langsam dahin. Félicité beruhigte Madame Aubain. Eines Abends jedoch, als sie in der Umgegend eine Besorgung gemacht hatte, traf sie vor der Tür den Wagen von Monsieur Poupart; und er selbst war im Vestibül. Madame Aubain band ihren Hut.

»Geben Sie mir meinen Fußwärmer, meine Börse, meine Handschuhe! aber schnell!«

Virginie hatte eine Lungenentzündung; vielleicht war es hoffnungslos.

»Noch nicht!« sagte der Arzt; und beide stiegen in den Wagen, von Schneeflocken umwirbelt. Die Nacht zog herauf. Es war sehr kalt.

Félicité stürzte in die Kirche, um eine Kerze anzuzünden. Dann lief sie hinter dem Wagen her, welchen sie nach einer Stunde einholte, sprang ohne Mühe hinten auf, wo sie sich an den Federn festhielt, als ihr die Überlegung kam: »Der Hof ist nicht verschlossen! wenn nun Diebe sich einschlichen?« Und sie sprang ab.

Bei Anbruch des folgenden Tages erschien sie bei dem Arzt. Er war zu Hause gewesen und schon wieder aufs Land gefahren. Darauf blieb sie im Wirtshaus, im Glauben, Fremde würden einen

Brief für sie abgeben. Schließlich, bei Eintritt der Dämmerung nahm sie die Post nach Lisieux.

Das Kloster befand sich hinten in einer steilen Gasse. In der Mitte derselben hörte sie seltsame Töne, eine Totenglocke. »Das ist für jemand anderer«, dachte sie; und Félicité zog heftig den Klopfer.

Nach mehreren Minuten schlurften Holzschuhe heran, die Tür ging einen Spalt breit auf, und eine Nonne erschien.

Die Schwester sagte mit betrübter Miene, sie sei soeben verschieden. Zu gleicher Zeit setzte die Totenglocke von Saint-Léonard wieder ein.

Félicité gelangte in den zweiten Stock.

Schon auf der Schwelle des Zimmers erblickte sie Virginie, die mit gefalteten Händen auf dem Rücken lag, den Mund offen und den Kopf nach hinten, unter einem schwarzen Kreuz, das sich zu ihr neigte, zwischen regungslosen Vorhängen, die weniger bleich waren als ihr Antlitz. Am Fußende des Lagers, das sie mit ihren Armen umfaßt hielt, schluchzte Madame Aubain in Todespein. Die Oberin stand zur Rechten. Auf der Kommode standen drei Armleuchter, die rote Flecke bildeten, und der Nebel lag weiß vor den Fenstern. Nonnen führten Madame Aubain hinweg.

Zwei Nächte lang wich Félicité nicht von der Toten. Sie wiederholte dieselben Gebete, sprengte Weihwasser über die Laken, setzte sich wieder auf ihren Platz und betrachtete sie. Zu Ende der ersten Wache bemerkte sie, daß das Gesicht gelb und die Nase spitz geworden war; die Lippen hatten eine blaue Farbe angenommen, und die Augen waren eingesunken. Sie küßte sie mehrere Male; und sie würde keine besondere Verwunderung empfunden haben, wenn Virginie sie wieder geöffnet hätte; für Seelen ihrer Art ist das Übernatürliche ganz selbstverständlich. Sie kleidete sie an, hüllte sie in das Leichentuch, legte sie in den Sarg, schmückte sie mit einem Blumenkranz und breitete ihre Haare aus. Sie waren blond und für ihr Alter von außerordentlicher Länge. Félicité schnitt eine dicke Locke davon ab und ließ die Hälfte davon in ihren Busen gleiten, entschlossen, sich niemals davon zu trennen.

Der Leichnam wurde nach Pont-l'Evêque überführt, gemäß den Bestimmungen von Madame Aubain, die dem Leichenwagen in einer geschlossenen Kutsche folgte.

Nach der Messe brauchte man noch drei Viertelstunden, um den Kirchhof zu erreichen. Paul ging an der Spitze und schluchzte. Hinter ihm kam Monsieur Bourais, dann die angesehensten Einwohner, die Frauen, die in schwarze Mäntel gehüllt waren, und Félicité. Sie dachte an ihren Neffen, und da sie ihm diese Ehre nicht hatte erweisen können, empfand sie doppelte Traurigkeit, als hätte man ihn mit ihr zusammen begraben.

Madame Aubains Verzweiflung war ohne Grenzen.

Zuerst empörte sie sich gegen Gott, sie fand ihn ungerecht, da er ihr ihre Tochter genommen – ihr, die niemals Böses getan und deren Gewissen so rein war! Doch nein! Sie hätte sie nach dem Süden bringen müssen. Andere Ärzte würden sie gerettet haben! Sie klagte sich an, wollte zu ihr und schrie in Seelenangst, mitten in ihren Träumen. Einer quälte sie besonders. Ihr Gatte kam im Matrosenanzug von einer weiten Reise zurück und erzählte ihr weinend, daß er den Befehl empfangen habe, Virginie mitzunehmen. Alsdann überlegten sie zusammen, ob sie irgendwo ein Versteck ausfindig machen könnten.

Einmal kam sie aus dem Garten, fassungslos. Gerade eben (sie zeigte die Stelle) waren ihr Vater und Tochter erschienen, beide nebeneinander, und sie bewegten sich nicht; sie schauten sie nur an.

Mehrere Monate hindurch blieb sie teilnahmslos in ihrem Zimmer. Félicité redete ihr gut zu; sie müsse sich erhalten, für ihren Sohn und auch für die andere, in Erinnerung »an sie«.

»Sie?« wiederholte Madame Aubain, als ob sie erwache. »Ach! ja! . . . ja! . . . Sie vergessen sie nicht!« Das war eine Anspielung auf den Friedhof, den man ihr aus Besorgnis verboten hatte.

Félicité ging alle Tage hin.

Schlag vier Uhr ging sie die Häuser entlang, erstieg den Hügel, öffnete das Gitter und trat an Virginies Grab. Es war eine kleine Säule aus rosigem Marmor, darunter eine Platte und Ketten darum herum; sie schlossen ein Gärtchen ein. Die Einfassungen verschwanden unter einer Fülle von Blumen. Sie besprengte ihre Blätter, erneuerte den Sand und kniete nieder, um die Erde besser bearbeiten zu können. Als Madame Aubain hingehen durfte, empfand sie eine Erleichterung, eine Art von Trost.

Dann schwanden Jahre dahin, alle gleichförmig und ohne andere Zwischenfälle als die Wiederkehr der großen Feste: Ostern, Himmelfahrt und Allerheiligen. Häusliche Ereignisse gaben Daten ab, auf die man sich später bezog. So strichen 1825 zwei Glaser das Vorzimmer an; 1827 hätte ein Teil des Daches, das in den Hof hinabstürzte, beinahe einen Mann getötet. Im Sommer 1828 hatte Madame das geweihte Brot zu spenden; um diese Zeit verschwand

Bourais auf geheimnisvolle Weise; und nach und nach zogen die alten Bekannten fort: Guyot, Liébard, Madame Lechaptois, Robelin, Onkel Gremanville, der seit langem gelähmt war.

Eines Nachts verkündete der Postkutscher in Pont-l'Evêque die Juli-Revolution. Wenige Tage darauf wurde ein neuer Unterpräfekt ernannt: der Baron de Larsonnière, früher Konsul in Amerika. Er hatte außer seiner Frau seine Schwägerin mit drei schon ziemlich großen Töchtern bei sich. Man sah sie auf ihrem Rasen in wehende Blusen gekleidet; sie besaßen einen Neger und einen Papagei. Madame Aubain empfing ihren Besuch und unterließ nicht, ihn zu erwidern. Sobald sie sich von weitem zeigten, eilte Félicité, sie zu benachrichtigen. Doch nur eine Sache war allein imstande, sie zu bewegen: die Briefe ihres Sohnes.

Er konnte bei keiner Laufbahn bleiben, da ihn die Kneipen zu sehr in Anspruch nahmen. Sie bezahlte ihm seine Schulden; er machte neue; und die Seufzer, die Madame Aubain ausstieß, während sie am Fenster strickte, drangen bis zu Félicité, die in der Küche ihr Spinnrad drehte.

Sie gingen zusammen am Spalier entlang spazieren; und sie sprachen immer von Virginie, wobei sie sich fragten, ob dieses ihr gefallen hätte oder was sie wohl bei jener Gelegenheit gesagt haben würde.

Alle ihre kleinen Habseligkeiten waren in einem Schrank in dem Zimmer mit den beiden Betten untergebracht. Madame Aubain besichtigte sie so selten wie möglich. An einem Sommertag entschloß sie sich dazu; und Motten entflogen dem Schrank.

Ihre Kleider hingen in einer Reihe unter dem Brett, auf dem sich drei Puppen, Reifen, ein Puppengeschirr und die Waschschüssel befanden, die sie benutzt hatte. Sie zogen auch die Röcke, die Strümpfe, die Taschentücher ans Licht und breiteten sie auf den beiden Betten aus, ehe sie sie wieder zusammenfalteten. Die Sonne beschien all die armen Sachen und machte die Flecken und Falten sichtbar, die sich durch die Bewegungen des Körpers gebildet hatten. Die Luft war warm und blau, eine Amsel zwitscherte, alles schien in einer tiefen Seligkeit zu leben. Sie fanden einen kleinen kastanienbraunen Hut aus langhaarigem Plüsch wieder; doch er war ganz von Ungeziefer zerfressen. Félicité bat ihn sich aus. Jede schaute die andere an, und ihre Augen füllten sich mit Tränen; schließlich öffnete die Herrin die Arme, die Magd warf sich hinein; und sie drückten einander ans

Herz und ließen ihrem Schmerz in einem Kuß freien Lauf, der sie beide gleichmachte.

Es war das erste Mal in ihrem Leben, denn Madame Aubain war keine hingebende Natur. Félicité war ihr dankbar dafür wie für eine Wohltat, und von nun an liebte sie sie mit hündischer Ergebenheit und religiöser Verehrung.

Ihre Herzensgüte entwickelte sich.

Wenn sie die Trommeln eines auf der Straße vorbeiziehenden Regiments hörte, stellte sie sich mit einem Krug Most vor die Tür und bot den Soldaten zu trinken an. Sie pflegte die Cholerakranken. Sie beschützte die Polen; und es gab sogar einen, der erklärte, sie heiraten zu wollen. Aber sie zerstritten sich; denn als sie eines Tages vom Angelus kam, fand sie ihn in ihrer Küche, wo er sich eingeschlichen und sich an einen Fleischsalat gemacht hatte, den er ruhig verzehrte.

Auf die Polen folgte Vater Colmiche, ein Greis, von dem man sich erzählte, er habe anno 93 Entsetzliches begangen. Er lebte am Flußufer in einem verfallenen Schweinestall. Die Gassenjungen betrachteten ihn durch die Ritzen der Mauern und warfen mit Kieseln nach ihm, die auf sein Siechbett fielen, wo er dauernd von einem Katarrh geschüttelt lag, mit langem Haar, die Augenlider entzündet und am Arm eine Geschwulst, die größer war als sein Kopf. Sie versorgte ihn mit Leinen, versuchte seine Bude zu reinigen und träumte davon, ihn im Backhaus unterzubringen, ohne daß er Madame belästige. Als der Krebs aufgebrochen war, verband sie ihn jeden Tag, brachte ihm manchmal Kuchen und legte ihn in die Sonne, auf ein Bündel Stroh; und der arme Alte dankte ihr geifernd und zitternd, mit erloschener Stimme, fürchtete sie zu verlieren und reckte die Hände aus, sobald er sie sich entfernen sah. Er starb; sie ließ für die Ruhe seiner Seele eine Messe lesen.

An jenem Tag widerfuhr ihr ein großes Glück: zur Essenszeit stellte sich der Neger von Madame de Larsonnière ein, in der Hand den Papagei in seinem Käfig, mitsamt der Stange, der Kette und dem Vorlegeschloß. Ein Billett der Baronin kündigte Madame Aubain an, daß sie an dem Abend abreisten, da ihr Gatte in eine Präfektur aufgerückt war; und sie bat sie, diesen Vogel zur Erinnerung und als Zeichen ihrer Hochachtung anzunehmen.

Er beschäftigte seit langem Félicités Phantasie, denn er kam von Amerika; und dieses Wort erinnerte sie an Victor, so daß sie sich darüber bei dem Neger Auskunft holte. Einmal hatte sie sogar gesagt: »Wie glücklich wäre Madame, wenn sie ihn hätte.«

Der Neger hatte das Gespräch seiner Herrin berichtet, die sich auf diese Weise seiner entledigte, da sie ihn nicht mitnehmen konnte.

IV

Er hieß Lulu. Sein Leib war grün, die Spitzen seiner Flügel rosa, seine Stirn blau und seine Kehle goldgelb.

Aber er hatte die lästige Gewohnheit, in seine Stange zu beißen, er riß sich die Federn aus, verkleckerte seinen Kot und verspritzte das Wasser seines Bades; Madame Aubain, der er lästig war, schenkte ihn für immer Félicité.

Sie machte sich daran, ihn zu unterrichten; bald konnte er wiederholen: »Reizender Junge! Ihr Diener, mein Herr! Gegrüßt seist du, Maria!« Er wurde in die Nähe der Türe gestellt, und verschiedene Leute waren erstaunt, daß er nicht auf den Namen Jacquot hörte, da doch alle Papageien Jacquot heißen. Man verglich ihn mit einer Pute, mit einer Gans: jedesmal ein Dolchstoß für Félicité! Merkwürdiger Eigensinn Lulus, von dem Augenblick, wo man ihn anschaute, nicht mehr zu sprechen!

Nichtsdestoweniger suchte er Gesellschaft; denn am Sonntag, während Mademoiselle Rochefeuille, Monsieur de Houppeville und neue Habitués, nämlich der Apotheker Onfroy, Monsieur Varin und der Hauptmann Mathieu, ihre Partie Karten spielten, schlug er mit den Flügeln an die Scheiben und gebärdete sich so wild, daß es unmöglich war, sich gegenseitig zu verstehen.

Bourais' Gesicht schien ihm ohne Zweifel sehr komisch. Sobald er ihn bemerkte, begann er zu lachen, mit allen Kräften zu lachen. Das Kollern seiner Stimme dröhnte durch den Hof, das Echo wiederholte es, die Nachbarn stellten sich an die Fenster und lachten auch; und um vom Papagei nicht gesehen zu werden, drückte sich Monsieur Bourais an der Mauer entlang, wobei er sein Gesicht unter dem Hut verbarg, erreichte den Fluß und kam dann durch die Gartentür herein; und die Blicke, die er dem Vogel zuwarf, entbehrten der Zuneigung.

Lulu hatte von dem Fleischerjungen einen Nasenstüber bekommen, da er sich erlaubt hatte, den Kopf in seinen Korb zu stecken; und seit der Zeit versuchte er immer, ihn durch das Hemd zu kneifen. Fabu drohte, er werde ihm den Hals umdrehen, obwohl er nicht grausam war, trotz seiner tätowierten Arme und seines großen

Backenbarts. Im Gegenteil! er hatte eher Zuneigung zu dem Papagei, so daß er ihm aus Übermut sogar Flüche beibringen wollte. Félicité, die solche Manieren erschreckten, nahm ihn in ihre Küche. Seine Kette wurde ihm abgenommen, und er spazierte im Haus herum.

Wenn er die Treppe hinabstieg, stützte er die Krümmung seines Schnabels auf die Stufen, hob das rechte Bein, dann das linke; und sie befürchtete, diese Turnerei könnte ihm Schwindel verursachen. Er wurde krank, konnte weder sprechen noch fressen. Unter seiner Zunge fand sich eine Verdickung, wie sie die Hühner zuweilen haben. Sie heilte ihn, indem sie dieses Häutchen mit ihren Nägeln abzog. Monsieur Paul beging eines Tages die Unvorsichtigkeit, ihm den Rauch seiner Zigarre in die Nase zu blasen; ein anderes Mal, als Madame Lormeau ihn mit der Spitze ihres Sonnenschirms neckte, schnappte er die Zwinge; schließlich verschwand er.

Sie hatte ihn auf das Gras gesetzt, um ihm eine Erfrischung zu gewähren. Sie entfernte sich für eine Minute, und als sie wiederkam, kein Papagei mehr! Zuerst suchte sie ihn im Gebüsch, am Ufer des Wassers und auf den Dächern, ohne auf ihre Herrin zu hören, die schrie: »Seien Sie doch vorsichtig! Sie sind verrückt!« Dann durchsuchte sie alle Gärten von Pont-l'Evêque; und sie hielt die Vorübergehenden an. – »Sie haben nicht zufällig irgendwo meinen Papagei gesehen?« Denen, die den Papagei nicht kannten, beschrieb sie ihn. Plötzlich glaubte sie auf dem Abhang zwischen den Mühlen etwas Grünes zu unterscheiden, das umherflatterte. Aber oben angekommen, nichts! Ein Hausierer versicherte, er habe ihn gerade in Saint-Melaine, im Laden der Mère Simon getroffen. Sie eilte hin. Man verstand nicht, was sie wollte. Schließlich kehrte sie heim, erschöpft, die Schuhe in Fetzen, den Tod im Herzen; und während sie neben Madame Aubain auf der Bank saß, erzählte sie alle ihre Gänge, als sich ein leichtes Gewicht auf ihre Schulter senkte, Lulu! Was, zum Teufel, hatte er gemacht? Vielleicht war er in der Umgebung spazierengegangen!

Sie hatte Mühe, sich davon zu erholen, oder vielmehr, sie erholte sich nie mehr.

Infolge einer Erkältung befiel sie eine Halsentzündung; kurze Zeit später stellte sich ein Ohrenübel ein. Drei Jahre später war sie taub; und sie sprach sehr laut, sogar in der Kirche. Obgleich ihre Sünden, ohne ihre Ehre zu beflecken noch Nachteile für andere zu haben, bis in alle Winkel der Gemeinde hätten dringen können, hielt der Herr Pfarrer es für angemessen, ihre Beichte nur noch in der Sakristei entgegenzunehmen.

Wahngeräusche verwirrten sie schließlich vollkommen. Oft sagte ihre Herrin zu ihr: »Mein Gott! wie dumm Sie sind!« Sie erwiderte: »Ja, Madame«, während sie etwas in ihrer Nähe suchte.

Der kleine Kreis ihrer Gedanken verengte sich noch mehr, und das Läuten der Glocken, das Brüllen der Rinder war für sie nicht mehr vorhanden. Alle Wesen verrichteten ihre Handlungen mit der Lautlosigkeit von Gespenstern. Ein einziges Geräusch gelangte jetzt noch in ihre Ohren, die Stimme des Papageis.

Wie um sie zu zerstreuen, ahmte er das Tick-tack des Bratenwenders nach, das laute Rufen des Fischhändlers, die Säge des Tischlers, der gegenüber wohnte; und beim Klang der Türglocke machte er Madame Aubain nach – »Félicité! die Tür! die Tür!«

Sie hatten Zwiegespräche, er, indem er bis zum Überdruß die drei Sätze seines Repertoirs wiederholte, und sie, indem sie durch zusammenhanglose Reden antwortete, in denen jedoch ihr Herz überfloß. In ihrer Vereinsamung war Lulu ihr fast ein Sohn, ein Liebhaber. Er kletterte an ihren Fingern, schnäbelte an ihren Lippen, klammerte sich an ihr Busentuch; und wenn sie ihre Stirn neigte und dabei wie die Ammen mit dem Kopf wackelte, dann schlugen die großen Flügel der Haube mit den Flügeln des Vogels zusammen.

Wenn sich Wolken türmten und der Donner grollte, stieß er Schreie aus, wobei er sich vielleicht der Regenschauer seiner heimatlichen Wälder erinnerte. Das Rauschen des Wassers versetzte ihn in Ekstase; außer sich, flatterte er hinauf zur Decke, warf alles um und flog durch das Fenster, um im Garten herumzupatschen; doch schnell kehrte er auf einen der Feuerböcke zurück und zeigte, während er hüpfend seine Federn zu trocknen suchte, bald seinen Schwanz, bald seinen Schnabel.

An einem Morgen des furchtbaren Winters von 1837, als sie ihn, der Kälte wegen, vor den Kamin gestellt hatte, fand sie ihn tot, mitten in seinem Käfig, den Kopf nach unten und die Krallen in den Drähten. Ein Blutandrang hatte ihn gewiß getötet! Sie glaubte an eine Vergiftung durch Petersilie; und trotz des Mangels jeglicher Beweise fiel ihr Verdacht auf Fabu.

Sie weinte so sehr, daß ihre Herrin zu ihr sagte: »Lassen Sie ihn doch ausstopfen!«

Sie fragte den Apotheker um Rat, der immer gut zu dem Papagei gewesen war.

Er schrieb nach Le Havre. Ein gewisser Fellacher übernahm die Arbeit. Da jedoch der Post manchmal Pakete abhanden kamen, entschloß sie sich, ihn selbst bis nach Honfleur zu bringen.

Die entlaubten Apfelbäume reihten sich zu beiden Seiten der Straße, Eis bedeckte die Gräben. Hunde bellten um die Gehöfte; und die Hände unter ihrem Umhang schritt sie, mit ihren kleinen schwarzen Holzpantinen und ihrem Korb, mitten auf dem Pflaster eilig dahin.

Sie durchquerte den Wald, ließ Haut-Chêne hinter sich und erreichte Saint-Gatien.

Hinter ihr, in einer Staubwolke und mitgerissen vom Gefälle, jagte eine Postkutsche in vollem Galopp wie eine Windhose heran. Als der Wagenmeister diese Frau erblickte, die sich nicht stören ließ, richtete er sich über dem Verdeck auf, und auch der Postillion schrie, während seine vier Pferde, die er nicht zurückhalten konnte, ihren Lauf beschleunigten; die beiden ersten streiften sie; mit einem Ruck seiner Zügel warf er die Tiere an den Rand der Straße, hob aber wütend den Arm und versetzte ihr mit voller Wucht, vom Leib bis zum Genick einen solchen Hieb mit seiner langen Peitsche, daß sie auf den Rücken fiel.

Ihre erste Bewegung, als sie wieder zur Besinnung kam, war, daß sie ihren Korb öffnete. Lulu war zum Glück nichts passiert. Sie fühlte ein Brennen auf der rechten Backe; als sie hinfaßte, hatte sie rote Hände. Das Blut floß.

Sie setzte sich auf einen Meilenstein, betupfte sich das Gesicht mit ihrem Taschentuch, dann aß sie ein Stück Brot, das sie vorsorglich in ihren Korb gelegt hatte, und tröstete sich über ihre Wunde, indem sie den Vogel betrachtete.

Als sie auf die Höhe von Ecquemauville gekommen war, bemerkte sie die Lichter von Honfleur, die durch die Nacht glitzerten wie eine Menge Sterne; weiter in der Ferne breitete sich undeutlich das Meer aus. Da überfiel sie eine Schwäche; und das Elend ihrer Kindheit, die Enttäuschung in der ersten Liebe, der Aufbruch ihres Neffen, Virginies Tod kamen zugleich wie die Wogen einer Flut, stiegen ihr an die Kehle und erstickten sie.

Dann wollte sie mit dem Kapitän des Schiffs sprechen; und ohne zu sagen, was sie verschickte, gab sie ihm Anweisungen.

Fellacher behielt den Papagei lange. Er versprach ihn immer für die kommende Woche; nach Verlauf von sechs Monaten kündigte er den Versand einer Kiste an; und dann war nicht mehr die Rede davon. Man mußte annehmen, daß Lulu nie mehr zurückkommen würde. »Sie werden ihn mir gestohlen haben!« dachte sie.

Endlich kam er an – und prächtig, aufrecht auf einem Baumast sitzend, der in einem Sockel aus Mahagoni steckte, ein Bein in der Luft, den Kopf schräg und eine Nuß knackend, welche der Ausstopfer aus Liebe zu Grandiosem vergoldet hatte.

Sie schloß ihn in ihr Zimmer.

Dieser Ort, zu dem sie wenigen Zutritt gestattete, glich sowohl einer Kapelle als einem Bazar, so viele religiöse Gegenstände und seltsame Sachen enthielt er.

Ein großer Wandschrank behinderte das Öffnen der Tür. Dem Fenster gegenüber, das den Garten überhing, schaute ein rundes Guckloch in den Hof; neben dem Gurtbett trug ein Tisch eine Wasserkanne, zwei Kämme und auf einem zerbrochenen Teller einen Würfel blauer Seife. An den Wänden sah man Rosenkränze, Medaillen, mehrere Madonnen, einen Weihwasserkessel aus Kokosnuß; auf der Kommode, die wie ein Altar mit einem Tuch bedeckt war, stand der Muschelkasten, welchen ihr Victor gegeben hatte; dann eine Gießkanne und ein großer Ball, Schreibhefte, die Erdkunde mit den Stichen, ein Paar Stiefel; und am Nagel des Spiegels hing mit seinen Bändern der kleine Plüschhut. Félicité trieb diese Art von Hochachtung sogar so weit, daß sie einen der Gehröcke von Monsieur aufhob. Allen alten Plunder, den Madame Aubain nicht mehr wollte, nahm sie für ihr Zimmer. Aus diesem Grunde standen auch künstliche Blumen hinten auf der Kommode, und in der Vertiefung der Fensterluke hing das Bild des Grafen von Artois.

Mit Hilfe eines Bretts wurde Lulu an einem Kaminrohr befestigt, das in das Zimmer ragte. Jeden Morgen, wenn sie erwachte, erblickte sie ihn im Schein der Morgenröte, und erinnerte sich dann entschwundener Tage und unbedeutender Tätigkeiten bis in ihre kleinsten Details, und das ohne Schmerz, voller Ruhe.

Da sie mit niemand ihre Gedanken austauschen konnte, lebte sie in einer schlafwandlerischen Stumpfheit. Die Fronleichnamsprozessionen belebten sie wieder. Sie ging zu den Nachbarinnen, bettelte Kerzenleuchter und Strohmatten, um den Altar zu verschönern, den man in der Straße errichtete.

In der Kirche betrachtete sie immer den Heiligen Geist, und es fiel ihr auf, daß er etwas von dem Papagei hatte. Diese Ähnlichkeit schien ihr noch deutlicher auf einem Epinaler Bilderbogen, der die

Taufe unseres Herrn darstellte. Mit seinen Purpurflügeln und seinem smaragdfarbenen Leib war er wirklich Lulus Ebenbild.

Sie kaufte ihn und hing ihn an den Platz des Grafen von Artois – so daß sie beide mit einem Blick sehen konnte. Sie vereinigten sich in ihrer Vorstellung, wobei sich der Papagei durch dieses Verhältnis zum Heiligen Geist heiligte, während der letztere in ihren Augen lebendiger und verständlicher wurde.

Gottvater hatte, um sich zu offenbaren, keine Taube wählen können, da dieses Tier keine Stimme besitzt, sondern eher einen von Lulus Ahnen. Und Félicité betete, während sie das Bild betrachtete, aber von Zeit zu Zeit wandte sie sich ein wenig nach dem Vogel um.

Sie hatte Lust, der Jungfrauenkongregation beizutreten. Madame Aubain redete es ihr aus.

Ein bemerkenswertes Ereignis stellte sich ein: Pauls Hochzeit.

Nachdem er zuerst Notariatsgehilfe, dann im Handel, beim Zoll, bei der Steuer tätig gewesen war und sogar angefangen hatte, sich bei der Jagd-, Forst- und Wasserverwaltung um eine Anstellung zu bemühen, entdeckte er plötzlich durch eine Eingebung des Himmels mit sechsunddreißig Jahren seinen Beruf: die Registratur! und er zeigte dafür so große Begabung, daß ein Kontrolleur ihm zugleich mit seiner Protektion auch seine Tochter angeboten hatte.

Paul, jetzt ein ernsthafter Mann, führte sie ins Haus seiner Mutter.

Sie machte sich über die Gewohnheiten in Pont-l'Evêque lustig, spielte die Prinzessin, kränkte Félicité. Bei ihrer Abreise empfand Madame Aubain eine Erleichterung.

Die folgende Woche kam die Nachricht vom Tod von Monsieur Bourais, der in einem Gasthof der Basse-Bretagne gestorben war. Das Gerücht eines Selbstmords bestätigte sich; es erhoben sich Zweifel an seiner Ehrlichkeit. Madame Aubain prüfte ihre Bücher, und sie entdeckte bald die Litanei seiner Gemeinheiten: Unterschlagung rückständiger Zinsen, heimliche Holzverkäufe, gefälschte Quittungen und so weiter. Außerdem hatte er ein uneheliches Kind und »Beziehungen zu einer Person in Dozulé«.

Diese Schändlichkeiten betrübten sie sehr. Im Monat März des Jahres 1853 verspürte sie Schmerzen in ihrer Brust; ihre Zunge schien wie mit Rauch belegt, die Blutegel linderten die Beklemmungen nicht; und am neunten Abend verschied sie, gerade zweiundsiebzig Jahre alt.

Man hielt sie für weniger alt, wegen ihres braunen Haares, dessen herabfallende Strähnen ihr blasses, pockennarbiges Gesicht umrahmten. Wenige Freunde betrauerten sie; denn ihr Benehmen war von einem abstoßenden Hochmut.

Félicité beweinte sie, wie man Herrschaften sonst nicht beweint. Daß Madame vor ihr starb, verwirrte ihre Gedanken, schien ihr im Widerspruch mit der Ordnung der Dinge, unstatthaft und ungeheuerlich.

Zehn Tage später (die nötige Zeit, um aus Besançon herbeizueilen) kamen die Erben an. Die Schwiegertochter durchwühlte die Schubladen, suchte sich Möbel aus, verkaufte die anderen; dann kehrten sie zur Registratur zurück.

Die Lehnsessel von Madame, ihr kleiner runder Tisch, ihr Fußwärmer, die acht Stühle waren weg! Wo die Stiche gehangen hatten, zeichneten sich an den Wänden gelbe Vierecke ab. Sie hatten die beiden Bettchen samt den Matratzen mitgenommen, und im Wandschrank fand sich nichts mehr von all den Habseligkeiten Virginies! Félicité stieg die Stockwerke hinauf, vor Trauer halb von Sinnen.

Am nächsten Tag klebte an der Tür ein Zettel; der Apotheker schrie ihr ins Ohr, daß das Haus verkauft werden sollte.

Sie wankte und mußte sich setzen.

Was sie hauptsächlich bekümmerte, war, daß sie ihr Zimmer aufgeben mußte – das für den armen Lulu so behaglich war. Während sie ihn mit angsterfüllten Blicken umfing, flehte sie zum Heiligen Geist und nahm die götzendienerische Gewohnheit an, ihre Gebete kniend vor dem Papagei zu sprechen. Zuweilen fiel die durch die Dachluke dringende Sonne auf sein Glasauge und ließ einen Lichtstrahl aufblitzen, der sie in Verzückung versetzte.

Sie hatte eine Rente von dreihundertachtzig Francs, die ihr von ihrer Herrin vermacht war. Der Garten lieferte ihr Gemüse. Was die Kleider anging, so hatte sie deren genug, um sich bis zum Ende ihrer Tage zu kleiden, und die Beleuchtung sparte sie dadurch, daß sie sich beim Einbruch der Dämmerung zu Bett legte.

Sie ging kaum aus, um den Laden des Trödlers zu vermeiden, wo einige von den einstigen Möbeln standen. Seit dem Anfall zog sie ein Bein nach; und da ihre Kräfte nachließen, kam die Mère Simon, die mit ihrem Kolonialwarenhandel ihr Geld verloren hatte, jeden Morgen, um ihr Holz zu spalten und Wasser zu pumpen.

Ihre Augen wurden schwächer. Die Fensterläden wurden nicht

mehr geöffnet. Viele Jahre vergingen. Und das Haus wurde nicht vermietet und nicht verkauft.

Aus Angst, man könnte ihr kündigen, forderte Félicité keine Ausbesserung. Die Latten des Daches verfaulten; während eines ganzen Winters war ihr Deckbett durchnäßt. Nach Ostern spie sie Blut.

Da wandte sich die Mère Simon an einen Arzt. Félicité wollte wissen, was sie hatte. Da sie jedoch zu taub war, um zu verstehen, erreichte sie nur ein Wort: »Lungenentzündung«. Es war ihr bekannt, und sie versetzte leise: »Ach! wie Madame«, es natürlich findend, ihrer Herrin zu folgen.

Die Zeit der Altäre rückte heran.

Der erste war immer unten am Hügel, der zweite vor der Post, der dritte ungefähr in der Mitte der Straße. Um diesen letzteren gab es Rivalitäten; und die Frauen der Pfarrei entschieden sich schließlich für den Hof von Madame Aubain.

Die Beklemmungen und das Fieber wurden schlimmer. Félicité grämte sich, daß sie nichts für den Altar tun konnte. Hätte sie nur irgend etwas beisteuern können! Da dachte sie an den Papagei. Das sei nicht passend, entgegneten die Nachbarinnen. Doch der Pfarrer gab die Erlaubnis; sie war darüber so glücklich, daß sie ihn bat, wenn sie tot sei, Lulu, ihren einzigen Reichtum, von ihr anzunehmen.

Vom Dienstag bis zum Samstag, dem Vorabend von Fronleichnam, hustete sie immer häufiger. Am Abend war ihr Gesicht eingefallen, die Lippen klebten am Zahnfleisch, sie mußte sich erbrechen; und da sie sich bei Anbruch des folgenden Tages sehr schwach fühlte, ließ sie einen Priester rufen.

Drei alte Frauen waren da während der letzten Ölung. Dann erklärte sie, daß sie Fabu sprechen müsse.

Er kam im Sonntagsstaat, sich unbehaglich fühlend in dieser düsteren Atmosphäre.

»Verzeihen Sie mir«, sagte sie beim Versuch, den Arm auszustrecken, »ich glaubte, Sie seien es gewesen, der ihn getötet hat!«

Was sollte das Geschwätz? Ihn eines Mordes verdächtigt zu haben, einen Mann wie ihn! und er entrüstete sich, fing an Lärm zu machen. – »Sie ist von Sinnen, Sie sehen ja!«

Von Zeit zu Zeit sprach Félicité zu Phantomen. Die alten Frauen entfernten sich. Die Simonin frühstückte.

Ein wenig später nahm sie Lulu und hielt ihn Félicité hin.

»Kommen Sie! nehmen Sie Abschied von ihm!«

Obgleich er keine Leiche war, fraßen ihn die Würmer; einer seiner

Flügel war gebrochen, das Werg kam ihm aus dem Bauch. Doch, blind wie sie jetzt war, küßte sie ihn auf die Stirn und drückte ihn gegen ihre Wange. Die Simonin nahm ihn zurück, um ihn auf den Altar zu stellen.

V

Den Wiesen entströmte der Duft des Sommers. Fliegen summten; die Sonne ließ den Fluß glitzern, wärmte den Schiefer auf dem Dach. Die Mère Simon, die ins Zimmer zurückgekommen war, schlief sanft ein.

Glockenschläge weckten sie; man kam aus der Vesper. Félicités Fieberphantasien ließen nach. Sie dachte an die Prozession und sah sie vor sich, als wenn sie mitgelaufen wäre.

Alle Schulkinder, die Sänger und die Feuerwehr gingen auf den Bürgersteigen, während in der Mitte der Straße vorangingen: der Schweizer mit seiner Hellebarde, der Mesner mit einem großen Kreuz, der Lehrer, der die Knaben überwachte, die Nonne, besorgt um ihre kleinen Mädchen; drei der hübschesten, die wie Engel frisiert waren, streuten Rosenblätter aus; der Diakon mäßigte mit ausgestreckten Armen die Musikanten; und zwei Knaben mit Weihrauchfässern wandten sich bei jedem Schritt nach dem Heiligen Sakrament, das der Herr Pfarrer in seinem schönen Meßgewand unter einem von vier Kirchenvorstehern getragenen Baldachin aus hochrotem Samt trug. Ein Strom von Menschen drängte sich nach, zwischen den weißen Tüchern, die die Mauern der Häuser bedeckten; und man langte am Fuße des Hügels an.

Kalter Schweiß feuchtete Félicités Schläfen. Die Simonin trocknete sie mit einem leinenen Tuch ab, während sie sich sagte, daß sie eines Tages dasselbe durchmachen müsse.

Das Murmeln der Menge wuchs, war einen Augenblick sehr stark, entfernte sich.

Eine Gewehrsalve erschütterte die Scheiben. Das waren die Postillione, die die Monstranz grüßten. Félicité verdrehte die Augen und sagte so laut sie konnte:

»Ist ihm wohl?« in der Angst um den Papagei.

Ihr Todeskampf begann. Ein immer schnelleres Röcheln hob ihre Seiten. Schaumblasen kamen in ihre Mundwinkel, und ihr ganzer Körper zitterte.

Bald unterschied man das Schnarren der Klapphörner, die hellen Stimmen der Kinder, die tiefe Stimme der Männer. Zuzeiten schwieg alles, und das Geräusch der Schritte, das die Blumen dämpften, klang wie das einer Herde auf dem Rasen.

Die Geistlichkeit erschien im Hof. Die Simonin kletterte auf einen Stuhl, um das runde Guckloch zu erreichen, und überschaute so den Altar.

Grüne Girlanden hingen um den Altar, der mit einer Falbel aus englischen Spitzen geschmückt war. In der Mitte stand ein kleiner Rahmen, der Reliquien umschloß, an den Ecken zwei Orangenbäume und auf der ganzen Länge silberne Leuchter und Porzellanvasen, aus denen Sonnenblumen, Lilien, Pfingstrosen, Fingerhut und Büsche von Hortensien ragten. Dieser Berg von leuchtenden Farben fiel schräg von der ersten Stufe bis zum Teppich ab und setzte sich auf dem Pflaster fort; und seltene Dinge zogen die Blicke auf sich. Eine goldene Zuckerdose trug einen Veilchenkranz, Ohrgehänge aus Alençonner Stein glänzten auf Moos, zwei chinesische Wandschirme zeigten ihre Landschaften. Unter Rosen verborgen ließ Lulu nur seine blaue Stirn sehen, die einem Stück Lapislazuli glich.

Die Kirchenvorsteher, die Sänger, die Kinder reihten sich an den drei Seiten des Hofes auf. Der Priester erklomm langsam die Stufen und setzte seine große strahlende goldene Sonne auf die Spitzendecke. Alle knieten nieder. Tiefe Stille trat ein. Und die Weihrauchfässer glitten schwungvoll an ihren Kettchen.

Ein blauer Rauch stieg in Félicités Zimmer. Sie streckte die Nase vor, ihn mit mystischer Lust einsaugend; dann schloß sie die Augen. Ihre Lippen lächelten. Die Schläge ihres Herzens verlangsamten sich mit jedem Mal, mit jedem Mal wurden sie schwächer, leiser, wie ein Quell, der versiegt, wie ein Echo, das verklingt; und als sie ihren letzten Atemzug tat, glaubte sie, in dem geöffneten Himmel einen riesigen Papagei zu sehen, der über ihrem Haupt schwebte.

(Deutsch von E. W. Fischer und Anton Friedrich)

Jules Verne

Im XXIX. Jahrhundert – Ein Tag aus dem Leben eines amerikanischen Journalisten im Jahre 2889

Die Menschen des XXIX. Jahrhunderts leben unausgesetzt mitten in einem Märchenland, ohne sich den Anschein zu geben, daß sie sich darüber im klaren sind. Wundern gegenüber sind sie blasiert, besonders angesichts jener, die ihnen der tägliche Fortschritt bringt. Alles scheint ihnen natürlich. Wenn sie ihre Zivilisation mit der Vergangenheit vergleichen würden, wüßten sie die unsrige besser zu schätzen und würden sich klar darüber, welch ein enormer Weg seither zurückgelegt wurde. Um wieviel bewundernswerter würden ihnen unsre modernen Städte vorkommen: unsre Städte mit hundert Meter breiten Fahrstraßen, mit dreihundert Meter hohen Häusern mit ihrer stets gleichbleibenden Temperatur, mit einem von Tausenden von Lufttaxis und Luftbussen durchfurchten Himmel! Neben diesen unsern modernen Städten, deren Bevölkerung oft bis zu zehn Millionen Einwohner zählt, waren jene früheren Städte – die vor tausend Jahren Paris, London, Berlin und New York hießen – bloß Dörfer und Weiler, Dreckstädtchen, die schlecht gelüftet und kotig sein mußten, in denen rumpelnde Kastenwagen von Pferden – jawohl, von Pferden! – gezogen wurden; es scheint kaum glaublich! Wenn sich unsere Zeitgenossen den mangelhaften Betrieb vorstellen würden, der damals durch Dampfschiffe und Eisenbahnen versehen wurde, mit häufigen Kollisionen und unerträglicher Langsamkeit – wie würden dann unsere Reisenden die modernen Aerotrains und vor allem die pneumatische Untergrundbeförderung hochschätzen, die die transozeanische Verbindung herstellt und die Reisenden mit einer Geschwindigkeit von fünfzehnhundert Kilometern in der Stunde zu befördern vermag! Und würden sie nicht das Fernsehtelephon bedeutend mehr schätzen, wenn sie daran dächten, wie unsere Vorfahren sich mit dem vorsintflutlichen Apparat, »Telegraph« genannt, zufriedengeben mußten.

Wie sonderbar! Unsere überraschenden Transformationen beruhen auf Prinzipien, die unseren Vorfahren sehr wohl bekannt sein mußten, aus denen sie aber absolut keinen Nutzen zu ziehen verstanden. Tatsächlich sind ja Wärme, Dampf und Elektrizität so alt wie die Menschheit. Bekräftigten denn nicht bereits Ende des neunzehnten Jahrhunderts die Gelehrten, der einzige Unterschied zwischen physikalischen und chemischen Kräften bestehe in ihrer Art der Vibration, die beiden Kräften eigentümlich ist, den ätherischen Teilchen also?

Da sie damals also bereits diesen gewaltigen Schritt getan hatten, die Verwandtschaft aller Kräfte zu erkennen, ist es einfach unvorstellbar, daß es so lange gebraucht hat, bis es gelang, jede dieser Vibrationsarten zu bestimmen. Es ist außerordentlich, daß die Möglichkeit, einerseits direkt von einer Kraft zur andern überzugehen und sie anderseits einzeln zu produzieren, erst ganz kürzlich entdeckt wurde.

Trotzdem haben sich diese Dinge so zugetragen, und erst im Jahre 2790, vor hundert Jahren also, ist der berühmte Oswald Nyer daraufgekommen.

Ein großer Mann, ein wahrer Wohltäter der Menschheit! Seine geniale Entdeckung sollte die Mutter aller folgenden sein! Eine ganze Plejade von Erfindern entsproß ihr und fand ihre Krönung in unserem außerordentlichen James Jackson. Diesem letzteren verdanken wir die neuen Akkumulatoren, von denen die einen die Sonnenenergie, die andern die in unserer Erdkugel enthaltenen elektrischen Kräfte zu speichern vermögen; dann die dritte Gruppe von Akkumulatoren, die die Energie aus irgendeiner anderen Quelle ziehen, aus Wasserfällen, Winden, Flüssen und Strömen und dergleichen. Von ihm stammt auch jener Transformator, der auf einen einfachen Handgriff hin die elektrische Kraft aus den Akkumulatoren herausholt und sie in den Weltraum in Form von Wärme, Licht, Elektrizität und mechanischer Kraft abgibt, nachdem die von ihr erwartete Arbeit geleistet wurde.

Wahrlich, an jenem Tage, da diese zwei Apparate erfunden wurden, begann der eigentliche Erfolg. Sie haben dem Menschen beinahe uneingeschränkte Macht verliehen. Ihre Anwendungsmöglichkeiten sind nicht zu zählen. Sie haben die Landwirtschaft völlig revolutioniert, indem sie die Härten des Winterklimas durch den Einsatz sommerlichen Wärmeüberschusses ausgeglichen haben. Sie liefern den Luftfahrzeugen die fortbewegende Kraft und haben dadurch dem Handel zu einem hervorragenden Aufschwung verholfen. Ihnen verdanken wir die nie abbrechende Produktion von Elektrizität ohne galvanische Säulen oder Maschinen, das Licht ohne Verbrennung oder Weißglühen und endlich die unversiegbare Quelle der Energie, die die industrielle Produktion verhundertfacht hat.

Nun, diese gesamte Wunderwelt werden wir in einem unvergleichlichen Hotel – dem Hotel des *Earth Herald*, das gerade eben in der 16 823. Straße eingeweiht wurde – zu sehen bekommen.

Lebte der Gründer des *New York Herald*, Gordon Benett, plötzlich wieder unter uns, was würde er wohl sagen, wenn er diesen Palast aus Marmor und Gold erblickte, der seinem gefeierten Enkel, Francis Benett, gehört? Dreißig Generationen sind aufeinander gefolgt, doch der *New York Herald* blieb in der Familie der Benetts. Als vor zweihundert Jahren die Regierung der Union von Washington nach Centropolis verlegt wurde, folgte die Zeitung der Regierung – falls es nicht etwa gar umgekehrt war: daß die Regierung der Zeitung folgte – und gab sich den Namen *Earth Herald*.

Und man darf nicht etwa meinen, daß die Zeitung unter Francis Benetts Verwaltung Risiken gelaufen wäre. O nein! Ihr neuer Direktor sollte ihr sogar unvergleichliche Macht und Vitalität verleihen, indem er den telephonischen Journalismus einführte.

Das System, das durch das unerhört große Übermittlungsnetz des Telephons möglich geworden ist, dürfte ja bekannt sein: jeden Morgen wird der *Earth Herald*, anstatt gedruckt zu werden – wie das in den Jahren der Antike üblich war –, »gesprochen«. In raschem Gespräch mit einem Reporter, einem Politiker oder einem Wissenschaftler erfährt der Abonnent, was er wissen wollte. Was nun den Straßenverkauf betrifft, so nehmen die Zeitungsverkäufer vom Inhalt der Tagesausgabe in ungezählten Telephonkabinen Kenntnis, wo ihnen auf phonographischem Wege über alles Mitteilung gemacht wird.

Diese Erfindung von Francis Benett hauchte dem überlieferten Zeitungswesen neues Leben ein. Innerhalb von ein paar Monaten steigerte sich die Zahl der Abonnenten auf fünfundachtzig Millionen, das Vermögen des Verlegers vergrößerte sich entsprechend auf dreißig Milliarden, und heute beträgt es gar ein Vielfaches dieser Summe. Dank diesem Vermögen ist es Francis Benett möglich geworden, das von ihm geplante moderne Hotel zu bauen – ein Monumentalgebäude mit vier Fronten von je drei Kilometern Länge, dessen Dach sich mit der prächtigen Fahne des Bundes – sie weist heute fünfundsiebzig Sterne auf – geschmückt hat.

Zur Stunde wäre der Zeitungskönig Francis Benett auch König beider amerikanischer Kontinente – wenn die Amerikaner jemals einen Souverän dieser Art anerkennen könnten. Sie zweifeln an meinen Worten? So sehen Sie doch nur, wie die Machthaber sämtlicher Nationen, und auch unsere eigenen Minister, sich vor seiner Türe drängeln, seinen Rat einholen, um sein Einverständnis buhlen, um Unterstützung durch sein allmächtiges Organ flehen! Unzählig sind die Wissenschaftler, deren Projekte er finanziert, die Künstler, die er unterstützt, die Erfinder, die er subventioniert! Ermüdend ist ein solches Königtum; es bedeutet tägliche pausenlose Arbeit, die in früheren Zeiten ein Mensch nicht hätte bewältigen können. Glücklicherweise sind die Menschen von heute robuster, dank dem Fortschritt der Hygiene und der körperlichen Ertüchtigung durch das Turnen, die das Durchschnittsalter der Menschen von 37 auf 68 Jahre hinaufgeschraubt haben – und dank der aseptischen Zubereitung der Lebensmittel, was natürlich nur ein Zwischenglied in der Entwicklung bedeutet, bis nämlich entdeckt ist, wie man sich von Luft ernährt . . . indem man einfach einatmet.

Und jetzt möchte ich Sie mit der täglichen Arbeit eines Direktors des *Earth Herald* bekanntmachen. Nehmen Sie sich die Mühe und begleiten Sie ihn bei seinen vielseitigen Aufgaben – heute, am 25. Juli des laufenden Jahres 2889.

Francis Benett ist an diesem Morgen recht verdrießlich erwacht. Jetzt weilt seine Frau schon seit acht Tagen in Frankreich, und er fühlt sich ein bißchen einsam. Ist es zu glauben? Zehn Jahre sind sie nun verheiratet, doch ist es das erstemal, daß Frau Edith Benett, eine *professional beauty* , so lange von ihm getrennt bleibt. Gewöhnlich genügen ihr zwei bis drei Tage für ihre häufigen Reisen nach Europa, genauer gesagt nach Paris, wo sie ihre Hüte einkauft.

Seit er erwacht ist, hat darum Francis Benett sein Fernsehtelephon eingeschaltet, dessen Drähte ihn mit dem Hotel, das er in den Champs-Elysées besitzt, verbinden.

Das durch einen Fernsehapparat ergänzte Telephon ist eine weitere Errungenschaft unserer Epoche! Obgleich die Übermittlung der menschlichen Stimme durch den elektrischen Strom schon sehr alt ist, wurde die Bildübertragung doch erst vor relativ kurzer Zeit möglich. Eine köstliche Entdeckung ist es schon, und Francis Benett ist nicht der letzte, der den Erfinder dafür segnet, wie er nun seine Frau sehen kann, die vor ihm in einem Telephotospiegel sichtbar wird, und zwar – trotz der enormen Distanz, die sie trennt – sehr deutlich.

Welch süße Vision! Frau Benett liegt noch im Bett, offenbar ein wenig müde von dem Ball- oder Theaterbesuch des vergangenen Abends. Es muß zwar schon bald Mittag sein, dort drüben, doch sie schläft immer noch und hat ihr reizendes Gesichtchen in die Spitzen des Kopfkissens vergraben.

Doch jetzt bewegt sie sich . . . ihre Lippen zittern . . . Träumt sie wohl? . . . Ja, sie träumt! . . . Und jetzt: ein Wort, von ihren Lippen geflüstert: »Francis . . . mein lieber Francis! . . .«

Und wie sein Name von dieser sanften Stimme *derartig* ausgesprochen wird, hebt sich die Laune unseres Francis Benett sogleich ganz erstaunlich. Weil er die schöne Schläferin nicht zu wecken begehrt, springt er rasch aus seinem Bett und in den mechanischen Ankleideapparat.

Zwei Minuten darauf setzt ihn die Maschine gewaschen, frisiert, vom Kopf bis zu den Füßen völlig angezogen vor der Tür zu seinen Arbeitszimmern ab. Gleich kann er seine Tagesarbeit beginnen.

Erst begibt er sich einmal in die Feuilleton-Redaktion. Das ist ein immenser Saal, der von einer riesigen Glaskuppel überdacht wird. In der einen Ecke stehen viele Telephonapparate, über die einhundert Literaten des *Earth Herald* hundert fiebernden Zuhörern hundert Kapitel aus hundert Romanen vorlesen.

Er nähert sich einem der gerade für fünf Minuten pausierenden Feuilletonisten und sagt zu ihm:

»Sehr gut, sehr gut, Ihr letztes Kapitel! Jene Szene, in der die junge Dorfschöne mit ihrem Verehrer gewisse Probleme der transzendenten Philosophie anschneidet, zeugt von differenzierter Beobachtung. Noch selten sind die ländlichen Sitten besser gezeichnet worden! Fahren Sie so fort, mein lieber Archibald, und gutes Gelingen! Dank Ihnen haben wir seit gestern zehntausend neue Abonnenten!«

»Mr. John Last«, wendet er sich dann an einen andern Mitarbeiter, »mit Ihnen bin ich schon weniger zufrieden! Ihr Roman ist nicht erlebt! Sie rennen zu rasch aufs Ziel los! Wo bleiben denn die dokumentarischen Geschehnisse? Zergliedern muß man, zergliedern! Man schreibt heute nicht mehr mit einer Feder. Mit einem Schnitzmesser müssen Sie schreiben! Im wirklichen Leben beruht eine jede Handlung auf flüchtigen, aufeinanderfolgenden Gedanken, die ihrerseits sorgfältig und der Reihe nach aufgezählt sein wollen, wenn wir ein lebendes Wesen schaffen möchten! Was ist denn einfacher, als sich zu diesem Zweck des elektrischen Hypnotismus zu bedienen, der das menschliche Wesen aufspaltet und in seine beiden Persönlichkeiten trennt! Schauen Sie sich zu, wie Sie leben, mein lieber John Last! Machen Sie es Ihrem Kollegen nach, den ich gerade eben so gelobt habe! Lassen Sie sich hypnotisieren ... Wie? ... Sie tun das bereits? ... Dann aber nicht gründlich genug, nicht gründlich genug!«

Nach dieser kleinen Rüge fährt Francis Benett mit seiner Inspektion weiter und begibt sich in den Reportersaal. Seine fünfzehnhundert Reporter sitzen soeben vor derselben Anzahl Telephone und geben den Abonnenten die Nachrichten bekannt, die während der Nacht aus allen Teilen der Welt eingelaufen sind. Die Organisation dieses unvergleichlichen Dienstes ist schon wiederholt beschrieben worden. Außer dem Telephon hat jeder Reporter vor sich eine Anzahl von Übermittlungsgeräten, die ihm gestatten, sich in ganz bestimmte Fernsehkanäle einzuschalten. So können die Abonnenten den Verlauf der Ereignisse nicht nur hören, sie können ihn auch mit den Augen verfolgen. Geht es um die Spalte »Verschiedenes« – wo meistens die Angelegenheit im Moment der Berichterstattung bereits der Vergangenheit angehört –, dann werden die wichtigsten Phasen in einer Aufzeichnung wiedergegeben, die durch Photographie an Ort und Stelle festgehalten wurde.

Francis Benett spricht einen der zehn Reporter an, die das Ressort Astronomie unter sich haben.

»Na und, Cash? Was haben Sie empfangen?«

»Phototelegramm von Merkur, Venus und Mars, Chef.«

»Interessant, dieses letztere?«

»Ja! Eine Revolution im Zentralreich zugunsten der liberalen Reaktionäre und gegen die konservativen Republikaner.«

»Aha! Wie bei uns! – Und von Jupiter? ...«

»Noch nichts, bis jetzt! Wir verstehen einfach die Signale der Jupiterbewohner noch nicht so recht. Vielleicht erhalten sie unsere Nachrichten nicht?«

»Das ist Ihre Sache, und ich mache Sie dafür verantwortlich, Cash!« gibt Francis Benett verstimmt zurück. Er sucht den Saal der Redaktion für wissenschaftliche Angelegenheiten auf.

Dort sitzen über ihre Rechnungsmaschinen gebeugt dreißig Wissenschaftler und beschäftigen sich mit Gleichungen fünfundneunzigsten Grades. Einige spielen mit Formeln für die Unendlichkeit in der Algebra und mit solchen des Weltraumes mit vierundzwanzig Dimensionen herum, wie ein Primarschüler sich mit den vier Funktionen der Arithmetik beschäftigen würde.

Francis Benett platzt in ihre Mitte wie eine Bombe:

»So, meine Herren, was habt ihr zu melden? Keine Antwort von Jupiter? . . . Ist doch immer die gleiche Geschichte! Also wirklich, Corley, jetzt beackern Sie seit zwanzig Jahren diesen Planeten, scheint mir . . .«

»Was wollen Sie, Chef«, erwidert der Angeredete, »unsere Optik läßt eben noch viel zu wünschen übrig, und sogar mit unseren Dreikilometerteleskopen . . .«

»Haben Sie das gehört, Peer!« fährt Francis Benett dazwischen, und dabei dreht er sich dem Nachbarn des »Corley« Genannten zu, »die Optik läßt zu wünschen übrig! . . . Das ist *Ihre* Sparte, mein Lieber! So setzt euch doch Brillen auf, verdammt noch mal! Setzt euch Brillen auf!«

Dann, wieder zu Corley: »Nun, wenn's mit Jupiter nichts ist, bekommen wir wenigstens vom Mond eine Antwort? . . .«

»Auch nicht, Mr. Benett!«

»Ha! Diesmal könnt ihr aber nicht der Optik schuld geben! Der Mond liegt uns sechshundertmal näher als Mars, mit dem wir immerhin eine regelmäßige Korrespondenz unterhalten. An den Teleskopen kann es also nicht liegen . . .«

»Nein! An den Bewohnern muß es liegen«, bemerkte Corley mit dem feinen Lächeln des mit allen Wassern gewaschenen Wissenschaftlers.

»Sie wagen es, zu behaupten, der Mond sei unbewohnt?«

»Auf der uns zugekehrten Seite wenigstens, Mr. Benett. Wer weiß, vielleicht auf der andern . . .«

»Also gut, Corley, es gibt ein sehr einfaches Mittel, das sicher festzustellen . . .«

»Welches Mittel? . . .«

»Wir drehen den Mond um!«

Und noch am selben Tag erarbeiteten die Gelehrten der Benett-Betriebe die mechanischen Mittel, welche die Umdrehung unseres Satelliten ermöglichen werden.

Im übrigen hat Francis Benett Grund zur Zufriedenheit. Einer der Astronomen des *Earth Herald* hat soeben die Daten des neuentdeckten Planeten Gandini zu bestimmen vermocht. Dieser Planet kreist in einem Abstand von zwölf Trillionen, achthunderteinundvierzig Billionen, dreihundertachtundvierzig Millionen, zweihundertvierundachtzigtausendsechshundertunddreiundzwanzig Metern und sieben Dezimetern um die Sonne. Er tut das innert fünfhundertzweiundsiebzig Jahren, einhundertundvierundneunzig Tagen, zwölf Stunden, dreiundvierzig Minuten und neun und vierfünftel Sekunden . . .

Francis Benett ist begeistert von solcher Präzision.

»Gut!« ruft er, »nun aber rasch den Reportersaal benachrichtigen! Ihr wißt doch alle, mit welcher Leidenschaft die Öffentlichkeit all diese astronomischen Probleme verfolgt. Mir liegt daran, daß diese Neuigkeit noch in der heutigen Nummer erscheint!«

Ehe er den Saal der Redakteure für wissenschaftliche Angelegenheiten verläßt, geht er rasch zur Spezialgruppe der Interviewer hinüber und wendet sich rasch an den, der das Ressort »Berühmte Persönlichkeiten« unter sich hat:

»Haben Sie Präsident Wilcox schon interviewt?«

»Jawohl, Mr. Benett, und ich schreibe in der Informationsspalte, er leide ganz entschieden an einer Magenerweiterung und er lasse sich gewissenhaft immer wieder den Verdauungstrakt ausspülen.«

»Ausgezeichnet. Und die Sache mit dem Mörder Chapmann? . . . Haben Sie die Geschworenen, die zu Gericht sitzen werden, bereits interviewt? . . .«

»Ja. Alle sind von seiner Schuld dermaßen überzeugt, daß sie die Affäre nicht einmal werden besprechen müssen. Der Angeklagte wird hingerichtet sein, ehe sie ihn haben verurteilen können.«

»Ausgezeichnet! Sehr gut!«

Der angrenzende Saal ist der Werbung gewidmet. Er mißt gut und gern einen halben Kilometer. Man kann sich ja denken, welche Rolle die Werbung für eine Zeitung wie den *Earth Herald* spielt, die im Durchschnitt drei Millionen Dollar pro Tag einträgt. Dank einem genialen System geschieht übrigens diese Werbung in absolut neuer Form. Das Patent dazu wurde einem armen Teufel, der kurz darauf Hungers starb, für drei Dollar abgeluchst. Es handelt sich um gigantische Plakate, die auf die Wolken projiziert werden. Deren Ausmaße werden dadurch so ungeheuer, daß die Bevölkerung eines ganzen Landes sie zur gleichen Zeit zu sehen vermag. Auf dieser Galerie sind eintausend Projektionsapparate andauernd damit beschäftigt, die Plakate auf die Wolken zu werfen, von denen sie dann in Farben reflektiert werden.

Doch heute, wie Francis Benett die Galerie betritt, bemerkt er, daß die Mechaniker mit verschränkten Armen vor ihren stillgelegten Projektionsapparaten stehen. Er fragt warum, und sie zeigen anstelle jeder Antwort auf den klarblauen Himmel.

»Ach ja, schönes Wetter«, murmelt er, »keine Himmelswerbung möglich! Was tun? Wenn es nur eine Frage des Regens wäre! Den könnte man herstellen. Aber wir brauchen nicht Regen, wir brauchen Wolken! . . .«

»Jawohl«, meint der Chefmechaniker, »schöne weiße Wolken müssen es sein!«

»Also gut! Mr. Samuel Mark, Sie wenden sich sofort an die wissenschaftliche Redaktion, Abteilung Meteorologie! Richten Sie von mir aus, sie soll sich einmal intensiv mit dem Problem der künstlichen Wolkenbildung befassen! Wir können doch nicht ständig von der Gnade des schönen Wetters abhängig sein!«

Nach der Inspektion der verschiedenen Zeitungsressorts schreitet Francis Benett in den Empfangsraum, wo ihn die Botschafter und bevollmächtigten Minister, die bei der amerikanischen Regierung akkreditiert sind, bereits erwarten. Diese Herren sind gekommen, um beim allgewaltigen Direktor Rat zu holen. Benett betritt den Salon, wo schon eifrig diskutiert wird:

»Exzellenz mögen mir verzeihen«, sagt eben der Botschafter Frankreichs zum Botschafter der Russen, »ich sehe nicht ein, was an der Europakarte geändert werden müßte. Der Norden den Slawen, meinetwegen! Doch der Süden den Romanen! Unsre gemeinschaftliche Grenze, der Rhein, scheint mir ausgezeichnet! Im übrigen möchte ich, daß Ihnen folgendes klar ist: Meine Regierung wird sich jedem Unternehmen, das sich gegen Rom, Madrid oder Wien richtet, energisch widersetzen!«

»Brav gesprochen!« meint Francis Benett dazu, wie er nun mitten unter sie tritt und sich in die Debatte einschaltet.

»Wie denn, Herr Botschafter von Rußland, ist es möglich, daß Sie an Ihrem riesigen Reich noch nicht genug haben, das sich vom Rhein bis zu Chinas Grenzen erstreckt und dessen Küsten von dem Eismeer, dem Atlantik, dem Schwarzen Meer, dem Bosporus und dem Indischen Ozean umspült werden? Und was sollen denn die Drohungen? Ist denn überhaupt ein Krieg noch möglich bei diesen modernen Erfindungen, diesen erstickungbringenden Geschossen, die man auf eine Distanz von hundert Kilometern abschießen kann; diesen zwanzig Meilen langen elektrischen Entladungen, die mit einem einzigen Schlag ein ganzes Armeekorps zu vernichten vermögen; diesen Projektilen, die, mit Mikroben angefüllt, Pest, Cholera und Gelbes Fieber verbreiten und die innerhalb weniger Stunden eine ganze Nation zu zerstören vermöchten?«

»Das wissen wir, Mr. Benett«, antwortet der russische Botschafter. »Doch kann man immer, wie man möchte? . . . An unserer Ostgrenze werden wir selbst vom Chinesen bedrängt; also müssen wir, koste es was es wolle, gewisse Anstrengungen gegen Westen unternehmen . . .«

»Ist das alles, Herr Botschafter?« Francis Benett schlägt einen gönnerhaften Ton an: »Nun gut! Da also die Fruchtbarkeit des Chinesen für die Welt eine Gefahr bedeutet, wollen wir den Sohn des Himmels ein bißchen drücken! Er wird seinen Untertanen eine maximale Geburtenzahl vorschreiben, die sie unter Androhung der Todesstrafe nicht überschreiten dürfen! Ein Kind zuviel? . . . Ein Vater weniger! Das dürfte die Sache kompensieren. – Und Sie, Herr Konsul?« wendet sich der Direktor des *Earth Herald* nun an den britischen Konsul, »was kann ich für Sie tun?«

»Viel, Mr. Benett! Es dürfte genügen, wenn Ihre Zeitung zu unsern Gunsten einen Feldzug einleiten würde . . .«

»Zu welchem Zwecke? . . .«

»Ganz einfach: um gegen die Einverleibung Englands in die Vereinigten Staaten zu protestieren . . .«

»Ganz einfach!?« meint Francis Benett darauf achselzuckend. »Eine Annexion, die vor hundertfünfzig Jahren geschah! Aber eben: die Herren Engländer können sich nie in diese Sache fügen, die durch eine gerechte Vergeltung hienieden ihr Land zu einer amerikanischen Kolonie gemacht hat! Völliger Irrsinn! Wie ist denn Ihre Regierung auf die hirnverbrannte Idee gekommen, ich würde jemals eine derart antipatriotische Kampagne für sie . . .«

»Mr. Benett, nach der Monroe-Doktrin gehört ganz Amerika den Amerikanern, Sie wissen es. Aber eben nur Amerika, und nicht . . .«

»England, mein Herr, ist heute nichts als eine unserer Kolonien, immerhin eine der schönsten. Rechnen Sie ja nicht damit, daß wir sie jemals wieder abtreten werden!«

»Sie weigern sich also?«

»Ich weigere mich, und wenn Sie auf Ihrer Forderung beharren sollten, werden wir daraus einen *casus belli* konstruieren, und zwar einzig auf das Interview eines unserer Reporter hin!«

»Das ist das Ende!« murmelt der zerknirschte Konsul vor sich hin. »Das Vereinigte Königreich, Kanada und Neu-Britannien gehören den Amerikanern, Indien den Russen, Australien und Neuseeland gehören sich selbst! Was bleibt uns noch von all dem, was einst Großbritannien hieß? . . . Nichts mehr!«

»Nichts mehr, Herr Konsul! Und was ist mit Gibraltar?« fragt Francis Benett zurück.

Gerade da schlägt es zwölf Uhr mittags. Der Direktor des *Earth Herald* deutet mit einer Handbewegung das Ende der Audienz an und verläßt den Salon. Er setzt sich in einen Rollsessel, und in wenigen Minuten hat er sein Speisezimmer erreicht, das sich einen Kilometer entfernt am andern Ende des Hotels befindet.

Der Tisch ist gedeckt. Francis Benett nimmt Platz. In Reichweite befinden sich eine ganze Menge von Hähnen. Und direkt vor ihm wölbt sich die Scheibe des Fernsehers, auf der soeben das Eßzimmer seines Hotels in Paris erscheint. Ungeachtet des Zeitunterschieds sind Herr und Frau Benett übereingekommen, zur selben Zeit ihr Mittagsmahl einzunehmen. Es gibt ja nichts Schöneres, als sich so gegenüberzusitzen und, der großen trennenden Distanz zum Trotz, durch das Mittel des Fernsprechers miteinander zu plaudern.

Doch jetzt eben ist das Eßzimmer in Paris völlig leer . . .

»Edith wird sich wieder mal verspätet haben!« denkt Francis Benett. »Oh, die Pünktlichkeit der Frauen! Alle Dinge verbessern sich ständig, dieses eine aber nicht! . . .«

Und während er diese leider nur allzu berechtigte Feststellung macht, dreht er an einem der Hähne.

Wie alle wohlhabenden Menschen unserer Epoche verzichtet Francis Benett auf eine häusliche Küche. Er ist einer der vielen Abonnenten einer großen *Traiteur-Gesellschaft.* Sie liefert über ein ganzes Rohrpostnetz Mahlzeiten von tausenderlei Sorten. Das System ist kostspielig, das versteht sich, aber die Speisen schmecken besser, und es hat außerdem den Vorteil, daß es die haarsträubende Rasse der Blauband-Köche beiderlei Geschlechts abgeschafft hat.

Francis Benett speist also allein – zu seinem leisen Bedauern. Wie er seinen Kaffee austrinkt, erscheint nun doch noch Frau Benett auf dem Bildschirm.

»Wo kommst denn du her?« erkundigt sich ihr Gatte.

»Da schau her!« läßt Frau Benetts Stimme sich vernehmen, »bist du schon fast fertig? . . . Komme ich zu spät? . . . Wo ich herkomme? . . . Natürlich vom Hutmacher! . . . Du, dieses Jahr gibt es aber phantastische Hüte! Entzückend! Eigentlich sind es gar nicht mehr richtige Hüte . . . eher so eine Art Kirchenkuppeln! . . . Ich habe mich wohl etwas lange dabei verweilt! . . .«

»Etwas schon, meine Liebe, so lange, daß ich jetzt mit meiner Mahlzeit schon am Ende bin . . .«

»Na schön, dann geh halt wieder . . . geh an deine Arbeit«, gibt Frau Benett zur Antwort. »Ich habe noch eine Besorgung zu machen. Ich möchte meinen Schneider und Modelleur aufsuchen.«

Dieser Schneider aber ist niemand anderes als der berühmte Wormspire, der Mann, der einmal gesagt haben soll: »Eine Frau ist nichts weiter als ein Formproblem.«

Francis Benett gibt seiner Frau einen Kuß auf die Wange – das heißt: auf den Bildschirm – und macht ein paar Schritte bis zum Fenster, wo sein Aerotaxi bereits wartet.

»Wohin möchten Sie, Mr. Benett?« erkundigt sich der Pilot.

»Warten Sie mal . . . ja, ich habe Zeit . . . Fliegen Sie mich zu meinen Akkumulatorenfabriken am Niagara!«

Das Aerotaxi, eine erstaunliche Maschine, deren Konstruktion auf dem Prinzip des unterschiedlichen spezifischen Gewichts beruht, fliegt mit einer Geschwindigkeit von sechshundert Kilometern in der Stunde durch die Luft. Unter ihm tauchen Städte auf und bleiben weit zurück – Städte mit rollenden Bürgersteigen, die die Passanten die Straßen entlangbefördern; dann wieder Landschaften, die mit ihren unzähligen elektrischen Leitungen einem Spinnennetz gleichen.

In einer knappen halben Stunde setzt das Lufttaxi Francis Benett auf seiner Fabrik am Niagara ab. Den Strom, der dort aus den Wasserfällen gewonnen wird, verkauft oder vermietet Benett an die Verbraucher. Sobald er seinen Besuch beendet hat, fliegt er über Philadelphia, New York und Boston nach Centropolis zurück. Um fünf Uhr etwa ist er wieder »daheim«.

Im Vorraum des *Earth Herald* wartet eine große Menge auf die Rückkehr von Francis Benett. Es sind diesmal Vertreter, denen er jeden Tag eine Audienz gewährt. Es befinden sich darunter Erfinder, die sich um Kapital bewerben möchten, Vermittler mit allerlei Vorschlägen, alles hervorragende Geschäfte – wenn man sie darüber reden hört . . . Unter den vielen Projekten muß nun die Wahl getroffen werden; die schlechten müssen abgelehnt, die zweifelhaften untersucht, die guten angenommen werden.

Innert kürzester Zeit hat Francis Benett all die Leute hinausgewiesen, die bloß nutzlose oder undurchführbare Ideen vorbrachten. Da kommt doch tatsächlich der eine und will die Malerei wiederaufleben lassen, die vergessene Kunst, die im Laufe der Zeit derart in Verruf geriet, daß der *Angelus* von Millet schließlich noch ganze fünfzehn Franken erzielte. Das konnte natürlich nur geschehen, weil die Farbenphotographie ihren Siegeszug gegen Ende des zwanzigsten Jahrhunderts antrat. Erfunden hat sie der Japaner Aruziswa-Riochi-Nichome-Sanjukamboz-Kio-Baski-Ku, dessen Name dadurch allen Leuten geläufig geworden ist. Ein anderer Besucher will doch tatsächlich den Bioogen-Bazillus gefunden haben, der den Menschen unsterblich machen soll, sobald der sagenhafte Bazillus in den Organismus eingespritzt wird ... Wieder ein anderer, ein Chemiker, hat ein neues Element, das Nihilium, entdeckt, von dem das Gramm bloß drei Millionen Dollar kosten soll ... Und schließlich der Arzt, der kühn behauptet, er habe ein todsicheres Rezept gegen Schnupfen ...

All diese Phantasten werden natürlich prompt vor die Tür gesetzt. Einige wenige aber werden besser empfangen, vorerst ein junger Mann, dessen hohe Stirn überragende Intelligenz verrät.

»Mr. Benett«, beginnt er, »früher gab es fünfundsiebzig Elemente, heute ist diese Anzahl auf drei beschränkt. Das wissen Sie doch, nicht wahr?«

»Klar!«

»Gut also, Mr. Benett. Und ich bin drauf und dran, diese drei auf ein einziges Element zurückzuführen. Ich brauche nur etwas Geld, und in ein paar Wochen ist der Erfolg da.«

»Und was weiter?«

»Was weiter? Ich werde ganz einfach das Absolute erforscht und gefunden haben.«

»Ja, aber die Folge dieser Entdeckung?«

»Die Folge wird die simple Herstellungsmöglichkeit sämtlicher Stoffe sein: Stein, Holz, Metall, Kunststoff ...«

»Wollen Sie damit behaupten, Sie könnten auch ein menschliches Wesen herstellen? ...«

»Fix und fertig, sogar ... Es wird ihm bloß die Seele fehlen!«

»Bloß!« meint dazu ironisch Francis Benett. Doch er weist dem jungen Mann einen Platz in der wissenschaftlichen Abteilung der Redaktion an.

Ein zweiter Erfinder hat seine Forschertätigkeit auf alte, aus dem 19. Jahrhundert stammende Erfahrungen gestützt, die seither immer wieder auftauchten, nämlich die Idee, eine ganze Stadt durch einen riesigen Wohnblock zu ersetzen. Es handelt sich um die Stadt Saaf, die fünfzehn Meilen vom Meer entfernt liegt und die nun in einen Badeort verwandelt werden soll, indem sie auf Schienen bis zur Küste transportiert wird. Daraus würde sich ein enormer Mehrwert für den schon bebauten und noch zu bebauenden Boden ergeben.

Francis Benett ist von diesem Projekt bestrickt. Er ist bereit, sich mit fünfzig Prozent daran zu beteiligen.

»Sie wissen ja, Mr. Benett«, meldet sich ein dritter, »daß es uns dank unserer Akkumulatoren und Transformern gelungen ist, die Jahreszeiten auszugleichen. Nun, ich behaupte, daß ich noch mehr erreichen kann: Warum verwandeln wir nicht einen Teil der gewonnenen Energie in Wärme und leiten dann diese Wärme in die Polarregionen, wo sie das Eis schmelzen . . .«

»Lassen Sie mir Ihre Pläne da«, beschließt Francis Benett, »und kommen Sie in acht Tagen wieder!«

Und dann kommt der vierte Wissenschaftler mit der Nachricht, daß eines der größten Probleme, das die Menschheit beschäftige, noch an diesem Abend seine Lösung finden werde:

Wir erinnern uns noch, daß vor etwa einem Jahrhundert Dr. Nathaniel Faithburn die Aufmerksamkeit der ganzen Welt durch ein äußerst kühnes Experiment auf sich zog. Er war ein überzeugter Verfechter des menschlichen Winterschlafs – der Möglichkeit also, die lebenswichtigen Funktionen »einzufrieren« und sie dann nach längerer Zeit wiederzubeleben. Diese Methode wollte er nun an sich selbst ausprobieren. Nachdem er durch ein eigenhändig verfaßtes Testament die Operationen vorgeschrieben hatte, die ihn hundert Jahre später, auf den Tag genau, wieder zum Leben erwecken sollten, hatte er sich bei einer Kälte von 172 Grad einfrieren lassen; er war dann, zur Mumie erstarrt, in eine Gruft eingeschlossen worden – für hundert Jahre . . .

Und nun, heute, am 25. Juli 2889, ist diese Frist abgelaufen! Francis Benett wird gebeten, in einen bestimmten Saal des *Earth Herald* zu kommen, wo die so ungeduldig erwartete Auferstehung des kühnen Arztes vor sich gehen soll. Die Öffentlichkeit werde über den Verlauf der Sensation von Sekunde zu Sekunde auf dem laufenden gehalten werden.

Der Vorschlag wird angenommen, und da die Operation nicht vor zehn Uhr abends beginnen soll, legt sich Francis Benett im Hörsaal auf ein Ruhebett. Er dreht an einem Knopf – und ist schon mit dem Zentralkonzert verbunden.

Nach einem derart lebhaften Tag findet er köstliche Entspannung beim Anhören unserer besten Dirigenten, die – wir wissen es ja – ihre Werke nach den glänzenden, algebraisch errechneten Harmonien komponiert haben . . .

Es ist dämmerig geworden, und Francis Benett liegt in einem halb-ekstatischen Dämmerschlaf. Doch da geht plötzlich eine Türe auf:

»Wer ist da?« Er berührt einen in Reichweite angebrachten Schalter, der die Luft im Saal zum Vibrieren und darum zum Leuchten bringt.

»Ach, Sie sind es, Herr Doktor!« Francis Benett richtet sich auf.

»In Person«, sagt Dr. Sam. Er kommt zur täglichen Arztvisite – Jahresabonnement! »Wie geht's?«

»Gut!«

»Um so besser. Mal die Zunge herzeigen!« Und er nimmt sie unter die Lupe. »Gut. Und jetzt den Puls!«

Er tastet ihn mit einem Pulsographen ab, ähnlich dem Instrument, das die Erdbeben registriert. »Ausgezeichnet! Wie steht's mit dem Appetit?«

»Puh!«

»Eben . . . der Magen! . . . Er arbeitet nicht mehr gut, der Magen! . . . Wird alt! Sie müssen unbedingt dieser Tage einen neuen einsetzen lassen! . . .«

»Ist schon recht«, meint Francis Benett dazu. »Inzwischen, Doktor, speisen Sie erst mal mit mir!«

Während des Essens hat er die Verbindung mit Paris wieder hergestellt. Diesmal sitzt Frau Benett am Tisch. Das Abendessen verläuft harmonisch, es ist gewürzt mit den Witzchen des Arztes. Kaum sind sie mit Essen fertig, als Francis Benett seine Frau fragt:

»Wann, meinst du, bist du wieder da, liebe Edith?«

»Ich reise jetzt gleich ab.«

»Mit der Untergrund oder mit dem Aerotrain?«

»Untergrund.«

»Dann bist du wann hier?«

»Elf Uhr neunundfünfzig nachts.«

»Pariser Zeit?«

»Nein doch! Centropolis-Zeit.«

»Auf bald denn, und verpaß mir nicht die Untergrundbahn!«

Diese unter dem Ozean fahrenden Züge, mit denen man heute in zweihundertfünfundneunzig Minuten von Europa her in Centropolis ist, sind eigentlich den Aerotrains unbedingt vorzuziehen, die ja kaum tausend Kilometer in der Stunde schaffen.

Der Arzt hat sich zurückgezogen, nachdem er versprochen hat, bei der Auferstehung seines Kollegen Nathaniel Faithburn zugegen zu sein. Francis Benett aber begibt sich in sein Bureau, wo er die Tageseinnahmen kontrollieren will. Das ist an sich eine gewaltige Rechenoperation, wenn man bedenkt, daß die täglichen Unkosten allein sich auf achthunderttausend Dollar belaufen. Doch glücklicherweise erleichtern die fortschrittlichen modernen Methoden diese Art von Bureauarbeit ganz enorm. Mit Hilfe des elektronischen Rechenapparates hat Francis Benett seine Arbeit im Nu erledigt.

Es wird Zeit. Kaum hat er die letzte Addition getippt, wird er schon in den Hörsaal gebeten. Er eilt hin, und eine zahlreiche Menge von Wissenschaftlern begrüßt ihn, unter ihnen auch Dr. Sam.

Auf einem Gestell mitten im Saal steht der Sarg mit dem eingefrorenen Dr. Nathaniel Faithburn. Die Fernsehkamera wird betätigt. Die ganze Welt will den verschiedenen Operationen zur Wiedererweckung beiwohnen.

Der Sarg wird aufgemacht . . . Nathaniel Faithburn wird herausgehoben . . . sieht immer noch aus wie eine Mumie, gelb, steinhart, ausgetrocknet . . . Beim Beklopfen gibt es einen Ton, als klopfe man auf Holz . . . Er wird der Hitze ausgesetzt . . . der Elektrizität . . . Nichts! . . . Er wird hypnotisiert . . . suggeriert . . . Nichts scheint diesen ultrastarren Zustand verändern zu können . . .

»Und, wie steht's, Dr. Sam?« fragt Francis Benett gespannt.

Der Arzt beugt sich über den leblosen Körper, untersucht ihn mit lebhafter Aufmerksamkeit . . . Er verabreicht ihm mit einer hypodermischen Nadel eine Spritze. Was er spritzt, ist das auch heute noch vielgebrauchte berühmte Elixier Brown-Séquard . . . Die Mumie ist und bleibt eine Mumie.

»Nun ja«, gibt Sam endlich bedauernd zur Antwort, »ich fürchte, der Winterschlaf war zu lang . . .«

»Aha!«

». . . und Nathaniel Faithburn ist tot!«

»Tot?«

»So tot, wie eine Leiche nur sein kann!«

»Seit wann, meinen Sie, ist er . . .?«

»Seit wann? . . . Aber natürlich seit genau hundert Jahren, das heißt, seit er die dumme Idee hatte, sich im Interesse der Wissenschaft einfrieren zu lassen! . . .«

»Na also«, meint Francis Benett dazu, »da hätten wir ja einmal eine Methode, die der Vervollkommnung bedarf!«

»Vervollkommnung dürfte das Wort dafür sein«, grinst Dr. Sam. Und die *Wissenschaftliche Kommission für Menschlichen Winterschlaf* zieht mit ihrem unheimlichen Paket kopfhängend ab.

Francis Benett sucht in Begleitung von Dr. Sam seine Privaträume auf. Da er sehr müde aussieht – kein Wunder, nach einem dermaßen ausgefüllten Tag! –, rät ihm sein Arzt, vor dem Zubettgehen ein Bad zu nehmen.

»Recht haben Sie, Doktor, das wird mich beruhigen . . .«

»Ganz bestimmt, Mr. Benett, und falls Sie das wünschen, werde ich draußen gleich Bescheid . . .«

»Nicht nötig, lieber Doktor. Hier im Hotel steht immer ein Bad bereit. Ich brauche dazu nicht einmal mein Zimmer zu verlassen. Sehen Sie mal her: ich drücke jetzt auf diesen Knopf – die Badewanne hat sich schon in Bewegung gesetzt und wird gleich erscheinen . . . das Wasser wird genau siebenunddreißig Grad warm sein!«

Francis Benett hat auf den Knopf gedrückt. Ein dumpfes Rollen ist zu vernehmen, wird stärker, deutlicher . . . dann geht eine der Türen auf – die Badewanne rollt auf Rädern über fast unsichtbare Schienen herein . . .

Du lieber Himmel! Dr. Sam hält rasch die Hände vor die Augen. Verschämte kleine Schreie sind aus der Wanne zu hören . . .

Frau Benett liegt darin. Sie ist vor einer halben Stunde mit der transozeanischen Untergrund im Hotel eingetroffen . . .

Tags darauf – es war der 26. Juli 2889 – begann Direktor Francis Benett vom *Earth Herald* sein neues Tagewerk mit einem Gang durch die zwanzig Kilometer seiner Arbeitsräume. Am Abend ergab sich nach einer Kontrolle der Rechenautomaten eine Tageseinnahme von zweihundertfünfzigtausend Dollar – fünfzigtausend mehr als am Tage vorher.

Ein einträglicher Beruf, der Beruf des Journalisten im neunundzwanzigsten Jahrhundert!

(Deutsch von Erich Fivian)

Auguste Comte de Villiers de l'Isle-Adam
Vox Populi

Für Leconte de Lisle

»Der preußische Soldat kocht sich seinen Kaffee in einer Kartusche.«
Sergeant Hoff

Große Parade auf den Champs-Elysées!

Zwölf leidschwere Jahre sind seither verflossen. Die Sommersonne zersplitterte ihre langen Goldpfeile auf den Dächern und Kuppeln der alten Hauptstadt. Myriaden von Fensterscheiben spiegelten einander Blendwerke zu: in Lichtstaub getaucht drängte sich das Volk in den Straßen, um die Armee zu sehen.

Vor dem Gitter des Vorhofes von Notre-Dame, auf einem hohen, hölzernen Klappstuhl, die Knie gekreuzt, in schwarzen Lumpen, bot der hundertjährige Bettler, der Älteste der Ärmsten von Paris – aschfarbenes Trauerantlitz, die Haut von erdgrauen Runzeln durchfurcht – die Hände unter dem Pappschild verschränkt, das seine Blindheit behördlich bestätigte, seine jenseitig-schattenhafte Erscheinung dem Te Deum des ihn umbrandenden Festes dar.

Waren alle diese Leute nicht seine Nächsten? Die frohen Menschen, die vorübergingen – waren sie nicht seine Brüder? Sicherlich doch, du Menschengeschlecht! Übrigens war dieser Gast des Hauptportals nicht alles Guten dieser Erde beraubt, der Staat hatte ihm das Recht zugebilligt, blind zu sein.

Um dieser Tatsache und um der Arbeit willen, die mit diesem Platz der sicheren Almosen verbunden ist, den er unter allgemeiner Billigung innehatte, und schließlich auch in seiner Eigenschaft als Wahlberechtigter war er – bei Licht besehen – unseresgleichen.

Und dieser Mensch, den der Tod übersehen zu haben schien, stammelte von Zeit zu Zeit eine monotone Klage – offenbar den Laut gewordenen Seufzer, der seinen ganzen Lebensinhalt umschloß:

»Habt Mitleid mit einem armen Blinden!«

Geräuschvoll umbrandete ihn der Ruhm: gewaltiges Dröhnen der Festtagsglocken – draußen, irgendwo, jenseits seiner vermauerten

Augen –: das Getrappel der Kavallerie und, in jähem Auftönen, die kriegerischen Signale, das Freudengeschrei, das sich den Salven der Invaliden zugesellte, stolze Kommandorufe, Geklirr stählerner Waffen, Rasseln der Trommeln, Paukendonner, der rhythmisch den endlosen Vorbeimarsch der Infanterie untermalte: all das drang auf ihn ein. Sein überscharfes Gehör nahm selbst das Geflatter der Standarten mit den schweren Fransen wahr, die über die Kürasse hinscharrten. In der Vorstellung des alten Gefangenen der Finsternis blitzten tausend Empfindungen auf, geahnt und weich umrissen. Sein tastendes Ahnungsvermögen tat ihm kund, was die Herzen und Hirne der ganzen Stadt in Fiebertaumel versetzte.

Und das Volk, hingerissen wie stets von dem Nimbus, der seiner Meinung nach das Ergebnis kühner, glücksgesegneter Taten ist, gab unter Beifallsgeschrei Wunsch und Willen der Stunde Ausdruck:

»Es lebe der Kaiser!«

Aber in den Augenblicken der Stille, wie dieser triumphale Sturm sie barg, erhob sich an dem mystischen Gitter eine verlorene Stimme. Das Genick gegen den Pranger seiner Gitterstäbe geneigt, die toten Augäpfel gegen den Himmel hin rollend, vergessen von jenem Volk, dessen wahren Wunsch einzig er auszusprechen schien, den unter all dem Hurrageschrei verborgenen Wunsch, den geheimen, den persönlichen Wunsch, psalmodierte der alte Mann, ein prophetischer Fürsprecher, seine nun geheimnisschweren Worte:

»Habt Mitleid mit einem armen Blinden!«

Große Parade auf den Champs-Elysées!

Zehn Jahre sind verflossen seit der Sonne jenes letzten Festes. Die gleichen Geräusche, die gleichen Stimmen, der gleiche Dunst! Doch diesmal dämpfte etwas den Tumult des allgemeinen Jubels. Ein Schatten schien über allem zu liegen. In die herkömmlichen Salven auf der Plattform des Prytaneums mischte sich diesmal das ferne Grollen der Batterien unserer Befestigungen. Und mit gespitztem Ohre versuchte das Volk bereits, im Widerhall die Antwort der Geschütze des heranrückenden Feindes zu unterscheiden.

Der Stadtkommandant ritt auf seinem edlen, im Paßgang einherschreitenden Pferde vorüber und grüßte lächelnd nach allen Seiten. Gestärkt durch das Vertrauen, das eine tadellose Haltung ihm stets einflößt, ließ das Volk abwechselnd Vaterlandslieder und Beifallskundgebungen erschallen, mit denen es diesen Soldaten ehrte.

Aber die Worte des alten, wilden Jubelrufs waren andere geworden: das bestürzte Volk gab Wunsch und Willen der Stunde Ausdruck in dem Schrei:

»Es lebe die Republik!«

Und hinten, von der erhabenen Schwelle her, war abermals die einsame Stimme des Lazarus vernehmlich. Er, der Verkünder der geheimsten Gedanken des Volkes, er brauchte die unbeugsame Strenge seiner starren Klage nicht zu ändern.

Er, im Grunde die Seele des Festes, rief, indem er seine erloschenen Augen dem Himmel zuwandte, in Augenblicken der Stille und als sei es eine Feststellung:

»Habt Mitleid mit einem armen Blinden!«

Große Parade auf den Champs-Elysées!

Neun Jahre des Erduldens sind dahingegangen seit der getrübten Sonne der letzten.

Ach! Das gleiche verworrene Getöse! Das gleiche Waffengeklirr! Das gleiche Gewieher! Gedämpfter indessen noch als im Jahre zuvor: aber geschrien wird dennoch.

»Es lebe die Kommune!« brüllte das Volk in den Wind, der da kommt und geht.

Und die Stimme des hundertjährigen Erkorenen des Unglücks sagte wiederum unablässig, ganz hinten, an der geheiligten Schwelle seinen läuternden Kehrreim, der des Volkes einzigen wahren Gedanken in sich barg. Mit zum Himmel erhobenem Haupte ächzte er im Dunkel:

»Habt Mitleid mit einem armen Blinden!«

Und zwei Monate danach, als der Oberbefehlshaber der Regierungstruppen im letzten Nachzittern der Sturmglocke die Parade seiner zweihunderttausend Gewehre abnahm, die, ach!, noch vom jammervollen Bürgerkrieg rauchten, schrie das entsetzte Volk angesichts der in der Ferne brennenden Gebäude:

»Es lebe der Marschall!«

Ganz im Hintergrunde, an der heilbescherenden Umfriedung, wiederholte die unveränderliche Stimme, die Stimme des Veteranen menschlichen Elends, formelhaft ihre schmerzerfüllte und erbarmungslose Beschwörung:

»Habt Mitleid mit einem armen Blinden!«

Von Jahr zu Jahr, von Parade zu Parade, von Jubelgebrüll zu Jubelgebrüll, welches auch immer der Name sein mochte, den das

Volk in seinen Heilrufen ins Ungefähr des Raumes schleuderte, haben seither alle, die wachen Ohres den Geräuschen dieser Erde lauschten, im lautesten Getöse des Revolutionsgeschreis und der kriegerischen Feste, die einander ablösten, stets die ferne Stimme vernommen, die *wahre* Stimme, die vertraute Stimme des furchtbaren symbolischen Bettlers, des Wächters der Nacht, der des Volkes wahre Stunde ausruft, der unbestechlichen Schildwache des Gewissens der Bürger, die Stimme desjenigen, der unverfälscht das geheime Gebet der Menge aufgreift und es in einem Seufzer zusammenballt.

Als unbeugsamer Priester der Brüderlichkeit ist dieser anerkannte Vertreter leiblicher Blindheit niemals müde geworden, ein unbewußter Mittler, die göttliche Barmherzigkeit für seine Brüder im Geiste anzurufen.

Und wenn das Volk, berauscht von Fanfarenklängen, von Glokkenschall und Kanonengedröhn, durch diesen schmeichlerischen Lärm verwirrt, vergeblich versucht, seinen wahren Wunsch und Willen vor sich selbst zu verhüllen hinter gleichgültig welchen begeisterten Lügenworten, dann reckt er, der Bettler, das Antlitz dem Himmel zugekehrt, mit erhobenen Armen, im Dunkeln tappend, in seiner großen Finsternis sich an der Schwelle der ewigen Kirche empor – und mit stets weher Klagestimme, die indessen bis über die Sterne hinauszudringen scheint, läßt er nicht ab, seine seherische Berichtigung ins All hinauszurufen:

»Habt Mitleid mit einem armen Blinden!«

(Deutsch von Ernst Sander)

Emile Zola
Der Tod des Olivier Bécaille

I

Ich bin an einem Sonnabend, morgens um sechs Uhr, nach dreitägigem Kranksein gestorben. Meine arme Frau wühlte gerade in unserem Koffer herum, um frische Wäsche herauszunehmen. Als sie sich wieder aufrichtete und mich so steif daliegen sah, ohne Atem, mit verglasten Augen, glaubte sie, ich sei ohnmächtig geworden, und beugte sich, meine Hände fassend, über mein Gesicht. Und nun erst packte sie der Schrecken. Wie irrsinnig stammelte sie unter hervorstürzenden Tränen:

»Mein Gott, mein Gott, er ist tot!«

Ich verstand alles, wenn mir auch die Laute geschwächt und wie aus weiter Ferne zu kommen schienen. Mein linkes Auge empfand noch einen unbestimmten Schein, ein fahles Licht, darin die Gegenstände verschwammen, das rechte war vollkommen erstarrt. Ein stumpfer Krampf lag auf meinem ganzen Wesen, als hätte mich ein Blitzstrahl vernichtet. Mein Wille war tot, keine einzige Fiber meines Körpers gehorchte mir mehr. Und in diesem Nichts, über meinen leblosen Gliedern, schwebten meine Gedanken verlangsamt und träge, aber mit vollkommener Deutlichkeit.

Meine arme Margarethe schluchzte auf den Knien vor meinem Bett und jammerte immer wieder mit zerrissener Stimme:

»Er ist tot, o Gott, er ist tot!«

War dies der Tod? Dieser eigentümliche Zustand von Betäubung, der das Fleisch lähmte, in ihm aber den Geist lebendig ließ? War es das, was man Seele nennt, was noch da oben in meinem Schädel weste? Würde auch sie bald verfliegen? – Seit meiner Kindheit litt ich an nervösen Zufällen. Als ich noch ganz jung war, hätten mich zweimal die heftigen Fieberanfälle fast dahingerafft. Mit der Zeit gewöhnte sich meine Umgebung an meine Hinfälligkeit, ich selber verbot Margarethe, einen Arzt zu holen, als ich am Morgen unserer Ankunft in Paris in unserer möblierten Wohnung, die wir uns in der Rue Dauphine gemietet hatten, bettlägrig wurde. Ich glaubte, die Ermüdung der Reise steckte mir noch in den Gliedern und ein wenig

Ruhe würde alles wiedergutmachen. – Und dennoch erfüllte mich eine quälende Bangigkeit.

Wir hatten nämlich kurz entschlossen die Provinz verlassen und besaßen nun, arm wie wir waren, kaum so viel, um bis zu dem ersten Monatsgehalt leben zu können, das ich von der Regierung für einen kleinen Beamtenposten erhielt, den ich mir vorher verschafft hatte. Und nun wirft mich dieser plötzliche Anfall darnieder!

War es denn wirklich der Tod? Ich hatte mir darunter eine schwärzere Nacht, eine tiefere Stille vorgestellt. Schon als Kind hatte ich Angst vor dem Sterben. Da ich sehr gebrechlich war und alle Leute mich immer nur mit Mitleid und Teilnahme betrachteten, gewann ich die Überzeugung, daß ich nicht lange leben, daß man mich sehr früh ins Grab legen würde. Und gerade diese Vorstellung des Begrabenwerdens verursachte mir eine Angst, an die ich mich nicht gewöhnen konnte, trotzdem sie weder bei Tag noch bei Nacht von mir wich. Auch im zunehmenden Alter verließ mich diese fixe Idee nicht. Oft, nach tagelangen Überlegungen, glaubte ich endlich meine Furcht besiegt zu haben. Man starb eben! was weiter? alles war zu Ende! Jeder Mensch mußte einmal sterben! Es konnte nicht besser und bequemer eingerichtet sein. Ich kam beinahe dahin, fröhlich zu werden, ich sah dem Tod frei ins Angesicht. Dann plötzlich, ein eisiger Schauer, mein alter Wahnwitz packte mich wieder, eine riesige Faust griff nach mir und hielt mich über den grausigen, schwarzen Schlund. Wie unzählige Male bin ich nachts aufgefahren, ohne zu wissen, welcher Hauch über meinen Schlaf gestrichen war, aber doch voller Verzweiflung und mit gefalteten Händen; ich stammelte: »O Gott, o Gott, der Tod!« Und in der Freude, noch einmal lebendig erwacht zu sein, erschien mir die dennoch ewig unabwendbare Sicherheit des Todes noch um vieles furchtbarer. Eine peinvolle Unruhe legte sich auf meine Brust, und nur unter Qualen schlief ich wieder ein. Auch der Schlaf ängstigte mich, er ähnelte so sehr dem Tod. Wenn ich für immer einschliefe? Wenn ich dieses Mal die Augen schlösse, um sie niemals wieder aufzumachen?

Ich weiß nicht, ob auch andere diese Martern erlitten haben – mir zerstörten sie das Leben. Zwischen mir und allem, was ich liebte, stand immer hoch aufgerichtet der Tod! Ich erinnere mich der glücklichsten Augenblicke, die ich mit Margarethe verlebte. Wenn sie in den ersten Monaten unserer Ehe an meiner Seite schlief und ich in Gedanken an sie allerlei Zukunftspläne schmiedete: immer verdarb mir die Angst vor der verhängnisvollen Trennung jede Freude, zerstörte mir jede Hoffnung. Einmal mußten wir einander verlassen! Vielleicht geschah es morgen, vielleicht schon in einer Stunde. Eine ungeheure Mutlosigkeit ergriff mich. Wozu denn überhaupt das Glück des Zusammenseins, fragte ich mich, wenn es doch in diesem grausamen Auseinanderzerren enden mußte. Meine Einbildungskraft gefiel sich allmählich im Spiel mit diesem Todeskummer. Wer würde zuerst drankommen: Sie oder ich? Und beide Möglichkeiten rührten mich bis zu Tränen, indem sie mir das Bild meines oder ihres zerstörten Lebens vormalten. So habe ich in den glücklichsten Zeiten meines Lebens immer ganz plötzliche Schwermutsanfälle gehabt, die sich niemand recht erklären konnte. Man verwunderte sich der finsteren Miene, mit der ich alles Gute empfing, was mir etwa begegnete. Der Gedanke meiner Vergänglichkeit fuhr eben zwischen mich und jede Freude. Das fürchterliche: »Was hilft's!« klang immer wie eine Totenglocke in meinen Ohren. Das Allerschlimmste an dieser Marter ist die heimliche Scham. Man wagt es nicht, jemandem sein Leiden einzugestehen. Oft mögen Mann und Frau, wenn sie beieinander liegen in der Dunkelheit, unter demselben Schauer frösteln, aber weder der eine noch der andere sagt etwas, denn man spricht ebensowenig vom Tod, wie man gewisse unanständige Worte nicht ausspricht. Man hat solche Furcht vor ihm, daß man nicht einmal seinen Namen nennen will. Man verbirgt ihn, wie man sein Geschlecht verbirgt.

Über all diese Dinge dachte ich nach, während meine liebe Margarethe unaufhörlich schluchzte. Es tat mir weh, daß ich ihr nicht sagen konnte, wie wenig ich litt, um ihren Gram etwas zu mildern. Denn war der Tod wirklich nichts weiter als diese Ohnmacht des Körpers, dann hätte ich Unrecht getan, ihn so sehr zu fürchten. Ich empfand eine selbstische Behaglichkeit, eine sanfte Ruhe, in der ich von all meinen Sorgen verschont blieb. Überdies hatte meine Gedächtniskraft eine außerordentliche Lebhaftigkeit angenommen. Mit blitzartiger Geschwindigkeit zog mein ganzes Leben an mir vorüber wie ein Schauspiel, demgegenüber ich mich nunmehr als unbeteiligter Zuschauer fühlen konnte. Eine seltsame und merkwürdige Empfindung, die mir Vergnügen bereitete: man hätte sagen können, eine leise Stimme erzähle mir von ferne meine eigene Geschichte.

Zu allererst ergriff mich die Erinnerung an ein Fleckchen Erde nahe bei Guérande, auf dem Weg nach Piriac. Der Weg biegt dort um, Tannengehölz zieht sich unregelmäßig an einem felsigen Abhang herunter. Dort trat ich, als ich sieben Jahre alt war, sehr oft mit meinem Vater in ein zerfallenes Häuschen, um bei Margarethes Eltern, die sich als Arbeiter in den nahen Salinen nur kümmerlich ernährten, Krapfen zu essen.

Dann entsann ich mich der Schule in Nantes, wo ich aufwuchs, in der Eintönigkeit der alten Mauern, mit der ewigen Sehnsucht nach dem freien Horizont von Guérande: vom Fuße der Stadt bis ins Unabsehbare die Salzteiche und dann das unendliche Meer, lang hingestreckt unter dem hohen Himmel. Nun gähnt ein schwarzes Loch: Mein Vater starb, ich trat als Beamter in die Verwaltung des Krankenhauses von Guérande. Ich fing ein eintöniges Leben an, die Sonntagsbesuche in dem kleinen, halbverfallenen Häuschen am Wege nach Piriac waren meine einzigen Freuden. Die Sachen standen dort mit jedem Tag schlimmer und schlimmer, die Salinen brachten fast gar nichts mehr ein, das ganze Land verfiel dem Elend, Margarethe war noch ein Kind. Sie hatte mich gern, weil ich sie immer mit einem Schubkarren spazieren fuhr. Später, an jenem Morgen, als ich um sie anhielt, sah ich wohl an ihrer schreckensbleichen Miene, daß sie mich eigentlich widerwärtig häßlich fand. Die Eltern willigten sofort ein, es erwuchs ihnen daraus Erleichterung, sie selber war zu gehorsam, um »nein« zu sagen. Als sie sich erst an den Gedanken, meine Frau zu werden, gewöhnt hatte, schien er ihr auch nicht mehr so widerlich zu sein. Ich erinnere mich, daß es am Tage unserer Hochzeit in Guérande in Strömen goß. Als wir nach Hause gekommen waren, mußte Margarethe im Unterrock bleiben, ihre Kleider waren durch und durch naß geworden.

Das ist meine ganze Jugend! Eine Zeitlang blieben wir dort unten, bis ich eines Tages nach Hause kam und meine Frau in Tränen aufgelöst überraschte. Sie langweilte sich, sie wollte fort. Nach sechs Monaten war ich im Besitz einiger Ersparnisse, die ich Heller für Heller mit Nebenarbeiten zusammengebracht hatte, und da es einem alten Freund meiner Familie gelungen war, mir in Paris einen Posten zu verschaffen, brachte ich das liebe Kind fort, damit es mir nicht mehr weine. In der Eisenbahn lachte Margarethe schon ganz vergnügt. Während der Nacht nahm ich sie auf meine Knie, da die Bänke der dritten Klasse sehr hart waren. Dort konnte sie weich schlafen.

Das also war die Vergangenheit! Und nun, zu dieser Stunde, liege ich tot auf dem schmalen Bett unserer möblierten Wohnung, während meine Frau mit den Knien auf der Diele liegt und wehklagt.

Der weiße Schimmer, den mein linkes Auge bis jetzt empfunden hatte, verblaßte allmählich. Aber ich entsann mich unseres Zimmers noch genau genug, um es mir vorstellen zu können. Links stand ein Schränkchen, rechts der Ofen, auf dessen Absatz in der Mitte eine zerbrochene Uhr ohne Pendel zehn Uhr sechs Minuten zeigte. Das Fenster führte auf die hohle, schwarze Rue Dauphine. Ganz Paris brauste daran vorbei und mit solchem Lärm, daß ich die Scheiben zittern hörte.

Wir kannten keine Menschenseele in Paris, und da wir unsere Abreise sehr beschleunigt hatten, erwartete man mich im Büro erst am kommenden Montag. Seitdem ich mich krank ins Bett gelegt hatte, machte sie mir einen sonderbaren Eindruck, diese Gefangenschaft in einem fremden Zimmer, in dem wir noch ganz zerschlagen von einer fünfzehnstündigen Eisenbahnfahrt und betäubt vom Straßenlärm endlich gestrandet waren. Meine Frau hatte mich mit ihrer gewöhnlichen lächelnden Güte gepflegt, aber ich fühlte doch, wie bänglich ihr zu Mute war und wie sie sich um mich beunruhigte. Von Zeit zu Zeit ging sie ans Fenster und warf einen Blick auf die Straße hinunter. Aber ganz blaß wendete sie sich jedesmal wieder ab, geängstet von diesem großen, dumpf brüllenden Paris da unten, in dem sie nicht einen Stein kannte. Was sollte sie nun anfangen, wenn ich nicht wieder erwachte? Was würde aus ihr in dieser ungeheuren Stadt werden, ohne Schutz, unwissend in allem?

Margarethe hatte eine meiner Hände, welche leblos am Bettrand herunterhing, ergriffen und küßte sie und wiederholte immer wieder in ihrer wahnsinnigen Angst:

»Olivier, antworte mir doch – o Gott, er ist tot, er ist tot.«

Der Tod war also nicht das Nichts, denn ich hörte ja doch, und ich dachte ja doch! Nur das Nichts hatte mich seit meiner Kindheit mit Schaudern erfüllt. Ich konnte mir das Aufhören meines Wesens, das vollkommene Verschwinden alles dessen, was ich war, nicht vorstellen, ein Aufhören für immer, Jahrtausende und Jahrtausende während, ohne daß jemals mein Dasein wieder von neuem beginnen konnte. Ich schauderte manchmal, wenn ich in einer Zeitung ein Datum des künftigen Jahrhunderts las: an diesem Tag werde ich sicher nicht mehr leben! Und dieses Jahr einer Zukunft, die ich nicht mehr sehen, darin ich nicht mehr sein würde, erfüllte mich mit Todesangst. War ich denn nicht die Welt? Würde denn nicht alles zusammenstürzen, wenn ich davonging?

Im Tode vom Leben träumen, das war immer meine Hoffnung

gewesen. Aber dieses war ja zweifellos der Tod nicht! Ich würde gewiß gleich aufwachen. Ja, gleich würde ich aufwachen und mich niederbeugen und Margarethe in meine Arme schließen, um ihre Tränen zu stillen. Welche Freude dann: Uns wiederzuhaben! Und wie wir uns noch mehr lieben wollten! Ich würde mich noch zwei Tage ausruhen und dann ins Büro gehen. Ein neues Leben würde für uns beginnen, ein freieres, ein glücklicheres. Ich hatte es nur nicht so eilig. Eben jetzt, in diesem Augenblick fühlte ich mich noch zu sehr niedergeworfen. Margarethe tat wirklich unrecht daran, sich so ganz der Verzweiflung hinzugeben, da ich doch nur nicht die Kraft hatte, meinen Kopf in den Kissen zu wenden und ihr zuzulächeln. Aber bald, wenn sie von neuem schluchzen wird:

»Er ist tot, o Gott, er ist tot!«

dann werde ich sie umarmen, und um sie nicht zu erschrecken, nur ganz leise flüstern:

»Aber nein, Kind, ich schlief ja nur, du siehst doch, daß ich lebe und dich liebhabe!«

II

Auf das Schreien von Margarethe wurde die Tür heftig aufgerissen, und eine Stimme rief:

»Was gibt es denn, Frau Nachbarin? Doch nicht wieder ein neuer Anfall?«

Ich erkannte die Stimme. Es war Frau Gabin, eine ältere Frau, die mit uns auf demselben Flur wohnte. Sie hat sich seit unserer Ankunft, gerührt von unserer mißlichen Lage, sehr gefällig gegen uns gezeigt und uns natürlich auch sofort ihre Geschichte erzählt. Ein unerbittlicher Hauswirt hatte ihr im letzten Winter alle Möbel gepfändet, und seitdem wohnte sie mit ihrer Tochter Adele, einem kleinen zehnjährigen Mädchen, in diesem Hôtel garni. Beide fabrizierten Lampenschirme, eine Beschäftigung, bei der sie höchstens vierzig Sous verdienen konnten.

»Mein Gott, ist es zu Ende?« fragte sie mit erschreckter Stimme.

Ich fühlte, daß sie an mein Bett trat. Sie blickte auf mein Gesicht und rührte mich an, und dann sagte sie mitleidig:

»Arme Kleine, arme Kleine!«

Margarethe war schon so erschöpft, daß sie nur noch wie ein Kind schluchzte. Frau Gabin hob sie auf und führte sie auf einen wackligen Armstuhl, der am Ofen stand. Dort versuchte sie, Margarethe zu trösten:

»Sie werden sich ganz krank machen! Wenn einem auch der Mann stirbt, da braucht man doch nicht gleich zu verzweifeln. Als ich meinen Gabin verlor, war ich anfangs auch wie Sie, drei Tage lang konnte ich keinen Bissen über die Lippen bringen. Aber was hat es mir geholfen? Nichts, im Gegenteil, es brachte mich nur immer mehr herunter! Um Gottes willen, hören Sie doch! Ein bißchen Vernunft!«

Ganz allmählich verstummte Margarethe. Sie war am Ende ihrer Kräfte, nur von Zeit zu Zeit schluchzte sie noch auf. Indessen ergriff die Frau mit einer mürrischen Selbstherrlichkeit Besitz von unserem Zimmer.

»Sie brauchen sich um nichts zu kümmern«, sagte sie. »Dédé trägt gerade die Arbeit fort, und unter Nachbarn muß man sich beistehen. Ihre Koffer sind gewiß noch nicht ausgepackt, aber ich finde wohl schon etwas Wäsche in der Kommode, nicht wahr?«

Ich hörte, wie sie das Schränkchen öffnete. Sie nahm eine Serviette heraus und breitete sie über den Nachttisch. Dann holte sie das Licht vom Ofen und steckte es, so vermutete ich, an Stelle einer Wachskerze neben meinem Bette an. Ich verfolgte jede ihrer Bewegungen im Zimmer, ich gab mir Rechenschaft über alles, was sie tat.

»Der arme Herr«, murmelte sie. »Es ist noch ein Glück, daß ich Sie schreien gehört habe.«

Und da! Auf einmal verschwand der leise Schein, den ich noch immer mit meinem linken Auge wahrgenommen hatte – Frau Gabin hatte mir die Augen zugedrückt. Ich empfand den Druck ihres Fingers auf meinen Lidern nicht! Als ich alles recht begriffen hatte, kroch eine leise Kälte an mir herauf.

Aber die Tür hatte sich wieder geöffnet, Dédé, das kleine, zehnjährige Mädchen, sprang herein und rief mit ihrer dünnen Stimme:

»Mama, Mama, ich dachte mir gleich, wo du seist! Hier ist das Geld, drei Francs zwanzig. Ich habe wieder zwanzig Dutzend Schirme mitgebracht . . .«

»Still, still, schrei nicht so«, rief ihre Mutter.

Da die Kleine aber nicht hörte, wies sie nach meinem Bett. Dédé hielt sofort inne, ich fühlte, wie sie unruhig wurde und langsam nach der Tür zurückwich.

»Schläft der Herr?« fragte sie ganz leise.

»Ja, er schläft. Geh spielen«, antwortete Frau Gabin.

Aber das Kind ging nicht fort. Es mochte mich mit aufgerissenen Augen entsetzt und langsam begreifend anstarren, plötzlich packte sie eine wahnsinnige Angst, sie rannte einen Stuhl umwerfend aus dem Zimmer: »Er ist tot, Mama, oh, er ist tot.«

Eine tiefe Stille herrschte. Margarethe kauerte stumpf in ihrem Sessel und weinte nicht mehr. Frau Gabin kramte noch immer im Zimmer herum. Sie brummte dabei halblaut durch die Zähne:

»Heutzutage wissen die Kinder auch alles! Zum Beispiel Dédé. Gott weiß, ob ich sie sorgsam erziehe! Wenn ich sie etwas besorgen oder unsere Arbeit abliefern schicke, berechne ich die Minuten, um sicher zu sein, daß sie sich nicht herumtreibt. Aber es hilft nichts. Sie weiß alles! Auf den ersten Blick hat sie erkannt, was los war. Trotzdem hat man ihr bis jetzt nur eine einzige Leiche, ihren Onkel Franz, gezeigt. Und damals war sie erst vier Jahre alt. Es gibt eben keine Kinder mehr, das ist es.«

Sie hielt an und kam ohne Übergang auf etwas anderes zu sprechen:

»Hören Sie, kleine Frau, man darf die Formalitäten nicht versäumen, die Anzeige bei der Behörde und all die Einzelheiten für den Leichenzug. Sie sind nicht in dem Zustand, es zu besorgen, und ich mag Sie nicht allein lassen . . . Wenn Sie erlauben, sehe ich einmal nach, ob Monsieur Simoneau zu Hause ist, nicht wahr?«

Margarethe antwortete nicht. Ich wohnte allen diesen Szenen wie aus weiter Ferne bei. Oft schien es mir, als schwebte ich auf Augenblicke wie ein zartes Flämmchen im Raum umher, während ein Fremder, eine unförmige, tote Masse, auf dem Bett lag. Jetzt wünschte ich jedoch lebhaft, Margarethe möchte die Dienste des Herrn Simoneau zurückweisen. Ich hatte ihn drei- oder viermal während meiner kurzen Krankheit gesehen. Er bewohnte ein Zimmer neben uns und machte sich sehr liebenswürdig. Frau Gabin hatte uns erzählt, daß er sich nur vorübergehend in Paris aufhalte, um alte Außenstände seines Vaters einzuziehen, der in der Provinz zurückgezogen gelebt hatte und dort kürzlich gestorben war. Er war ein großer, schöner, sehr kräftiger Mensch. Ich konnte ihn nicht ausstehen, vielleicht eben weil er so gesund war.

Noch gestern abend hatte er bei uns vorgesprochen. Ich litt sehr darunter, ihn neben Margarethe sitzen zu sehen. Sie sah so schmuck und hübsch an seiner Seite aus! Er hatte ihr immer direkt in die

Augen gesehen, während sie ihm zulächelte und dankte – es sei so gut von ihm, sich nach mir zu erkundigen.

»Hier kommt Monsieur Simoneau«, sagte wieder eintretend Frau Gabin.

Er schloß leise die Tür hinter sich, und sobald Margarethe seiner ansichtig wurde, brach sie aufs neue in Tränen aus. Die Gegenwart dieses Freundes, dieses einzigen Menschen, den sie in Paris kannte, erweckte den Schmerz wieder in ihr. Er versuchte es nicht, sie zu trösten. Ich konnte ihn nicht sehen, aber ich beschwor sein Gesicht in den Schatten, die mich umgaben, deutlich herauf, ich sah es vor mir: verwirrt und bestürzt, die arme Frau in einer solchen Verzweiflung anzutreffen. Und wie schön sie dennoch sein mochte, mit ihren blonden, aufgelösten Haaren, mit ihrem blassen Antlitz und den lieben, kleinen, fieberheißen Kinderhänden!

»Ich stelle mich ganz zu ihrer Verfügung, Madame Bécaille«, murmelte er, »wenn Sie mir nur gütigst alles übertragen wollen . . .«

Sie konnte ihm nur noch mit abgerissenen Silben antworten. Als er sich wieder zurückzog, begleitete ihn Frau Gabin zur Tür, ich hörte, daß sie leise von Geld sprach: es würde alles immerhin sehr viel kosten, sie fürchtete, daß die arme Kleine nicht einen blanken Heller hätte, jedenfalls müsse man sie fragen . . . Simoneau hieß die alte Frau schweigen: er wolle nicht, daß man Margarethe belästige. Er selber würde die Anzeige machen und auch die Vorkehrungen für das Begräbnis treffen.

Als es wieder stille geworden war, fragte ich mich, ob denn dieser quälende Traum noch lange so fortdauern sollte. Denn ich lebte! Da ich ja doch die allergeringsten Vorkommnisse wahrnahm. Ich fing an, mir genaue Rechenschaft über meinen Zustand abzulegen. Es mußte sich um einen jener Fälle von Starrkrampf handeln, über die ich oft sprechen gehört hatte. Während meiner schweren Nervenkrankheit als Kind hatte ich auch schon lange Ohnmachtsanfälle durch Herzstockung bis zu einer Dauer von mehreren Stunden gehabt. Sicherlich war es eine Erkrankung dieser Art, welche mich wie eine Leiche starr und steif machte und meine Umgebung täuschte. Aber mein Herz würde seine Schläge schon wiederaufnehmen, das Blut, die Triebfedern der Muskeln wieder in Bewegung setzen, und ich würde erwachen und Margarethe trösten. Auf solche Weise sprach ich mir Mut zu und faßte mich in Geduld. Die Stunden verrannen. Frau Gabin brachte ihr Frühstück herbei. Margarethe verweigerte jede Nahrung. Auch der Nachmittag verstrich. Durch das offene Fenster schallte der Straßenlärm herauf. Aus einem leisen Erklingen des kupfernen Leuchters neben mir schloß ich, daß man das Licht wechselte. Endlich kam Simoneau zurück.

»Nun?« fragte ihn Frau Gabin mit halber Stimme.

»Alles ist besorgt«, antwortete er. »Das Begräbnis findet morgen vormittag um elf Uhr statt. Sie brauchen sich um nichts mehr zu kümmern, vor allem sprechen Sie von diesen Dingen nicht vor der unglücklichen Frau.«

Trotzdem sagte Frau Gabin: »Der Sterbedoktor ist noch nicht hier gewesen.«

Simoneau setzte sich neben Margarethe, sprach ihr Mut zu und schwieg dann. Das Begräbnis findet morgen vormittag elf Uhr statt: Dieses Wort hallte in meinem Schädel wie eine Totenglocke wider. Und dieser Arzt, dieser Sterbedoktor, wie ihn Frau Gabin nannte, kam nicht! Er würde ja sofort sehen, daß ich nur in einer Betäubung läge. Er würde das Notwendige anordnen, er würde mich schon zu erwecken wissen. Ich erwartete ihn mit entsetzlicher Unruhe.

Aber der Tag verstrich. Frau Gabin hatte, um ihre Zeit nicht zu verlieren, ihre Lampenschirme herbeigeholt. Sie brachte sogar Dédé, nachdem sie Margarethe um Erlaubnis gebeten hatte, mit herein, weil sie Kinder nicht gern lange allein lasse, sagte sie.

»Vorwärts, komm, und stell dich nicht so dumm an. Wenn du dorthin siehst, bekommst du es mit mir zu tun.«

Sie verbot ihr, mich anzusehen, sie schien das für passender zu halten. Aber Dédé schielte doch von Zeit zu Zeit verstohlen nach mir hin, denn ich hörte, wie ihre Mutter sie plötzlich mit Püffen traktierte:

»Arbeite, oder ich werfe dich hinaus«, wiederholte sie wütend. »Wart nur, heute nacht wird der Herr dich schon in die Füße zwicken.«

Alle beide, Mutter und Tochter, hatten sich gemächlichst an unseren Tisch gesetzt. Ich hörte das unaufhörliche Geräusch ihrer Scheren, mit denen sie die Lampenschirme zuschnitten. Dieser da mußte sehr umständlich sein, er dauerte sehr lange und erforderte ein sehr sorgfältiges Zuschneiden. Ich zählte die Lampenschirme alle, einen nach dem anderen, um gegen meine wachsende Bangigkeit anzukämpfen.

In dem ganzen Zimmer war kein anderer Laut, als dieses leise Geräusch der Scheren. Margarethe mochte, von Müdigkeit besiegt, eingeschlummert sein. Zweimal erhob sich Simoneau. Der abscheuliche Gedanke, daß er sich den Schlaf Margarethes zunutze mache, um mit seinen Lippen ihre Haare leicht zu berühren, marterte mich jetzt. Ich kannte diesen Menschen nicht, und doch fühlte ich, daß er meine Frau liebte. Ein Lachen der kleinen Dédé vollendete meinen Verdacht.

»Warum lachst du, Dummkopf?« fragte ihre Mutter. »Ich setze dich gleich auf den Flur. Antworte mir, was gibt es hier zu lachen?«

Das Kind stotterte verlegen. Sie hätte gar nicht gelacht, sie hätte nur gehustet.

Aber ich, ich war überzeugt, daß sie Simoneau sich über Margarethe hatte beugen sehen und daß ihr das drollig vorgekommen war.

Die Lampe wurde angezündet. Es klopfte.

»Ah, der Arzt«, sagte die alte Frau.

In der Tat, es war der Arzt. Er entschuldigte sich nicht einmal, daß er so spät komme. Sicherlich war er heute schon manche Stiege hinauf- und heruntergeklettert. Die Lampe erleuchtete unsere Stube nur spärlich.

»Ist der Tote hier?« fragte er.

»Jawohl, Herr Doktor«, antwortete Simoneau.

Margarethe war fröstelnd aufgewacht. Frau Gabin schickte Dédé vor die Tür, ein Kind brauche bei solchen Angelegenheiten nicht dabei zu sein, und um auch meiner Frau dieses Schauspiel zu ersparen, führte sie sie trotz ihres Widerstrebens ans Fenster.

Der Arzt trat eilig zu mir heran. Ich fühlte, daß er müde, abgespannt, ungeduldig war. Berührte er meine Hand? Legte er die seine auf mein Herz? Ich weiß es nicht zu sagen. Es schien mir, als hätte er sich einfach mit gleichgültiger Miene über mich gebeugt.

»Soll ich Ihnen leuchten, Herr Doktor?« fragte Simoneau gefällig.

»Danke, nicht nötig«, gab der Arzt zurück.

Was? Nicht nötig? Dieser Mensch da hielt mein Leben in seinen Händen und achtete es nicht für nötig, eine genaue Untersuchung vorzunehmen! Aber ich war ja nicht tot! Ich hätte schreien mögen, daß ich nicht tot sei!

»Um welche Zeit ist der Tod eingetreten?« fragte er.

»Um sechs Uhr morgens«, antwortete Simoneau.

Eine furchtbare Wut kochte in mir auf, in den entsetzlichen Fesseln, die mich banden. Oh, nicht sprechen zu können, nicht ein Glied rühren zu können!

Der Arzt sagte: »Dieses dumpfige Wetter ist gefährlich – nichts wirkt verderblicher als die ersten Frühlingstage.«

Und er trat zurück. Mein Leben ging da fort. Schreie, Tränen, Schimpfworte erstickten mich, zerrissen meine gekrampfte Gurgel, durch die kein Laut mehr drang. Ah, dieser Elende, aus dem das ewige Einerlei des Berufes eine Maschine gemacht hatte, der an die Betten der Toten trat, mit dem Gefühl einer lediglich zu erfüllenden Form! War er denn ganz und gar unwissend – dieser Mensch? War denn seine Wissenschaft eitel Lüge, da er nicht einmal Tod und Leben mit einem einzigen Blick zu unterscheiden wußte? Und er ging! Er ging!

»Guten Abend, Herr Doktor«, sagte Simoneau.

Es gab eine Stille. Der Arzt mochte sich vor Margarethe, die herzugetreten war, verbeugen. Frau Gabin schloß indessen das Fenster. Dann ging er aus dem Zimmer, ich hörte seine Schritte die Treppe entlang.

Wohlan! Es war zu Ende! Mein Urteil war gesprochen! Meine letzte Hoffnung schwand mit diesem Menschen. Wenn ich nicht vor morgen früh elf Uhr erwachte, würde man mich begraben, lebendig begraben! Dieser Gedanke war so entsetzlich grauenvoll, daß ich in ihm jedes Bewußtsein meiner Umgebung verlor. Es war wie eine Ohnmacht nach dem Tode noch! Das letzte Geräusch, das mich traf, war das Klappern der Scheren Dédés und Frau Gabins.

Die Leichenwacht begann. Niemand sprach mehr. Margarethe hatte sich geweigert, in der Stube der Nachbarin zu schlafen. Sie blieb da, halb im Armstuhl liegend, mit ihrem schönen, blassen Gesicht, mit geschlossenen Augen, die Wimpern voller Tränen. Und ihr gegenüber, lautlos im Schatten: Simoneau. Er starrte sie an.

III

Ich kann nicht sagen, in welcher Todesangst ich den Morgen des folgenden Tages verbrachte. Er ist in mir geblieben, wie ein grauenvoller Traum, darin meine Eindrücke so seltsam, so verworren waren, daß es mir schwer würde, sie genau zu beschreiben. Das Fürchterlichste an meinen Qualen war, daß ich noch immer auf das plötzliche Erwachen hoffte! Und je näher die Stunde des Begräbnisses heranrückte, desto enger schnürte mir eine wahnsinnige Angst die Kehle zu.

Erst gegen Morgen hatte ich wieder angefangen, Menschen und Dinge um mich wahrzunehmen. Ein Knarren des Fensterriegels riß mich aus meinem Halbschlaf. Frau Gabin öffnete das Fenster. Es mochte etwa sieben Uhr sein, denn ich hörte die Ausrufer auf der Straße, die gellende Stimme eines Jungen, der Zwiebeln, und eine andere heisere Stimme, die frische Karotten feilbot. Anfangs beschwichtigte mich dieses geräuschvolle Erwachen des großen Paris. Es schien mir unsinnig, zu denken, daß man mich inmitten all dieses Lebens einfach unter die Erde scharren wollte. Noch mehr beruhigte mich eine Erinnerung aus der Zeit, da ich noch Angestellter des Krankenhauses zu Guérande war. Ich entsann mich eines Krankheitsfalles, der dem meinen vollkommen glich. Ein Mensch schlief achtundzwanzig Stunden lang ununterbrochen, und zwar so fest, daß die Ärzte nicht recht wußten, woran sie waren. Plötzlich richtete er sich aber in seinem Bett kerzengerade auf und blieb munter und gesund. Ich, ich hatte nun schon fünfundzwanzig Stunden lang geschlafen! Wenn ich nur vor zehn Uhr aufwachte, so würde es noch zeitig genug sein!

Ich versuchte mir Rechenschaft zu geben, welche Personen im Zimmer seien und was dort vor sich ging. Die kleine Dédé spielte wohl draußen auf dem Flur, denn als die Tür aufging, drang ein Kinderlachen herein. Simoneau war zweifellos nicht mehr da: kein einziges Geräusch verriet seine Gegenwart. Nur die Schlappen der Frau Gabin schlürften über die Dielen. Endlich wurde gesprochen.

»Meine Liebe«, sagte die Frau, »es ist unrecht, daß Sie nicht trinken, solange er heiß ist. Das würde Sie stärken.«

Sie sprach zu Margarethe, und das leise Geträufel eines Filters verriet mir, daß sie Kaffee machte.

»Ich will mich nicht rühmen«, fuhr sie fort, »aber ich hatte es nötig – – ... in meinem Alter taugt das Wachen zu nichts mehr ... und es ist so traurig, in der Nacht, wenn es ein Unglück im Hause gegeben hat. Aber trinken Sie doch nur ein bißchen, Liebste, nur einen kleinen Schluck ...«

Und sie überredete Margarethe, eine Tasse Kaffee zu sich zu nehmen.

»Der ist schön heiß, nicht? Es wird Sie aufmuntern. Sie werden Ihre Kräfte nötig haben, um diesen Tag bis ans Ende zu überstehen. Wenn Sie jetzt recht vernünftig sein wollten, würden Sie in meine Stube hinübergehen und dort warten.«

»Nein, ich will hier bleiben«, antwortete Margarethe mit Bestimmtheit.

Ihre Stimme, die ich seit gestern nicht mehr vernommen hatte, ergriff mich sehr. Sie klang verändert, vom Schmerz gebrochen. Oh, du liebes Weib! Wie einen letzten Trost empfand ich sie neben mir. Ich wußte, daß sie mich nicht aus den Augen verlieren, daß sie um mich alle Tränen ihres Herzens vergießen würde.

Aber die Minuten verstrichen – vor der Tür erklang nur ein Geräusch, das ich mir nicht zu erklären wußte. Man hätte sagen mögen, ein großes Möbel stoße rechts und links auf der schmalen Treppe an die Mauern. Margarethe fing aufs neue zu schluchzen an, und da begriff ich. Es war der Sarg.

»Sie kommen ja viel zu früh«, sagte Frau Gabin schlecht gelaunt. »Stellen Sie ihn nur dort unten ans Bett.«

Wieviel Uhr war es denn? Vielleicht etwa neun Uhr. So war denn dieser Sarg nun auch schon da! Ich sah ihn in der stockfinstern Nacht deutlich vor mir, ganz neu, die Bretter frisch gehobelt! O Gott, sollte denn wirklich alles zu Ende sein? Wollte man mich wirklich fortschleppen in diesem Kasten, den ich dort unten zu meinen Füßen fühlte?

Trotz allem erlebte ich noch eine unendliche Freude. Margarethe wollte mir, ungeachtet ihrer Schwäche, die letzten Dienste erweisen. Sie war es, die mich mit der Zärtlichkeit einer Gattin und einer Schwester unter dem Beistand der alten Frau ankleidete. Ich durfte mich bei jedem Kleidungsstück, das sie mir überstreifte, noch einmal in ihren Armen fühlen. Sie hielt an – die Erregung überwältigte sie –, und dann, dann umarmte sie mich wirklich und badete mich mit ihren Tränen. Oh, ich hätte ihr zurufen mögen: »Ich lebe« – und ich lag machtlos da, mußte mich selber liegenlassen wie eine leblose Masse.

»Sie tun unrecht«, sagte Frau Gabin, »es geht ja alles verloren.«

Margarethe antwortete mit ihrer gebrochenen Stimme: »Lassen Sie mich nur, ich will ihm das Schönste anziehen, das wir besitzen.«

Und ich begriff, daß sie mich ankleidete wie an unserem Hochzeitstag. Ich hatte all diese Kleider noch, ich wollte sie in Paris nur an Feiertagen tragen. Dann sank sie, erschöpft von der übermäßigen Anstrengung ihrer Kräfte, in den Sessel zurück.

Da, auf einmal sprach Simoneau; sicherlich war er eben erst eingetreten. »Sie sind unten«, flüsterte er.

»Gut, es ist nicht zu früh«, antwortete Frau Gabin mit ebenso leiser Stimme. »Lassen Sie sie heraufkommen. Es muß eben ein Ende gemacht werden.«

»Ich fürchte nur die Verzweiflung dieser armen Frau.«

Die Alte schien nachzudenken, dann sagte sie:

»Hören Sie, Monsieur Simoneau, Sie müssen sie mit Gewalt in mein Zimmer bringen . . . Ich will nicht, daß sie hier bleibt. Man erweist ihr nur einen Dienst damit. Im Handumdrehen ist dann hier alles abgetan.«

Diese Worte durchbohrten mein Herz! Und was wurde aus mir, da ich den abscheulichen Kampf mit anhörte, der sich nun abspielte! Simoneau hatte sich Margarethe genähert und flehte sie an, sie möchte nicht im Zimmer bleiben.

»Um Gottes willen«, bat er, »kommen Sie mit mir, ersparen Sie sich diesen unnötigen Schmerz.«

»Nein, nein«, antwortete meine Frau, »ich werde bleiben, ich werde bis zum letzten Augenblick bei ihm bleiben. Bedenken Sie doch, daß ich auf der ganzen Welt nichts habe als ihn. Wenn er erst fort ist, bin ich mutterseelenallein.«

Trotzdem raunte Frau Gabin, welche nahe an meinem Bette stand, dem jungen Mann ins Ohr:

»Vorwärts doch! Packen Sie sie und tragen Sie sie fort!«

Unternahm es Simoneau wirklich, Margarethe auf diese Weise zu entfernen? Sie schrie noch einmal! Ich wollte mich mit einem wütenden Anlauf in die Höhe reißen, aber die Spannkraft meiner Muskeln war gebrochen, ich blieb so steif, daß ich nicht einmal die Lider heben konnte, um zu sehen, was dort so dicht vor mir vor sich ging. Der Kampf dauerte lange, meine Frau klammerte sich wimmernd an allen Möbeln fest:

»Gnade, Monsieur Simoneau, lassen Sie mich, ich will nicht!«

Aber er mochte sie fest gefaßt haben in seine kräftigen Arme, sie weinte bald nur noch wie ein kleines Kind. Er trug sie fort, das Wimmern erstarb . . . Ich stellte mir die beiden vor: er, groß und fest, trug sie an seiner Brust, an seinem Hals, und sie, in Tränen schwimmend, gebrochen, sich ihm überlassend, folgte ihm nunmehr willig, wohin er sie auch immer bringen möge.

»Zum Henker, das war nicht leicht!« brummte Frau Gabin.

»Nun aber hoppla! da die Bahn frei ist.«

In meiner eifersüchtigen Wut, die mich fast wahnsinnig machte, sah ich dieses gewaltsame Forttragen für einen erbärmlichen Raub an. Ich hatte zwar Margarethe seit gestern nicht mehr sehen können, aber ich hörte sie doch noch! Nun war es zu Ende, man hatte sie mir genommen, ein anderer Mann hatte sie entführt, ehe ich noch unter der Erde war. Und er war mit ihr hinter jener Scheidewand, allein mit ihr, um sie zu trösten, vielleicht zu umarmen.

Die Tür war wieder aufgegangen, schwere Schritte stampften auf der Diele.

»Schnell, schnell«, sagte Frau Gabin. »Sonst könnte die kleine Frau zurückkommen.«

Sie sprach mit fremden Leuten, die ihr nur mürrisch Antwort gaben.

»Ich bin keine Verwandte, müssen Sie wissen, ich bin nur die Nachbarin. Ich habe dabei gar nichts zu verdienen. Es ist reine Menschenfreundlichkeit, wenn ich mich dieser Dinge annehme, und es ist wahrlich nichts Angenehmes. Ja, ja, die ganze Nacht habe ich hier gesessen, trotzdem es nicht allzu warm war gegen vier Uhr. Schließlich, ich war mein Lebtag lang immer die Dumme – ich bin zu gutmütig.«

In diesem Augenblick rückte man den Sarg in die Mitte des Zimmers. Nun wußte ich alles. Wohlan denn, ich war also verurteilt, da ich nicht erwachte! Von nun an verloren meine Gedanken etwas von ihrer Klarheit, alles in mir schwankte in einem schwarzen Nebel, und ich empfand einen solchen Überdruß, daß es fast wohltuend war, auf gar nichts mehr zu hoffen.

»Man hat am Holz nicht gespart«, sagte die heisere Stimme eines Leichenträgers, »der Kasten ist zu groß.«

»Um so besser! Er wird's bequem drin haben«, sagte belustigt ein anderer.

Ich war nicht schwer, sie beglückwünschten sich gegenseitig dazu, denn sie mußten mich drei Stockwerke hinuntertragen. Gerade als sie mich an den Schultern und an den Füßen in die Höhe hoben, fing Frau Gabin an zu schimpfen:

»Vermaledeites Balg«, schrie sie, »es muß seine Nase in alles stecken, wart du, ich will dich lehren, durch die Ritzen zu schielen . . .«

Es war Dédé, die die Tür halb aufgedrückt hatte und ihren struppigen Kopf hereinsteckte. Sie wollte sehen, wie der Herr in den Kasten gelegt wurde. Zwei tüchtige Maulschellen erschallten, darauf ein Tränenausbruch.

Als die Mutter wieder in die Stube getreten war, sprach sie mit den Männern, die mich im Sarg zurechtlegten, über ihre Tochter: »Sie ist zehn Jahre alt, es ist ein gutes Kind, nur neugierig ist sie. Ich schlage sie nicht alle Tage, aber gehorchen soll sie.«

»Lassen Sie man«, sagte einer der Männer, »alle Kinder sind so, wenn sie wo eine Leiche wittern, schleichen sie drum herum.«

Ich lag sehr bequem ausgestreckt, fast hätte ich glauben können, ich sei noch in meinem Bett, nur mein linker Arm drückte sich etwas an einer Planke. Es war so, wie sie sagten, dank meiner schmächtigen Gestalt lag ich sehr angenehm da drinnen.

»Warten Sie noch«, rief Frau Gabin, »ich habe seiner Frau versprochen, ihm ein Kissen unter den Kopf zu legen.«

Aber die Leute hatten es eilig, sie stopften das Kissen brutal herein. Einer von ihnen suchte fluchend den Hammer. Man hatte ihn unten vergessen, er mußte erst heraufgeholt werden. Der Deckel wurde aufgelegt: eine Erschütterung durchbebte meinen ganzen Körper, zwei Hammerschläge hatten den ersten Nagel hereingetrieben. Es war aus. Ich hatte gelebt. Nun fuhren die Nägel schnell einer nach dem andern ins Holz, während der Hammer im Takt klopfte. Man hätte sagen können, Arbeiter auf einem Packhof nagelten mit ihrer unbarmherzigen Geschicklichkeit eine Kiste getrockneten Obstes zu. Von nun an drangen die Geräusche nur noch gedehnt und gedämpft zu mir, aber eigentümlich hallend, als hätte sich der Tannensarg in ein ungeheures Geigengehäuse verwandelt. Das letzte Wort, welches in diesem Zimmer der Rue Dauphine an meine Ohren drang, war folgender Ausspruch der Frau Gabin:

»Steigen Sie recht vorsichtig hinunter und nehmen Sie sich vor dem Geländer im zweiten Stock in acht, es ist nicht mehr fest.«

Man fing an, mich zu tragen, ich hatte die Empfindung, als schaukele ich auf hoher See. Von diesem Augenblicke an werden meine Erinnerungen sehr flüchtig. Ich entsinne mich, daß mich nur eine einzige Sorge noch beschäftigte, eine dumme, fast unwillkürliche Sorge: Ich wollte mir genau den Weg einprägen, den wir nach dem Kirchhof schritten. Ich kannte in Paris keine Straße, ich wußte nichts von der Lage der großen Kirchhöfe, deren Namen ich bisweilen gehört hatte, aber dessenungeachtet nahm ich die letzten Kräfte meines Verstandes zusammen, um zu erraten, ob wir links, oder ob wir rechts umbögen. Der Leichenwagen rüttelte mich heftig auf dem Pflaster hin und her, das Rollen der Wagen, das Trappeln der Fußgänger rings um mich herum ergab ein verworrenes Geräusch, das von der Akustik des Sarges noch verstärkt wurde. Anfangs konnte ich den Weg mit ziemlicher Deutlichkeit verfolgen.

Dann wurde plötzlich haltgemacht, man trug mich wieder – ich ahnte, daß wir in der Kirche seien. Als sich aber der Leichenwagen wieder in Bewegung setzte, verlor ich die Berechnung der Orte, die wir durchzogen. Ein Glockengeläute ließ mich vermuten, daß wir in der Nähe einer Kirche vorbeikamen, dann verriet mir das gleichmäßigere und weitere Rollen, daß wir eine Allee entlangfuhren. Ich war wie einer, der zum Tode verurteilt auf dem Richtplatz steht und stumpfsinnig auf den letzten Streich wartet, der nicht kommt.

Man hielt an, man zog mich aus dem Wagen. Und im Nu war alles abgetan. – Die Geräusche rings um mich hatten aufgehört, ich fühlte, daß ich an einem verlassenen Orte sei, unter Bäumen, den freien Himmel über dem Kopf. Zweifellos waren einige Personen im Leichenzug gefolgt, vielleicht die Bewohner des Hauses, Simoneau und andere, denn ein leises Stimmengewirr drang bis zu mir. Nun wurde ein Psalm heruntergeleiert, ein Priester salbaderte Latein. Dann, ganz plötzlich, fing ich an zu sinken, während Stricke wie Streichbögen an den Kanten des Sarges hin- und herrieben, daß er wie eine gesprungene Baßgeige erklang. Das war das Ende! Ein fürchterliches Dröhnen, ähnlich dem donnernden Widerhall eines Kanonenschusses prasselte etwas links von meinem Kopf nieder; ein zweiter Anprall traf meine Füße, ein dritter, noch heftigerer, fiel mir auf den Bauch, so dumpf krachend, daß ich glaubte, der Sarg ginge in tausend Stücke. Und ich fiel in Ohnmacht.

IV

Wie lange lag ich so? Ich wüßte es nicht zu sagen. Eine Ewigkeit und eine Sekunde sind von gleicher Dauer im Nichts – ich war nicht mehr! Ganz allmählich nur, ganz verwirrt kam mir das Bewußtsein »zu sein« wieder. Ich schlief noch immer, aber ich fing an zu träumen. Ein qualvolles Phantom löste sich von dem schwarzen Grund, der meinen Horizont verbaute. Und dieser Traum, der mir träumte, war dieselbe seltsame Vorstellung, welche mich früher mit offenen Augen oft gequält hatte. In meiner allen schauerlichen Einbildungen günstigen Wesensveranlagung fand ich ein grausames Vergnügen darin, mir große und schreckliche Unglücksfälle auszudenken.

Ich bildete mir ein, meine Frau erwarte mich irgendwo, in Guérande etwa, und ich selber befände mich in einem Eisenbahnzug, um mit ihr zu fahren. Als der Zug durch einen Tunnel kam, ertönte plötzlich ein furchtbares, donnerähnliches Getöse. Ein doppelter Einsturz hatte stattgefunden. Nicht ein Stein war auf unseren Zug gefallen, alle Wagen blieben unversehrt, nur an den beiden Enden des Tunnels, vor uns und hinter uns, war das Gewölbe niedergestürzt, und wir befanden uns so von den Felsblöcken eingemauert, tief im Schoße eines Berges. Ein langes, entsetzliches Ringen mit dem Tode begann nun. Keine Hoffnung auf Hilfe! Es hätte eines Monats bedurft, um den Tunnel auszuräumen, und zu dieser Arbeit waren wieder unendliche Vorbereitungen nötig, ungeheure Maschinen. Wir waren eingekerkert in einer zugangslosen Gruft, tief unter der Erde. Unser aller Tod war nur eine Frage von Stunden.

Oft, ich wiederhole es, hatte meine Phantasie über diesem schrecklichen Stoff gearbeitet. Ich vermannigfaltigte die Ausführung des Dramas bis ins Unendliche. Als Schauspieler dienten mir Männer, Frauen, Kinder, mehr als hundert Personen, ein ganzer Haufen, der mir Motive ohne Ende für die Nebenhandlungen lieferte. Immerhin befanden sich in dem Eisenbahnzug auch Nahrungsmittel, aber sie waren bald verbraucht, und die unglückseligen Ausgehungerten rissen sich, ohne sich gerade gegenseitig zu fressen, wie wilde Tiere um jedes letzte Stückchen Brot. Mit Faustströßen trieb man einen Greis zurück, der schon in den letzten Zügen lag. Eine Mutter kämpfte wie eine Wölfin um die drei oder vier Mundvoll, die sie für ihr Kind aufgehoben hatte. In meinem Wagenabteil verröchelten zwei junge Eheleute, einer in den Armen des anderen, sie hofften nicht mehr, sie bewegten sich kaum noch. Übrigens war das zweite Geleis frei, die Reisenden stiegen aus und strichen den Zug entlang wie freigelassene Tiere auf der Suche nach Beute. Alle Wagenklassen vermischten sich, ein sehr reicher Mann, ein hoher Würdenträger, wie man sagte, weinte am Hals eines Arbeiters und duzte ihn. Bald nach den ersten Stunden gingen die Lampen aus, dann verlöschten die Lichter der Lokomotive. Wenn man nun von einem Wagen zum andern ging, mußte man mit der Hand nach den Rädern tasten, um sich nicht zu stoßen. Auf solche Weise gelangte man zur Lokomotive, und die konnte man an ihrer kalten Kurbelstange erkennen, mit ihren ungeheuren, eingeschlafenen Flanken eine nutzlose, stumme, unbewegliche Gewalt in der Finsternis. Nichts grauenerregender als dieser tief in die Erde eingemauerte Eisenbahnzug, lebendig begraben mit allen seinen Reisenden, die einer nach dem andern dahinstarben!

Ich gefiel mir in diesen Vorstellungen, ich stieg bis in die Schauer der kleinsten Einzelheiten hinunter. Wehklagen tönte durch die finstere Nacht. Ein Nachbar, den man nicht vermutet, den man nicht gesehen hatte, stürzte einem plötzlich zusammenbrechend gegen die Schulter. Diesmal aber litt ich vor allem unter dem gänzlichen Mangel der Luft und unter der Kälte. Niemals noch hatte ich so gefroren, ein Schneemantel breitete sich über meine Schultern, eine schwere Nässe regnete eisig auf meinen Schädel, und außerdem erstickte ich, es war mir, als sänke auf meiner Brust das Felsengewölbe zusammen, als laste der ganze Berg auf mir und zermalme mich. Unterdessen erscholl plötzlich ein Erlösungsschrei! Schon seit langem hatten wir uns eingebildet, fernes dumpfes Geräusch zu vernehmen, und wir wiegten uns in der Hoffnung, daß man in unserer Nähe arbeite. Aber das Heil kam von einer anderen Seite. Einer von uns hatte ein Loch im Tunnel entdeckt, wir liefen alle zusammen, wir sahen alle dieses Luftloch und über ihm ein blaues Fleckchen, groß wie eine Oblate. Oh, welche Freude, dieser blaue Flecken! Es war der Himmel, wir reckten uns hoch auf, ihm entgegen, um zu atmen, ja, wir erkannten deutlich kleine schwarze Punkte, die sich bewegten. Ohne Zweifel, Arbeiter, die eine Winde aufstellten oder sonst irgendwie zu unserer Rettung wirkten. Ein rasendes Geschrei: »Gerettet, gerettet!« fuhr aus allen Kehlen, während zitternde Arme sich dem kleinen, blassen blauen Flecken entgegenstreckten.

Die Gewalt dieses Geschreies erweckte mich. – Wo war ich? Zweifellos im Tunnel. Ich lag der Länge nach ausgestreckt, ich fühlte rechts und links harte Wände, die mich einzwängten. Als ich mich aufrichten wollte, stieß ich mir heftig den Schädel. Umdrängte mich denn der Fels von allen Seiten? Und der blaue Flecken war verschwunden, der Himmel war nicht mehr da, selbst in der Ferne nicht. Ich erstickte immer noch, ich klapperte, von Frostschauern durchrüttelt, mit den Zähnen.

Wie mit einem Blitzschlag entsann ich mich! Entsetzen sträubte meine Haare, die grausige Wahrheit durchströmte eisig vom Kopf bis zu den Füßen meinen Körper. War ich jetzt wenigstens endlich aus diesem Krampf erwacht, der mich während langer Stunden starr wie eine Leiche gemacht hatte? Ja, ich konnte mich bewegen, ich strich mit meinen Händen an den Brettern des Sarges entlang. Ein letzter Versuch blieb mir nur noch übrig: ich öffnete den Mund, ich sprach, ich rief unwillkürlich nach Margarethe. Aber es klang wie ein Geheul, meine Stimme hatte in diesem Tannenholzkasten einen rauhen, so fürchterlichen Ton angenommen, daß ich mich vor mir selber entsetzte. O Gott, es war also wahr! Ich konnte mich bewegen, konnte hinausschreien, daß ich lebte – und meine Stimme würde nun nicht mehr gehört werden, ich war eingekerkert, eingequetscht unter der Erde.

Ich bot meine ganze Willenskraft auf, um ruhig zu bleiben und nachzudenken. Gab es denn kein einziges Mittel zu entkommen? Mein Traum fing wieder an über mich zu sinken, mein Gehirn war noch nicht sehr fest. Ich vermengte das Traumbild des Luftlochs und des Fleckchens Himmel mit der Wirklichkeit dieser Grube, in der ich erstickte. Mit übermäßig aufgerissenen Augen starrte ich in die Nacht; vielleicht daß ich ein Loch, eine Ritze, einen Tropfen Lichts entdeckte! Aber nur feurige Funken tanzten in der Finsternis, rote Lichtflecken schwollen an und verschwanden wieder im Nichts, im schwarzen, unergründlichen Schlund. Dann kam mir die Klarheit zurück, ich verjagte dieses dumme Traumbild, denn ich bedurfte meiner ganzen Vernunft, wenn ich noch auf Rettung hoffen wollte.

Die größte Gefahr schien mir vor allem in der immer zunehmenden Atemnot zu liegen. Ich hatte zweifellos nur dank des Starrkrampfes, der meine Lebensfunktionen aufhob, solange der Luft beraubt bleiben können, aber nun, da mein Herz schlug und meine Lungen sich dehnten, mußte ich, wenn mir meine Befreiung nicht in allerkürzester Zeit gelang, rettungslos dem Erstickungstod erliegen. Ebensosehr litt ich unter der Kälte; ich fürchtete, die tödliche Schlaftrunkenheit jener Menschen, die in den Schnee hinabsinken, um niemals wieder aufzustehen, möchte auch mich überfallen.

Trotzdem ich mir fortwährend wiederholte, daß ich aller Gemütsruhe bedürfe, fühlte ich, wie Wahnsinnsanwandlungen mir zu Kopf stiegen. Ich machte mir Mut, indem ich mich alles dessen zu erinnern suchte, was ich über die Art und Weise des Begrabens wußte. Wahrscheinlich war ich in einer Abteilung auf fünfjährige Dauer. Das benahm mir eine Hoffnung, denn ich hatte früher in Nantes bemerkt, daß die Erdwälle der gemeinsamen Gräber in ihrer fortlaufenden Aufschüttung die Füße der zuletzt versenkten Särge hindurchließen. Das Ausbrechen einer Wand hätte also genügt, um mich zu befreien. Wenn ich mich dagegen in einem festverschütteten Grabe befand, hatte ich eine dicke Erdschicht über mir und zu allen Seiten, das wäre ein gewaltiges Hindernis gewesen. Hatte ich doch gehört, daß man in Paris bis zu einer Tiefe von sechs Fuß begrübe!

Wie diese ungeheure Decke durchbrechen? Selbst wenn es mir gelänge, den Deckel zu sprengen, würde die Erde nicht eindringen, hereinrieseln wie ein feiner Sand und mir Augen und Mund zuschütten? Das wäre wiederum der Tod, ein grauenvoller Tod, ein Ersticken im Staub.

Trotzdem tastete ich aufmerksam um mich. Der Sarg war groß. Ich bewegte die Arme mit Leichtigkeit. In dem Deckel fand ich eine Ritze. Rechts und links waren die Bretter schlecht gehobelt, aber fest und widerstandskräftig. Ich zog meinen Arm über die Brust hinauf, um hinter den Kopf zu fühlen. Dort entdeckte ich in der Querwand einen Ast im Holz, welcher leise unter dem Druck nachgab. Ich drückte mit aller Kraft, und es gelang mir, den Ast herauszustoßen. Ich steckte den Finger durch das Loch, ich fühlte auf der anderen Seite Erde, eine fette, nasse, lehmige Erde. Aber das brachte mich in nichts vorwärts, ich bereute sogar, den Ast entfernt zu haben; als wenn die Erde hätte eindringen können. Einen Augenblick lang beschäftigte mich ein anderer Versuch: ich klopfte auf allen Seiten an die Sargwände, um mich zu vergewissern, ob nicht zufällig rechts oder links ein hohler Raum läge. Überall der gleiche Ton. Als ich auch leise mit den Füßen stieß, schien es mir, als sei der Ton etwas heller. Es war aber wohl nur die Wirkung eines anderen Holzklanges.

Nun streckte ich die Arme aus und fing an mit den Fäusten leise Stöße zu vollführen. Das Holz widerstand. Darauf gebrauchte ich die Knie, indem ich mich aufs Kreuz und auf die Füße stützte. Es knackte und knarrte nichts. Endlich verwandte ich all meine Kräfte, ich stieß und stemmte mit dem ganzen Körper so heftig, daß meine gequetschten Knochen knirschten. Und dies war der Augenblick, da ich den Verstand verlor.

Bis dahin hatte ich dem Wahnwitz, den Aufwallungen der Raserei, die auf Augenblicke wie ein Dunst von Trunkenheit in mir aufstiegen, widerstanden. Vor allem unterdrückte ich alle Schreie, denn ich fühlte, daß ich mich selber verlieren würde, wenn ich schrie. Jetzt aber fing ich an zu schreien, zu heulen. Es war stärker als ich, das Geheul brach gellend aus meiner endlich befreiten Kehle. Ich schrie um Hilfe mit einer Stimme, die ich an mir nicht kannte, und ich machte mich mit jedem Ruf, daß ich nicht sterben wolle, noch rasender. Ich kratzte und krallte mit meinen Nägeln das Holz, ich biß mich selber in der krampfartigen Raserei eines eingesperrten Wolfes. Wie lange dauerte dieser Anfall? Ich weiß es nicht, aber ich fühle noch die unerbittliche Härte des Sarges, in dem ich mich wälzte, ich höre noch den Aufruhr von Schluchzen und Schreien, mit dem ich diese vier Bretter erfüllte. In einem letzten Aufleuchten meiner Vernunft suchte ich mich zu beherrschen, aber ich konnte es nicht.

Eine große Ermattung folgte. In einer schmerzhaften Schläfrigkeit erwartete ich den Tod. Dieser Sarg war von Stein, niemals würde ich ihn sprengen. Und diese Gewißheit meiner Ohnmacht ließ mich kraftlos, ohne allen Mut, einen neuen Versuch zu machen. Eine neue Marter, der Hunger, verband sich mit der Kälte und dem Ersticken. Ich sank in mich zusammen, bald wurden diese Todesqualen unerträglich. Ich versuchte mit meinem Finger durch das Astloch Erdkrumen heranzukratzen, und ich aß diese Erde, und das verdoppelte die Folter. Ich biß in meine Arme und wagte nicht, bis aufs Blut zu beißen. Lüstern nach meinem eigenen Fleisch, sog ich an meiner Haut mit der unbezwinglichen Gier, die Zähne tiefer hinein zu vergraben.

Ach, wie ich den Tod herbeiflehte in dieser Stunde! Mein Leben lang hatte ich vor dem Nichts gezittert, und jetzt wollte ich es, ich rief nach ihm, niemals würde es schwarz genug sein. Welch eine Kinderei, den Schlaf ohne Traum, diese Ewigkeit von Stille und Schatten zu scheuen! Der Tod war eben einzig darum gut, weil er das Dasein mit einem Schlag aufhören machte und für immer. Oh, schlafen wie die Steine, wieder zu Lehm werden, nicht mehr sein!

Meine im Dunkeln umhertappenden Hände befühlten maschinenmäßig rings das Holz. Plötzlich stach ich mich in meinen linken Daumen, und der leise Schmerz erweckte mich aus meiner Schlafdämmerung. Was war das? Ich suchte aufs neue, ich erkannte einen Nagel, einen Nagel, welchen die Leichenträger schräg eingeschlagen hatten und welcher den Rand des Sarges nicht gefaßt hatte. Er war sehr lang, sehr spitz. Der Kopf saß im Deckel, aber ich fühlte, daß er sich bewegen lasse. Von diesem Augenblick an hatte ich nur noch einen Gedanken. Den Nagel haben! Ich zog meine rechte Hand über meinen Bauch und fing an, ihn herauszubrechen. Er gab nur wenig nach, es war eine schwere Arbeit. Ich mußte oft die Hände wechseln, denn meine linke Hand, welche ungünstig lag, ermüdete sehr leicht. Während ich mich so ereiferte, entsprang ein ganzer Plan in meinem Kopf. Dieser Nagel mußte mein Retter werden, ich mußte ihn haben um jeden Preis. Würde es aber dann noch Zeit sein? Der Hunger folterte mich derart, daß mich ein Schwindel überfiel.

Er machte meine Hände so kraftlos, daß ich einhalten mußte, mein ganzes Gehirn schwankte. Ich hatte von dem Blut gesogen, das aus der Stichwunde an meinem Daumen quoll, jetzt biß ich mir in den Arm und trank mein Blut, aufgereizt durch den Schmerz, belebt von diesem lauwarmen, scharfen Saft, der meinen Mund feuchtete. Dann machte ich mich wieder an den Nagel – und ich riß ihn endlich heraus.

Von nun an glaubte ich an meine Rettung. Ich drückte die Spitze des Nagels direkt über mir in den Deckel, zog eine gerade Linie, so weit ich nur irgend konnte, und fuhr mit dem Nagel derart hin und her, daß ich langsam eine Kerbe grub. Meine Hände wurden steif, aber ich verbiß mich wütend in die Arbeit. Als ich genug Holz ausgehaspelt zu haben glaubte, kam ich auf den Gedanken, mich umzudrehen und, mich auf Knie und Ellenbogen gestützt, mit dem Rücken gegen den Deckel zu stemmen. Wenn der Deckel auch knackte, er brach doch nicht. Die Rinne war noch nicht tief genug. Ich mußte mich wieder umdrehen und von neuem beginnen, was mir übermäßige Anstrengung verursachte. Endlich machte ich noch einen Versuch, und dieses Mal spaltete sich der Deckel von einem bis zum anderen Ende. Sicherlich, ich war noch nicht gerettet, aber die Hoffnung überströmte glühend mein Herz. Ich hörte auf zu pressen, ich hielt ganz stille aus Furcht, einen plötzlichen Erdsturz zu bewirken, der mich dann begraben hätte. Mein Plan war, den Deckel als Schutzdach zu benützen, während ich eine Art Schacht durch den Lehm grub. Unglücklicherweise stellten sich dieser Arbeit große Schwierigkeiten entgegen. Die sich ablösenden Erdschollen beschwerten die Bretter so sehr, daß ich nicht arbeiten konnte, niemals würde ich bis an die Oberfläche gelangen. Schon jetzt bog mir das teilweise abstürzende Erdreich das Kreuz ein und drückte mich mit dem Gesicht in die Erde. Die Furcht ergriff mich schon wieder, als ich plötzlich, indem ich mich ausstreckte, um einen neuen Stützpunkt zu finden, zu fühlen glaubte, daß das Fußende des Sarges unter dem Druck nachgäbe. Ich stampfte gewaltsam mit den Hacken dagegen in der Annahme, daß sich dahinter vielleicht ein aufgeworfenes, frisches Grab befände.

Plötzlich stampften meine Füße ins Leere, meine Vermutung war richtig gewesen, ein frisch geöffnetes Grab befand sich dort. Ich hatte nur noch eine dünne Erdschicht zu entfernen, um in die benachbarte Grube zu kriechen. Du großer Gott, ich war gerettet!

Einen Augenblick lang blieb ich auf dem Rücken im Grunde des

Loches liegen und blickte hinauf in die Luft. Es war Nacht. Am Himmelsgewölbe leuchteten die Sterne wie auf bläulichem Sammet. Bisweilen trug mir ein Wind, der sich nur leise regte, laue Frühlingslüfte heran, den Duft von Bäumen. Großer Gott, ich war gerettet, ich atmete, mir wurde warm, ich weinte, ich stammelte, die Hände demütig hinausgereckt in den ewigen Weltenraum. Oh, wie herrlich war es, zu leben!

V

Es war meine Absicht, mich sofort zu dem Kirchhofswächter zu begeben, damit er mich nach Hause führen lasse. Aber allerlei, vorläufig noch unbestimmte, Gedanken hielten mich zurück. Ich würde alle Welt erschrecken. Warum mich auch beeilen, da ich ja doch der Herr der Situation war! Ich befühlte meine Glieder, aber ich fand nichts als den Biß meiner Zähne in meinem linken Arm. Ein kleines Fieber, das davon herrührte, reizte mich auf und gab mir ganz unerwartete Kräfte. Ich würde gewiß ohne Hilfe gehen können.

Ich ließ mir also Zeit. Alle möglichen wirren Vorstellungen zogen mir durch den Kopf. Ich hatte neben mir in der Grube die Werkzeuge der Totengräber bemerkt, und ich empfand das Bedürfnis, die Verwüstung, welche ich angerichtet hatte, zu verwischen und das Loch wieder zu verstopfen, damit niemand meine Auferstehung bemerken könnte. Ich hatte dabei gar keine klare Vorstellung, ich fand es nur unnütz, mein Abenteuer bekanntwerden zu lassen, ich empfand etwas wie Scham, zu leben, da mich doch alle Welt gestorben wähnte. In einer halben Stunde gelang es mir, jede Spur zu vertilgen. Ich sprang aus dem Grab.

Welch schöne Nacht. Tiefe Stille herrschte auf dem Kirchhof – die schwarzen Bäume warfen große, unbewegliche Schatten auf die hellen Gräber. Als ich mich zurechtzufinden suchte, bemerkte ich, daß eine ganze Hälfte des Himmels wie von dem Widerschein einer Feuersbrunst glühte. Dort lag Paris. Ich wandte mich nach dieser Seite, indem ich leise, durch das Düster der Zweige gleitend, eine Allee entlangschlich; aber schon nach fünfzig Schritten mußte ich, außer Atem, anhalten. Ich setzte mich auf eine Steinbank nieder. Hier erst untersuchte ich mich genauer: Ich war vollständig angekleidet, ich hatte sogar Stiefel an, nur der Hut fehlte mir. Wie dankte ich der lieben Margarethe für das schöne Gefühl, daß sie mich hatte ankleiden lassen. Die plötzliche Erinnerung an Margarethe riß mich in die Höhe. Ich wollte sie sehen.

Am Ende der Allee stieß ich auf eine Mauer. Ich stieg auf ein Grab, und als ich auf die andere Seite der Mauer geklettert war, hing ich mich an die Abdachung und ließ mich fallen. Der Sturz war heftig. Nun ging ich einige Minuten durch eine große, einsame Straße, welche rund um den Kirchhof lief. Ich hatte keine Ahnung, wo ich mich befand, aber ich wiederholte mir fortwährend mit dem Eigensinn der fixen Idee, daß ich nach Paris zurückgehen und schon die Rue Dauphine zu finden wissen würde. Leute gingen vorbei, ich erkundigte mich bei ihnen nicht, ich war von Mißtrauen erfüllt und wollte mich auf niemand verlassen. Heute weiß ich, daß ich mich schon im heftigen Fieber befand und daß mein Kopf wirr wurde. Endlich, als ich auf einen großen Weg herauskam, befiel mich eine Ohnmacht, und ich stürzte schwer auf den Bürgersteig nieder.

Jetzt folgt eine leere Stelle in meinem Leben. Während dreier Wochen blieb ich bewußtlos. Als ich endlich erwachte, befand ich mich in einem mir unbekannten Zimmer. Ein Mann war da, um mich zu pflegen. Er erzählte mir einfach, daß er mich eines Morgens auf dem Boulevard Montparnasse aufgelesen und bei sich behalten hätte. Es war ein alter Arzt, der nicht mehr praktizierte. Als ich ihm danken wollte, antwortete er mir schroff, daß mein Fall ihm merkwürdig erschienen sei und daß er ihn habe studieren wollen. Außerdem erlaubte er mir in den ersten Tagen meiner Genesung nicht, eine einzige Frage an ihn zu richten. Später tat er keine an mich. Noch acht Tage blieb ich im Bett mit schwachem Kopf und versuchte nicht einmal, mich zu erinnern, denn das Erinnern war eine Ermüdung und ein Gram. Ich fühlte mich scheu und furchtsam. Wenn ich erst ausgehen konnte, würde ich nachsehen gehen. Vielleicht hatte ich im Fieberwahn meinen Namen verraten, aber niemals machte der Arzt eine Anspielung auf das, was ich gesagt haben mochte. Seine Wohltätigkeit war verschwiegen.

Unterdessen war der Sommer herangekommen. An einem Junimorgen erhielt ich endlich die Erlaubnis, einen kurzen Spaziergang zu machen. Es war ein herrlicher Morgen, einer jener fröhlichen Sonnentage, welche die alten Straßen von Paris jung machen. Ich ging gemächlich für mich hin und fragte an jeder Straßenecke die Spaziergänger nach der Rue Dauphine. Ich gelangte hin, es machte mir Mühe, das Haus, in dem wir abgestiegen waren, wiederzuerkennen. Eine kindliche Furcht ergriff mich. Ich fürchtete Margarethe zu töten, wenn ich plötzlich vor ihr erschiene. Das beste würde sein, zuerst das alte Weib, diese Frau Gabin, die neben uns wohnte, zu verständigen. Aber es mißfiel mir, jemanden zwischen uns zu schieben. Ich kam zu keinem Entschluß. Tief in mir gab es etwas wie eine große Leere, etwas wie ein schon lange vollbrachtes Opfer.

Das Haus war ganz goldig von der Sonne begossen. Ich hatte es an einem schmutzigen, kleinen Wirtshaus erkannt, das zu ebener Erde lag und woher man uns das Essen heraufschickte. Ich hob die Augen, ich sah nach dem letzten Fenster links im dritten Stock. Es war groß geöffnet. Auf einmal lehnte sich eine zerzauste Frau in einer verknüllten verzogenen Nachtjacke heraus, und hinter ihr erschien ein junger Mann, welcher nach ihr haschte. Er beugte den Kopf und küßte ihren Nacken. Es war nicht Margarethe. Es überraschte mich nicht. Es war mir, als hätte ich dieses und andere Dinge, die ich noch erfahren würde, schon geträumt.

Einen Augenblick blieb ich unentschlossen auf der Straße und dachte nach, ob ich mich bei diesem Liebespärchen, das noch immer in der warmen Sonne schäkerte, erkundigen sollte. Ich ging aber unten in die Kneipe hinein. Ich mußte unerkenntlich geworden sein. Mein Bart war während meines Nervenfiebers gewachsen, mein Gesicht war eingefallen. Als ich mich an einem Tisch niedersetzte, sah ich, wie Frau Gabin gerade mit einer Tasse hereinkam, um für zwei Sous Kaffee zu kaufen. Sie stellte sich vor den Ladentisch, und es entspann sich zwischen ihr und der Wirtin ein Geklatsch über die kleinen Tagesneuigkeiten der Rue Dauphine. Ich horchte auf.

»Nun«, fragte die Wirtin, »ist die arme Kleine im dritten Stock endlich zu einem Entschluß gekommen?«

»Was wollen Sie?« antwortete Frau Gabin, »es war das beste, was sie tun konnte. Monsieur Simoneau zeigte ihr soviel Freundschaft! . . . Er hatte seine Angelegenheit, eine große Erbschaft, glücklich zu Ende geführt, und er bot ihr an, sie nach da unten in seine Heimat mitzunehmen, damit sie bei einer Tante, die einer Vertrauensperson bedürfe, leben könnte.«

Die Wirtin kicherte. Ich hatte mein Gesicht in eine Zeitung vergraben. Ich war sehr bleich geworden, und meine Hände zitterten.

»Sicherlich endet die Geschichte mit einer Heirat«, erwiderte Frau Gabin. »Aber ich schwöre Ihnen bei meiner Ehre, daß ich bis jetzt nichts Verdächtiges bemerkt hatte. Die Kleine beweinte ihren

Gatten, und der junge Mann benahm sich dabei ausgezeichnet. Schließlich sind sie gestern abgereist. Wenn sie nicht mehr in Trauer sein wird, dann können sie ja machen, was sie wollen, nicht wahr?«

In diesem Augenblick ging die Tür, die aus der Gaststube auf den Flur des Hauses führte, ganz groß auf und Dédé kam herein.

»Mama, kommst du nicht herauf? . . . Ich warte schon lange. Komm schnell.«

»Gleich, gleich, laß mich zufrieden!« sagte die Mutter.

Das Kind blieb stehen und hörte den beiden Frauen zu, mit der frühreifen Miene eines auf dem Pariser Pflaster großgewordenen Gassenmädels.

»Und das ist doch weiß der Himmel sicher«, fuhr Frau Gabin fort, »daß der Verstorbene Monsieur Simoneau nicht aufwog. Er gefiel mir nicht gerade sehr, dieser Schwachmatikus. Dieses ewige Geächze. Und keinen blanken Heller! Ah, nein wahrlich, ein solcher Mann ist unangenehm für eine Frau, die Blut in den Adern hat . . . Dagegen Monsieur Simoneau – reich, stark wie ein Türke . . .«

»Oh«, unterbrach sie Dédé, »ich habe ihn eines Tages, als er sich wusch, gesehen. Hat der aber Haare auf den Armen!«

»Willst du machen, daß du fortkommst!« schrie die Alte, indem sie sie wegstieß. »Du hast deine Nase immer dort, wo sie nicht hingehört.«

Und dann als Schlußfolgerung:

»Lassen Sie nur, der andere hat gut daran getan, zu sterben. Es ist ein großes Glück für sie.«

Als ich mich auf der Straße wiederfand, ging ich langsam, meine Knie wankten. Und dennoch, ich litt nicht sehr, ich hatte sogar ein Lächeln, als ich meinen Schatten in der Sonne sah. Wirklich, ich war eine Jammergestalt, es war ein seltsamer Einfall von mir gewesen, Margarethe zu heiraten, und ich entsann mich ihres Verdrusses in Guérande, ihrer krampfhaften Unruhe, ihres trüben, stumpfen Lebens. Die liebe Frau war immer gütig, aber ich war niemals Liebhaber gewesen. Es war ein Bruder, den sie beweinte. Warum sollte ich aufs neue ihr Leben stören? Ein Toter ist nicht eifersüchtig. Als ich den Kopf hob, sah ich mir gegenüber den Jardin du Luxembourg. Ich trat hinein und setzte mich in die Sonne und hatte milde und sanfte Gedanken. Die Erinnerung an Margarethe rührte mich jetzt. Ich stellte sie mir in der Provinz vor, als Dame in einer kleinen Stadt, sehr glücklich, sehr geliebt, sehr gefeiert. Sie wurde immer schöner, sie hatte drei Knaben und zwei Mädchen . . .

Wohlan! Ich war ein braver Mann, daß ich gestorben war, und ich würde sicherlich nicht die grausame Dummheit machen, wiederaufzuerstehen.

Seit dieser Zeit bin ich viel gereist, ich habe fast überall gelebt. Ich bin ein mittelmäßiger Mensch, der gearbeitet und sich ernährt hat wie jedermann. Der Tod schreckt mich nicht mehr; aber er scheint mich jetzt, wo ich keinen Grund zum Leben habe, nicht mehr zu wollen, und ich fürchte, daß er mich noch vergißt.

(Deutsch von Hans Jacob)

Guy de Maupassant
Schmalzpummel

Mehrere Tage nacheinander waren versprengte Armeeteile auf der Flucht in wilder Unordnung durch die Stadt gezogen. Was da vorbeikam, war keine Truppe mehr, es waren aufgelöste Horden. Die Männer hatten tagealte, schmutzstarrende Bärte, sie trugen zerlumpte Uniformen und schlurften schlapp und ohne Haltung, ohne Fahne, in ungeordneten Haufen ihres Weges. Alle schauten niedergeschlagen, vollkommen erledigt und todmüde aus, man sah ihnen an, daß sie keinen Gedanken, geschweige denn einen Entschluß fassen konnten, daß sie nur noch gewohnheitsmäßig weitermarschierten und vor Müdigkeit umsanken, sobald sie anhielten. Man sah vor allem felddiensttauglich erklärte Nationalgardisten, friedfertige Leute und ruheliebende Rentner, die unter der Last des Gewehres gebeugt einhergingen. Ferner kleine, flinke Mobilgardisten, Leute, die leicht in Schrecken und Todesangst und ebenso rasch in Begeisterung gerieten, zum Angriff wie zur Flucht bereit. Und mitten unter ihnen gewahrte man vereinzelte rote Hosen, Überreste einer Division, die in einer großen Schlacht aufgerieben worden war. Auch Artilleristen waren darunter in dunklen Waffenröcken, in Reih und Glied mit diesen zusammengestückelten Infanteristen. Dann und wann blitzte der Helm eines Dragoners auf, der schweren Schrittes vorwärtsstampfte und nur mühsam mit den behenderen Liniensoldaten Schritt halten konnte.

Legionen von Freischärlern mit heroisch klangvollen Namen: »Die Rächer der Niederlage« – »die Bürger des Grabes« – »die todbringende Schar«, so hießen sie – zogen gesondert vorüber, mit wildverwegenen Banditenmienen.

Ihre Anführer, ehemalige Krämer, die mit Tuch oder Sämereien gehandelt, mit Talg oder Seife Geschäfte gemacht hatten, Gelegenheitskrieger, die ihren Offiziersrang ihren Talern oder ihrem langen Schnauzbart verdankten, schritten waffenstarrend, mit Goldlitzen übersät und vorsorglich in Flanell gehüllt, vorbei, redeten mit mannhaft dröhnender Stimme, ereiferten sich über Feldzugspläne, die sie mit gewichtiger Sachkenntnis zerpflückten, und gaben sich überhaupt als die eigentlichen Retter des in den letzten Zügen liegenden Vaterlands, das einzig noch auf ihren Schultern ruhte.

Doch war diesen Prahlhänsen zuweilen vor ihren eigenen Soldaten angst und bange, einer Bande von todesmutigen und tollkühnen Galgenstricken, die bei aller Tapferkeit doch jederzeit zum Plündern und zu Ausschreitungen aller Art bereit waren.

Es hieß, die Preußen würden demnächst in Rouen einmarschieren.

Die Nationalgarde, die seit zwei Monaten mit äußerster Vorsicht die umliegenden Wälder durchstreifte und sie nach feindlichen Truppen absuchte, hie und da ihre eigenen Wachtposten niederknallte und sich zum Kampf rüstete, wenn irgendwo ein Kaninchen im Unterholz raschelte, hatte sich nach Hause verzogen. Ihre Waffen, ihre Uniformen, der ganze mörderische Aufzug, mit dem sie noch kürzlich auf drei Meilen im Umkreis die Wegsteine der Landstraßen in Angst und Schrecken versetzt hatte, war mit einemmal verschwunden.

Die letzten französischen Nachzügler hatten endlich die Seine überschritten und suchten über Saint-Sever und Bourg-Achard Pont-Audemer zu erreichen. Und hinter dem ganzen flüchtenden Heer ging als letzter, zu Fuß und zwischen zwei Offizieren, der General, verzweifelt, weil er mit diesen kunterbunt zusammengewürfelten Trümmern einer zerschlagenen Armee nichts unternehmen, nichts wagen konnte, selber aufs äußerste entmutigt und ratlos in dem allgemeinen Zusammenbruch eines sieggewohnten Volkes, das trotz seiner legendären Tapferkeit vernichtend geschlagen worden war.

Dann hatte tiefe Stille, eine entsetzensbange, schweigende Spannung auf der Stadt gelastet. Manch ein schmerbäuchiger verspießter Bürger, dessen Mannesmut im Krämergeist verkommen und erstickt war, sah mit ängstlicher Erwartung den Siegern entgegen, in zitternder Furcht, seine Bratspieße und großen Küchenmesser könnten als Waffen angesehen werden.

Es war, als stehe das Leben still. Die Kaufläden waren geschlossen, die Straßen stumm und öde. Ab und zu stahl sich ein verängstigter Einwohner, von dieser Totenstille eingeschüchtert, hastig an den Hauswänden entlang.

Die angstvolle Spannung wurde so unerträglich, daß man schließlich das Anrücken des Feindes eigentlich herbeisehnte.

Im Laufe des Nachmittags am Tag nach dem Abzug der französischen Truppen sprengte ein Trupp Ulanen, die unerwartet, und niemand wußte woher, aufgetaucht waren, in scharfem Trab durch die Stadt. Ein wenig später strömte dann eine schwarze Masse vom Sainte-Catherine-Hügel herab, während zwei weitere flutartig andringende Kolonnen auf den nach Darnétal und Bois-Guillaume führenden Landstraßen auftauchten. Die Vorhuten der drei Truppenkörper trafen genau zur selben Zeit auf dem Rathausplatz ein. Und nun drang durch alle anliegenden Straßen das deutsche Heer in die Stadt und ergoß seine Bataillone, unter deren hartem, strammem Marschtritt das Pflaster dröhnte, über Gassen und Plätze.

Kommandorufe ertönten, eine unvertraute, kehlige Stimme brüllte knappe Befehle, und diese Rufe stiegen an den Häusern entlang hoch, die ausgestorben und verödet schienen. Doch hinter den geschlossenen Fensterläden spähten lauernde Augen hinab auf die sieggewohnten Männer, die nun kraft des Kriegsrechts Herren der Stadt, Herren über ihr Hab und Gut und über Leib und Leben waren. Die Einwohner, in ihren verdunkelten Zimmern eingesperrt, erlagen, von namenlosem Entsetzen gepackt, der lähmenden Todesangst, die bei gewaltigen Naturkatastrophen, bei verheerenden Erdbeben, gegen die alle Klugheit und Kraft machtlos sind, Mensch und Tier befällt. Denn die gleiche Erscheinung tritt jedesmal auf, wenn die althergebrachte Ordnung der Verhältnisse umgestürzt wird, wenn es keine Sicherheit mehr gibt und alles, was menschliche und Naturgesetze bisher schützten, auf Gnade und Ungnade einer dumpfen und mordgierigen rohen Gewalt preisgegeben ist. Das Erdbeben, das unter den einstürzenden Häusern ein ganzes Volk zermalmt, der Fluß, der über seine Ufer getreten ist und die Leichen der ertrunkenen Bauern neben den Kadavern ihrer Rinder und dem losgerissenen Dachgebälk mit sich fortspült, oder eine ruhm- und siegreiche Armee, die alles hinschlachtet, was sich ihr entgegenstellt, die als Gefangene mit fortschleppt, was sich nicht zur Wehr setzt, die im Namen des Säbels plündert und beim Donner der Kanonen ihrem Gott dankt, sind eines wie das andere schreckenerregende Gottesgeißeln, die jeden Glauben an die ewige Gerechtigkeit, jegliches Vertrauen in den Schutz des Himmels, in die menschliche Vernunft, in alle die hehren Begriffe, die man uns gelehrt hat, ins Wanken bringen.

Doch dann pochten kleine Abteilungen an jede Tür und verschwanden hierauf in den Häusern. Die Besetzung folgte auf die Invasion. Für die Besiegten galt es von nun an, pflichtschuldig den Siegern liebenswürdig und freundlich zu begegnen.

Als nach einiger Zeit der erste Schrecken überstanden war,

kehrten aufs neue Ruhe und Ordnung ein. In vielen Familien speiste der preußische Offizier mit am Tisch. Er war nicht selten wohlerzogen und taktvoll, gab aus Höflichkeit seinem Bedauern mit Frankreich Ausdruck und machte auch kein Hehl daraus, wie ungern und widerwillig er in diesem Krieg mitkämpfte. Man war ihm für dieses Gefühl dankbar; überdies konnte man irgendwann, früher oder später einmal, über seine Protektion froh sein. Wenn man ihn rücksichtsvoll behandelte, erreichte man vielleicht eines Tages, daß ein paar Mann weniger zu verpflegen waren. Und wozu auch sollte man jemanden kränken, von dem man so völlig abhängig war? Eine solche Handlungsweise wäre nicht so sehr tapfer als vielmehr tollkühn gewesen. – Und Tollkühnheit war nicht mehr, wie zur Zeit der heldenmütigen Abwehrkämpfe, in denen sich ihre Stadt einstmals ruhmreich hervorgetan hatte, ein erwünschter Wesenszug der satten Bürger von Rouen. – Endlich sagte man sich – und berief sich bei dieser Begründung, gegen die jeder Einwand unmöglich gewesen wäre, auf die althergebrachte französische Höflichkeit –, es sei doch wohl immer noch erlaubt, in seinen vier Wänden mit dem fremden Soldaten höflich umzugehen, wenn man sich nur in der Öffentlichkeit nicht allzu familiär mit ihm einlasse. Begegnete man einander außerhalb des Hauses, so kannte man sich nicht mehr, doch in seinen vier Wänden war man einem ungezwungenen Plauderstündchen gar nicht abgeneigt, und mit jedem neuen Abend blieb der Deutsche länger am Kamin sitzen und wärmte sich im Kreise seiner Gastgeber am traulichen Feuer.

Mit der Zeit bot die Stadt wieder ihren altgewohnten Anblick. Die Franzosen blieben zwar meist noch zu Hause, aber auf den Straßen wimmelte es von preußischen Soldaten. Im übrigen hatten anscheinend die Offiziere der Blauen Husaren, die hochnäsig und arrogant ihre langen Mordsäbel über das Pflaster hinschleiften, nicht sonderlich mehr Verachtung für die biederen Bürger übrig als die Jägeroffiziere, die ein Jahr zuvor in den gleichen Kaffeehäusern herumsaßen und tranken.

Gleichwohl lag etwas in der Luft, etwas Unfaßbares und Ungewohntes, eine unerträgliche, ungehörige und bis dahin nie gekannte Atmosphäre, als breite sich ein übler Geruch aus, der Geruch der Invasion. Er erfüllte die Wohnungen und die öffentlichen Plätze, veränderte den Geschmack der Speisen, erweckte den Eindruck, als wäre man auf Reisen, weit, weit weg in fernen Ländern, bei barbarischen, gefährlichen Völkerstämmen.

Die Sieger forderten Geld, viel Geld. Die Einwohner zahlten immer wieder; sie waren übrigens wohlhabende Leute. Doch je reicher in der Normandie ein Kaufmann wird, um so schmerzlicher empfindet er jedes Opfer, jeden Bruchteil seines Vermögens, den er in die Hände eines andern übergehen sieht.

Währenddessen zogen zwei, drei Meilen unterhalb der Stadt, wenn man den Fluß entlang gegen Croisset, Dieppedalle oder Biessart zugeht, die Flußschiffer und Angler des öftern den aufgedunsenen, aufgetriebenen Leichnam eines Deutschen aus dem Wasser. Die Leiche, aufgequollen in ihrer Uniform, war durch einen Messerstich oder einen Hieb mit dem schweren Holzschuh ums Leben gekommen, manchmal war ihr der Kopf mit einem Stein zerschmettert worden, oder man hatte den Ermordeten von einer Brücke hinab ins Wasser gestoßen. Der Flußschlamm und der zähe Schlick begruben diese heimlich vollbrachten, wilden und wohlberechtigten Racheakte, alle die unbekannten Heldentaten, die stummen Überfälle, die gefährlicher waren als die Schlachten am hellichten Tage und denen jeder Widerhall des Ruhmes versagt blieb.

Denn der Haß gegen den fremden Eindringling drückt immer ein paar beherzten, unerschrockenen Männern, die bereit sind, für eine Idee in den Tod zu gehen, Waffen in die Hand.

Schließlich, da die Eroberer zwar die Stadt ihrer unbeugsamen Disziplin unterstellten, jedoch nicht eine einzige von all den Greueltaten vollbrachten, die sie, wie es gerüchtweise geheißen hatte, überall begangen hatten, wo sie auf ihrem Siegesmarsch vorbeizogen, wurde man wieder kühner, und das eingefleischte Bedürfnis, Geschäfte zu tätigen und Geld zu verdienen, erwachte erneut in den Herzen der Kaufleute im Lande. Einige von ihnen hatten beachtliche Interessen in Le Havre angelegt, das die französische Armee besetzt hatte, und nun wollten sie versuchen, auf dem Landweg über Dieppe, wo sie sich einschiffen konnten, diesen Hafen zu erreichen.

Man machte sich den Einfluß der deutschen Offiziere, deren Bekanntschaft man gemacht hatte, zunutze, und so erteilte schließlich der kommandierende General die Ermächtigung zur Abreise.

Es wurde infolgedessen eine große vierspännige Reisekutsche für die Fahrt gemietet, und da sich zehn Personen beim Fuhrhalter hatten vormerken lassen, wurde beschlossen, an einem Dienstag frühmorgens, noch ehe es tagte, wegzufahren, um jeden Volksauflauf zu vermeiden.

Schon seit längerer Zeit war der Boden hartgefroren, und am

Montag, gegen drei Uhr, zogen vom Norden her große schwarze Wolken auf und brachten Schnee, der ohne Unterlaß den ganzen Abend und die ganze Nacht hindurch fiel.

Um halb fünf Uhr morgens fanden sich die Reisenden im Hof des Hôtel de Normandie ein, wo man einsteigen sollte.

Sie waren alle noch schlaftrunken und schlotterten vor Kälte unter ihren Decken. In der Dunkelheit konnte einer den andern nur schlecht sehen, und in den übereinander angezogenen schweren Winterkleidern sahen alle diese dick eingemummten Gestalten aus wie behäbige Pfäfflein in ihren langen Soutanen. Doch da erkannten sich zwei Männer, ein dritter trat zu ihnen, und es entspann sich ein Gespräch.

»Ich nehme meine Frau mit«, sagte der erste.

»Ich auch.«

»Und ich desgleichen.«

»Wir gehen nicht mehr nach Rouen zurück«, setzte der erste hinzu, »und wenn die Preußen nach Le Havre vorrücken, fahren wir nach England weiter.«

Alle hatten die gleichen Pläne, waren sie doch des gleichen Geistes Kinder.

Doch immer noch wurden die Pferde nicht eingespannt. Von Zeit zu Zeit wurde eine kleine Laterne, die ein Stallknecht vor sich hertrug, unter einer finsteren Tür sichtbar, verschwand aber jedesmal alsbald wieder in einer anderen. Pferdehufe stampften, vom Mist, der auf der Streu lag, gedämpft, und dann hörte man drinnen im Stall eine Männerstimme, die mit den Tieren sprach und lästerlich fluchte. Ein leises Schellenklirren verriet, daß jemand am Geschirr herumhantierte; das leichte Klirren wuchs bald zu einem hellen und unabgesetzt klingenden Geläute, das jedesmal stärker erklang, wenn sich das Tier bewegte, manchmal ganz schwieg und dann plötzlich wieder mit einem jähen Ruck laut wurde, während gleichzeitig das dumpfe Stampfen eines eisenbeschlagenen Hufes zu hören war.

Nun wurde die Tür plötzlich zugeschlagen. Jedes Geräusch verstummte. Die steifgefrorenen Bürger waren still geworden; regungslos und starr standen sie in der Kälte herum.

Ein dichter, nie abreißender Vorhang aus weißen Schneeflocken senkte sich schillernd und flimmernd ohne Unterlaß auf die Erde hernieder. Er verwischte die Formen, bestreute alle Dinge mit staubfeinem, eisigem Schaum, und in dem tiefen Schweigen der totenstillen, unter dem Winter begrabenen Stadt war nichts mehr zu hören als das lautlose, unwirkliche, schwebende, raschelnde Rieseln des fallenden Schnees, das eher zu spüren als zu hören war, ein wirres Gewimmel hauchleichter, winziger Atome, die den unendlichen Raum zu erfüllen, die Welt zuzudecken schienen.

Nun kam der Mann mit seiner Laterne wieder zum Vorschein; er zog an einem Strick einen müden, mißlaunigen Gaul hinter sich her, der sichtlich nur höchst widerwillig mitging. Er führte ihn an die Deichsel, machte die Stränge fest, ging eine Zeitlang geschäftig um das Pferd herum, legte ihm das Geschirr zurecht und zog die Riemen straff, denn er konnte nur eine Hand gebrauchen, da er in der andern das Licht trug. Als er das zweite Pferd holen wollte, bemerkte er alle die reglos wartenden Reisenden, die schon ganz weiß eingeschneit waren, und sagte zu ihnen:

»Warum steigen Sie eigentlich nicht in den Wagen? Da sind Sie wenigstens geschützt.«

Daran hatten sie freilich nicht gedacht, und jetzt hob ein wildes Gerenne und Gedränge an. Die drei Männer brachten ihre Frauen auf den Hintersitzen des Wagens unter und stiegen dann ebenfalls ein. Hierauf nahmen die übrigen verschwommenen, vermummten Gestalten ihrerseits wortlos und stumm die letzten freigebliebenen Plätze ein.

Der Boden war mit Stroh belegt, in dem die Füße einsanken. Die Damen auf den Hintersitzen hatten kleine kupferne Wärmpfannen nebst dem nötigen Karbid mitgebracht; nun heizten sie diese Apparate an und rühmten eine Zeitlang halblaut wispernd des langen und breiten ihre sämtlichen Vorteile, lauter soundso oft wiedergekäute Gemeinplätze, die sie längst schon wußten.

Als endlich die Zugpferde vorgespannt waren – der schlechten Wegverhältnisse wegen, und weil der Wagen mühsamer zu ziehen war, hatte man sechs statt nur vier Rosse eingespannt –, fragte eine Stimme von draußen:

»Ist alles eingestiegen?«

Und aus dem Wageninnern antwortete jemand:

»Ja.«

Dann fuhr man ab.

Der Wagen holperte langsam, ganz langsam, im Schneckentempo voran. Die Räder versanken im Schnee; der ganze Kasten ächzte mit dumpfem Knarren; die Pferde rutschten und glitschten, schnaubten und dampften: und die riesige Peitsche des Kutschers knallte in einem fort, flitzte und wirbelte nach allen Seiten, verhedderte und verfing sich, wand und krümmte sich wie eine dünne Schlange, und dann und wann zwickte sie plötzlich auf einen ausladenden runden Pferdehintern nieder, der sich daraufhin unter einer heftigeren Anstrengung straffte.

Doch nun brach unmerklich der Tag an. Die leichten Flocken, die ein Mitreisender, ein waschechter Rouenese, mit einem Baumwollregen verglichen hatte, fielen nicht mehr hernieder. Ein schmutziggraues Licht sickerte durch dicke, finstere Wolkenmassen, die das grelle Weiß der Landschaft noch blendender aufleuchten ließen. Bald tauchte darin eine Reihe hoher, mit Rauhreif überzogener Bäume auf, bald eine Bauernhütte unter einer schweren, dicken Schneehaube.

Die Reisenden im Wagen musterten einander neugierig im trüben Licht des grauenden Morgens.

Hinten in der Kutsche, auf den besten Plätzen, schlummerten, einander gegenüber, Herr und Frau Loiseau, ein Weinhändlerehepaar aus der Rue Grand-Pont.

Loiseau war früher bei einem Weingroßhändler angestellt gewesen, und als sein Brotgeber schlechte Geschäfte machte und all sein Geld dabei einbüßte, hatte er das Geschäft aufgekauft und damit ein Vermögen gemacht. Er verkaufte den kleinen Krämern auf dem Lande zu spottbilligem Preis einen schandbar schlechten Wein und galt bei seinen Bekannten und Freunden für einen ausgemachten Halunken, einen echten schlichereichen und gerissenen, dabei stets launigen und zu allerlei Späßen aufgelegten Normannen.

Sein Ruf als durchtriebener Gauner war so fest gegründet, daß eines Tages Herr Tournel, Verfasser von Fabeln und Liedern, ein bissiger, spottsüchtiger und witziger Kopf, eine von den Leuchten der Stadt, anläßlich eines Balls in der Präfektur, auf welchem die Damen ein bißchen schläfrig und gelangweilt herumsaßen, den Vorschlag machte, man könnte eigentlich ein Gesellschaftsspiel unternehmen. Er schlug boshafterweise eine Partie *Loiseau vole* [Unübersetzbares Wortspiel: *Loiseau vole* heißt sowohl: Der Vogel fliegt, als auch: Loiseau stiehlt] vor. Das Wortspiel machte alsbald die Runde durch die Räumlichkeiten des Präfekten, wurde rasch auch in der ganzen Stadt bekannt und hatte daraufhin für gut einen Monat sämtlichen schadenfrohen und lachlustigen Spottmäulern weit und breit Stoff zum Lachen geliefert.

Abgesehen davon war Loiseau auch weitherum bekannt für seine übermütigen Possen, seine guten oder üblen Scherze, und jedesmal, wenn von ihm die Rede war, hieß es auch sogleich: »Ja, er ist unbezahlbar, dieser Loiseau!«

Er war klein von Gestalt und hatte einen kugelrunden Schmerbauch, über dem zwischen einem leicht angegrauten Backenbart ein puterrotes Gesicht prangte.

Seine Gattin, eine großgewachsene, dickliche, resolute Frau mit einer lauten Stimme, eine schnellentschlossene und energische Person, sorgte im Geschäft für Ordnung und genaue Kassenführung, während er mit seiner feuchtfröhlichen, lärmigen Betriebsamkeit den nötigen Schwung in die Geschäfte brachte.

Neben den beiden, in würdevollerer Haltung, weil er doch einer höheren Gesellschaftsschicht angehörte, saß Herr Carré-Lamadon, ein Mann von Einfluß und Ansehen, im Baumwollhandel tätig, Besitzer von drei Spinnereien, Offizier der Ehrenlegion und Mitglied des Generalrates. Während der ganzen Zeit, in der das Kaiserreich bestand, war er das Haupt der wohlgewogenen Opposition geblieben, einzig und allein, um sich den Anschluß an die Sache, die er, nach seinen eigenen Worten, mit ritterlichen Waffen bekämpfte, um so höher bezahlen zu lassen. Frau Carré-Lamadon war viel jünger als ihr Gatte; sie spendete seit jeher und jetzt noch den Offizieren aus gutem Haus, die nach Rouen zum Garnisonsdienst verschlagen wurden, Trost und liebliche Zerstreuung.

Sie saß ihrem Gatten gegenüber und wirkte, in ihre Pelze eingekuschelt, bildhübsch und allerliebst, während sie leicht angewidert und mit leidender Miene das unwirtliche und abstoßend nüchterne Innere des Wagens betrachtete.

Ihre Nachbarn, Graf und Gräfin Hubert de Bréville, trugen einen der ältesten und vornehmsten Namen der Normandie. Der Graf, ein schon angejahrter Edelmann, großgewachsen und in seiner ganzen Haltung ein echter Aristokrat, gab sich alle Mühe, mit mancherlei Toilettekünsten und in der ganzen Aufmachung seiner Person seine natürliche Ähnlichkeit mit dem König Heinrich IV. noch zu unterstreichen. Nach einer für die Familie ruhmvollen Überlieferung hatte dieser eine Frau von Bréville geschwängert, deren Gatte daraufhin zum Grafen und Statthalter einer Provinz ernannt worden war.

Graf Hubert saß, wie Herr Carré-Lamadon, im Generalrat und vertrat dort die Orleanistenpartei des Departements. Die Vorgänge anläßlich seiner Heirat mit der Tochter eines unbedeutenden Reeders in Nantes waren immer in geheimnisvollem Dunkel verborgen geblieben. Doch da die Gräfin in ihrem Auftreten etwas Hoheitsvolles und Damenhaftes hatte, da auch ihre Empfänge den größten Anklang fanden und es dort stets anregender war und man sich besser unterhielt als sonst überall, da man sogar munkelte, sie sei die Geliebte eines Sohns Louis-Philippes gewesen, so hatte sie beim gesamten Adel einen Stein im Brett und wurde allgemein gefeiert, und ihr Salon war nach wie vor der erste im Land, der einzige, wo noch die alte Galanterie im Schwange war, und außerdem fand man nur schwer Zutritt zum Kreis ihrer Auserwählten.

Das Vermögen der Bréville bestand ausschließlich aus Grundbesitz und belief sich, wie es hieß, auf fünfhunderttausend Francs an jährlichem Einkommen.

Diese sechs Personen bildeten den rückwärtigen Teil des Wagens, die Seite der wohlhabenden, sorgenlosen und selbstsicheren Gesellschaft, der ehrenwerten und bevorrechteten Leute, die religiös sind und Grundsätze haben.

Dank einem seltsamen Zufall saßen alle Frauen auf der gleichen Bank. Die Gräfin hatte außerdem als Nachbarinnen noch zwei Nonnen, die lange Rosenkränze abbeteten und dazu ein Paternoster und Ave nach dem anderen murmelten. Die eine war alt und hatte ein Gesicht, das mit Pockennarben übersät und verunstaltet war, als hätte sie aus nächster Nähe eine Schrotladung mitten ins Antlitz erhalten. Die andere, ein kümmerliches, schmächtiges Geschöpf, hatte einen hübschen, kränklichen Kopf auf der hohlen Brust einer Schwindsüchtigen, die ausgehöhlt wird von jenem verzehrenden Glauben, aus dem die Märtyrer und Erleuchteten hervorgehen.

Den beiden Nonnen gegenüber saßen ein Mann und eine Frau, die aller Augen auf sich zogen.

Der Mann war allen wohlbekannt. Er hieß Cornudet, der »Rote«, ein Demokrat und der Schrecken aller ehrenwerten Leute. Seit zwanzig Jahren tunkte er seinen langen, fuchsroten Bart in die Bierseidel aller demokratischen Kaffeehäuser. Mit seinen Gesinnungsbrüdern und Freunden hatte er ein recht ansehnliches Vermögen, das er von seinem Vater, einem ehemaligen Zuckerbäcker, ererbt hatte, durchgebracht, und nun harrte er voll Ungeduld der Republik entgegen, um endlich die Stellung zu erlangen, die er mit so vielen revolutionär vertilgten Bierkrügen verdient hatte. Am vierten September hatte er, vielleicht auf Grund eines Possens, den man ihm spielte, allen Ernstes geglaubt, er sei zum Präfekten ernannt worden, doch als er sein Amt antreten wollte, hatten sich die

Kanzleiangestellten, die allein noch zurückgeblieben waren und nun das Feld beherrschten, geweigert, ihn anzuerkennen, und das hatte ihn zum Rückzug gezwungen. Sonst aber war er ein ausgesprochen gutmütiger Kerl, harmlos und dienstwillig, und hatte sich mit unvergleichlichem Feuereifer mit den Abwehrmaßnahmen befaßt und sie auch in die Wege geleitet. Er hatte überall draußen auf dem offenen Feld Löcher graben lassen, hatte alle jungen Stämme im nahen Wald umhauen und auf allen Landstraßen Fallen und Gruben anlegen lassen, und als dann der Feind heranrückte, hatte er sich, hochbefriedigt über seine Vorkehrungen, schleunig auf die Stadt zurückgezogen. Nun gedachte er sich in Le Havre nützlicher zu betätigen, wo neue Verschanzungen demnächst nötig werden mußten.

Die Frau war eine von den Frauen, die man gemeinhin als »galante Personen« bezeichnet. Sie war berühmt wegen ihrer schon frühzeitig aufgetretenen Fettleibigkeit, die ihr den Spitznamen »Boule de Suif«, Schmalzpummel, eingetragen hatte. Sie war klein und kugelrund am ganzen Körper, fett und mit dicken Speckpolstern, schwabbelig und mollig, mit dicken, rundlichen Fingern, die an den Gelenken tiefe Grübchen aufwiesen und aussahen wie aneinandergereihte Würstchen. Mit ihrer leuchtenden und straffgespannten Haut, ihrem fülligen, üppigen und wallenden Busen, der unter ihrem Kleid mächtig ausladend sichtbar war, blieb sie gleichwohl immer noch reizvoll, verlockend und vielbegehrt, so lecker, frisch und vergnüglich wirkte ihr Anblick. Ihr Gesicht glich einem rotbackigen Apfel, einer Pfingstrosenknospe, die am Aufblühen ist. Und darin taten sich ganz oben zwei prachtvolle dunkle Augen auf, beschattet von langen, dichten Wimpern, die dunkle Wolken darauf warfen. Weiter unten lockte ein reizender, schmaler, zum Küssen feuchter Mund, mit blitzenden und winzigen Zähnchen besetzt.

Außerdem verfügte sie – so hieß es – noch über eine ganze Anzahl weiterer unschätzbarer Eigenschaften.

Kaum war sie erkannt worden, so ging ein eifriges Tuscheln und Wispern zwischen den ehrbaren Frauen hin und her, und die Worte »Prostituierte« und »öffentliche Schande« wurden so vernehmlich geflüstert, daß sie den Kopf hob. Doch nun ließ sie einen derart herausfordernden und dreisten Blick über ihre Nachbarn hinwandern, daß augenblicklich wieder tiefes Schweigen herrschte und alle die Augen niederschlugen, Loiseau ausgenommen, der aufgekratzt und unternehmungslustig zu ihr hinüberäugte.

Doch nicht lange dauerte es, und das Gespräch zwischen den drei Damen spann sich erneut an; die Gegenwart dieser verworfenen Person hatte aus ihnen Freundinnen, ja beinah intime Vertraute gemacht. Sie hatten das Gefühl, sie müßten dieser schamlosen Dirne, diesem feilen Geschöpf gegenüber gleichsam ihre Würde als Gattinnen verbünden und ihr entgegenhalten. Denn die gesetzlich erlaubte Liebe behandelte ihre freie Schwester stets ein wenig von oben herab.

Auch die drei Männer, die Cornudets Anblick in einer Art konservativem Instinkt einander nähergebracht hatte, erörterten allerlei Geldfragen in einem Ton, der die Armen reichlich geringschätzig und wegwerfend abtat. Graf Hubert erzählte, was für Schäden die Preußen bei ihm angerichtet hatten, welche Verluste er an dem gestohlenen Vieh und wie hohe Einbußen er infolge der entgangenen Ernten erleiden werde, und das alles gab er mit der Selbstsicherheit eines Grandseigneurs zum besten, der zehnfacher Millionär ist und den solche Verheerungen kaum ein Jahr lang einengen konnten. Herr Carré-Lamadon, den der schlechte Geschäftsgang in der Baumwollindustrie arg mitgenommen hatte, hatte vorsorglich sechshunderttausend Francs nach England in Sicherheit gebracht, einen Notpfennig und Zehrgroschen, für alle Fälle, eine saftige Birne für den ärgsten Durst – wie er sich ausdrückte –, die er vorkommendenfalls gut würde brauchen können. Was Loiseau betraf, so hatte er einen Dreh gefunden, wie er der französischen Armeeverwaltung alle minderwertigen Weine anhängen konnte, die er noch in seinen Kellern lagerte, so daß ihm nun der Staat eine ungeheuerliche Summe schuldete, die er in Le Havre einzukassieren gedachte.

Und alle drei warfen einander immer wieder hurtige und verständnisinnige Blicke zu. Wenn sie auch verschiedenen Gesellschaftsschichten angehörten, so fühlten sie sich doch als Brüder, durch das Geld verbunden, dem großen Freimaurertum der Besitzenden zugehörig, die mit Goldstücken klimpern können, wenn sie die Hand in die Hosentasche stecken.

Der Wagen fuhr so gemächlich, daß man um zehn Uhr noch keine vier Meilen zurückgelegt hatte. Dreimal stiegen die Männer aus und gingen die Steigung bis auf eine Anhöhe zu Fuß hinauf. Man wurde nachgerade unruhig, denn eigentlich hätte man in Tôtes zu Mittag essen sollen, und jetzt war keine Rede mehr davon, daß man vor Einbruch der Nacht dorthin gelangen konnte. Alle Insassen der

Kutsche hielten Ausschau nach einem Wirtshaus an der Landstraße; da warf der Wagen in einer Schneewehe um, und man brauchte volle zwei Stunden, bis er wieder weiterfahren konnte.

Der Hunger wurde immer ärger, die Stimmung immer schlechter und gereizter. Und kein Wirtshaus, keine Schenke war zu sehen. Die anrückenden Preußen und der Durchzug der ausgehungerten französischen Truppen hatten Handel und Wandel weit und breit lahmgelegt.

Die Herren liefen in die Gehöfte, die am Wege lagen, und suchten nach Eßbarem; aber sie fanden nicht einmal ein Stückchen Brot, denn die mißtrauischen Bauern hielten ihre Vorräte versteckt, aus Angst, sie könnten von den Soldaten geplündert werden; das Militär, das nichts zu beißen hatte, nahm mit Gewalt, was es nur finden konnte.

Gegen ein Uhr nachmittags erklärte Loiseau, ihm knurre der Magen ganz bedenklich. Schon lange litten die andern wie er unter dem wachsenden Hunger, und das zwingende Bedürfnis nach Essen, das immer spürbarer wurde, hatte jede Unterhaltung zum Verstummen gebracht.

Von Zeit zu Zeit gähnte jemand; fast augenblicklich wurde ein anderer angesteckt und tat es ihm nach, und dann sperrte der Reihe nach einer nach dem andern, je nach seinem Charakter, seiner Lebensart und seiner gesellschaftlichen Stellung, den Mund auf, entweder geräuschvoll oder unauffällig und unaufdringlich, und hielt geschwind die Hand vor den weitoffenen Mund, aus dem ein Dampfwölkchen hervorkam.

Schmalzpummel bückte sich ein paarmal, als suche sie etwas unter ihren Unterröcken. Sie zögerte sekundenlang, blickte ihre Nachbarn an und richtete sich dann ruhig und still wieder auf. Die Gesichter der Umsitzenden waren bleich und verzerrt. Loiseau beteuerte, für ein Schinklein würde er jetzt gut und gerne tausend Francs zahlen. Seine Frau hob wie abwehrend die Hände, dann aber ließ sie es dabei bewenden. Es tat ihr immer weh, wenn sie hörte, wie von vergeudetem Geld die Rede war, und sie verstand da gar keinen Spaß.

»Ich fühle mich tatsächlich nicht ganz wohl«, klagte der Graf, »wie konnte ich so gedankenlos sein und keinen Reiseproviant mitnehmen?«

Und alle machten sich den gleichen Vorwurf.

Cornudet hatte eine Feldflasche voll Rum bei sich, und er bot ringsum zu trinken an; doch alle lehnten kühl ab. Nur Loiseau genehmigte einen Schluck, und als er die Flasche zurückgab, dankte er:

»Es ist doch etwas Gutes, es wärmt und täuscht über den Hunger hinweg.«

Der Alkohol versetzte ihn in strahlende Laune, und er schlug vor, es so zu machen, wie auf dem Schifflein im Volkslied: nämlich den fettesten von den Reisenden zu verspeisen. Diese indirekte Anspielung auf Schmalzpummels Körperfülle stieß die wohlerzogenen Leute vor den Kopf, und niemand gab darauf eine Antwort. Einzig Cornudet hatte ein Lächeln dafür übrig. Die beiden Nonnen hatten mit dem murmelnden Abbeten ihres Rosenkranzes aufgehört und saßen nun, die Hände in ihren weiten Ärmeln vergraben, regungslos da, hielten beharrlich die Augen niedergeschlagen und brachten offensichtlich dem Himmel die Prüfung, die er ihnen sandte, in Demut dar.

Um drei Uhr endlich, als man mitten durch eine endlos sich hinziehende, topfebene Gegend dahinrollte und kein einziges Dorf zu sehen war, bückte sich Schmalzpummel plötzlich mit einer raschen Bewegung und zog unter der Sitzbank einen geräumigen Henkelkorb hervor, der mit einer weißen Serviette zugedeckt war.

Sie kramte zunächst einen kleinen Steingutteller aus, einen zierlichen Silberbecher, sodann eine umfangreiche Terrine, in der zwei ganze Hühnchen säuberlich zerlegt in ihrer Sülze eingemacht lagen; und man konnte in des Korbes Tiefe noch andere herrliche Dinge, appetitlich eingewickelt, sehen, Pasteten, Obst, Süßigkeiten, reichlich Mundvorrat für eine dreitätige Reise, damit die Besitzerin all dieser Leckereien nicht auf die Kost der Wirtshausküchen angewiesen war. Vier Flaschenhälse guckten zwischen den Eßpaketen hervor. Sie nahm einen Hühnerflügel und fing an, ihn säuberlich und zierlich mit einem der Brötchen zu essen, die man in der Normandie »Régence« nennt.

Alle starrten gespannt zu ihr hinüber. Dann breitete sich der Duft der Speisen aus, die Nüstern der Umsitzenden blähten sich, und das Wasser lief ihnen im Munde zusammen, die Kiefer unterhalb der Ohren verkrampften sich schmerzlich. Die Verachtung der Damen für diese »Schlampe« wurde allgemach zur Mordlust, es packte sie eine Art Gelüste, sie umzubringen oder aus dem Wagen in den Schnee hinauszuwerfen, mitsamt ihrem Becher, ihrem Armkorb und ihrem Eßvorrat.

Loiseau jedoch verschlang die Terrine und die Hühnchen darin mit heißhungrigen Augen.

»Alle Wetter!« meinte er, »das lob ich mir! Das Fräulein hat besser vorgesorgt als wir alle. Es gibt eben Leute, die immer an alles denken können!«

Sie hob den Kopf und schaute ihn an; dann sagte sie:

»Möchten Sie gern mithalten? Es ist hart, seit dem frühen Morgen fasten zu müssen.«

Er verneigte sich dankend.

»Wahrhaftig, offen heraus gesagt, da kann ich nicht nein sagen. Ich halte es nicht länger aus. Krieg ist Krieg, da muß man sich zu helfen wissen. Hab ich nicht recht?«

Dann warf er einen Blick rings um sich und setzte hinzu:

»In solchen Augenblicken ist man heilfroh, wenn man Leuten begegnet, die einem etwas zuliebe tun.«

Er breitete eine Zeitung, die er bei sich hatte, über seine Hosen, damit sie nicht bekleckert werden konnten, hierauf holte er mit der Spitze eines Messers, das er jederzeit in der Tasche hatte, ein vor Sülze glänzendes Hühnerbein heraus, riß es gierig mit den Zähnen in Stücke und kaute mit so offenkundiger Befriedigung daran, daß ein gequälter Seufzer durch die Kutsche ertönte.

Da aber bot Schmalzpummel mit demütiger und sanfter Stimme den beiden Nonnen an, sie wolle gerne ihren Imbiß mit ihnen teilen. Beide nahmen das Anerbieten ohne weiteres an, stammelten ein paar Dankesworte und fingen, ohne die Augen aufzuheben, sehr schnell zu essen an. Auch Cornudet schlug die wiederholten Aufforderungen seiner Nachbarin nicht aus, und man breitete Zeitungen auf den Knien aus und bildete mit den beiden Nonnen eine Art Tischrunde.

Die Münder der Schmausenden gingen rastlos und ohne abzusetzen auf und zu, schluckten und schlangen, kauten und hieben heißhungrig und gierig ein. Loiseau in seiner Ecke arbeitete hart und redete mit leiser Stimme seiner Frau zu, es ihm doch nachzumachen. Lange sträubte sie sich gegen dieses Ansinnen, doch als sich ihr die Eingeweide zusammenkrampften, gab sie nach. Daraufhin fragte ihr Gatte in wohlgesetzten Worten ihre »reizende Reisegefährtin«, ob sie ihm erlaube, auch Frau Loiseau ein Häppchen anzubieten. »Aber gewiß doch!« ermutigte sie ihn mit einem liebenswürdigen Lächeln und reichte ihm die Terrine hinüber.

Eine peinliche Verlegenheit setzte es ab, als man die erste Flasche Bordeaux entkorkte. Es war nur ein einziger Becher vorhanden. So gab man ihn eben reihum, und jeder wischte ihn ab, ehe er daraus trank. Einzig Cornudet nippte, vermutlich aus Galanterie, gerade an der Stelle, die noch feucht war von den Lippen seiner Nachbarin.

Nun saßen der Graf und die Gräfin von Bréville sowie Herr und Frau Carré-Lamadon inmitten von schmausenden Leuten, und der Duft der Speisen verschlug ihnen den Atem; sie standen Qualen aus und machten alle die entsetzlichen Martern durch, die seit alters als Tantalusqualen sprichwörtlich sind. Mit einemmal stieß die junge Frau des Fabrikanten einen Seufzer aus, und alle drehten sich nach ihr um. Sie war kalkweiß, weiß wie der Schnee draußen. Ihre Augen fielen zu, sie neigte den Kopf und verlor das Bewußtsein. Ihr Gatte geriet völlig außer sich und bat alle Anwesenden flehentlich um Hilfe. Alles verlor den Kopf, doch da hob die ältere von den beiden Nonne den Kopf der Ohnmächtigen hoch, hielt ihr Schmalzpummels Becher an die Lippen und flößte ihr ein paar Tropfen Wein ein. Die hübsche junge Frau regte sich, schlug die Augen auf, lächelte und erklärte mit ersterbender Stimme, sie fühle sich jetzt ganz wohl. Damit das aber nicht ein zweites Mal vorkam, nötigte sie die Nonne, ein volles Glas Bordeaux auszutrinken, und setzte hinzu:

»Das kommt vom Hunger, sonst fehlt ihr nichts.«

Da blickte Schmalzpummel die vier Reisenden, die immer noch nüchtern waren, errötend und verlegen an und stammelte leise:

»Mein Gott, wenn ich's wagen dürfte, den Damen und Herren . . .«

Sie brach ab, denn sie fürchtete, man werde es ihr mit Schimpf und Hohn lohnen. Loiseau ergriff jedoch das Wort und sagte:

»Ei, weiß Gott, in solchen Fällen sind wir allzumal Brüder und müssen einander helfen. Kommen Sie, meine Damen, machen Sie keine Umstände, greifen Sie doch zu, Teufel noch einmal! Wissen wir denn, ob wir überhaupt noch ein Haus finden, wo wir über Nacht bleiben können? Wenn wir so weiter vorankommen wie bisher, werden wir nicht vor morgen mittag in Tôtes anlangen.«

Man wollte nicht recht darauf eingehen, denn niemand wollte die Verantwortung für das Ja übernehmen.

Doch der Graf machte dem betretenen Schweigen ein Ende und entschied die Streitfrage. Er wandte sich zu dem eingeschüchterten dicken Mädchen, setzte seine hochnäsige Miene auf und sagte sehr von oben herab:

»Wir nehmen dankbar an, Madame.«

Nur der erste Schritt kostete Überwindung. Als einmal der

Rubikon überschritten war, hieb man hemmungslos ein. Der Korb wurde ratzekahl leergegessen. Er enthielt noch eine Gänseleberpastete, eine Lerchenpastete, ein Stück Räucherzunge, Crassane-Birnen, einen Pfefferkuchen, kleine Törtchen und eine Tasse voll Essiggurken und -zwiebeln, da Schmalzpummel, wie alle Frauen, derlei scharfe Kost über alles gern aß.

Man konnte aber nicht gut den ganzen Mundvorrat des Mädchens aufessen, ohne ihr das Wort zu gönnen. So plauderte man denn, zunächst noch eher zurückhaltend, dann aber, als sie sich taktvoll und nicht im geringsten aufdringlich benahm, ließ man sich mehr gehen. Die Damen de Bréville und Carré-Lamadon, die über viel Lebensart verfügten, gaben sich herablassend liebenswürdig. Vor allem die Gräfin legte die verbindliche Herablassung der hochvornehmen Damen an den Tag, die keine Berührung je beschmutzen kann, und war ausgesucht bezaubernd. Aber die dickliche Frau Loiseau, die nicht sonderlich zartbesaitet war, aß ungerührt und wie ein Drescher weiter und redete fast nichts.

Natürlich drehte sich die Unterhaltung um den Krieg. Man erzählte allerlei Greueltaten der Preußen, heldenmütige Taten der Franzosen. Und alle diese Leute, die Reißaus nahmen, spendeten dem Mut der andern höchstes Lob. Es ging nicht lange, so kamen persönliche Erlebnisse zur Sprache, und Schmalzpummel berichtete mit echter Bewegung, mit jenem warmen Unterton, den Weiber ihres Schlages mitunter finden, um ihren natürlichen Regungen Ausdruck zu verleihen, wie sie Rouen verlassen hatte.

»Zuerst glaubte ich, ich könne bleiben«, erzählte sie. »Ich hatte das Haus voller Vorräte, und lieber wollte ich ein paar Soldaten verköstigen, als außer Landes, Gott weiß wohin, in die Ferne zu gehen. Als ich sie nun aber sah, diese Preußen, da hat es mich einfach übermannt! Vor Wut und Ärger wäre ich beinah geplatzt, ich war regelrecht krank und weinte den lieben langen Tag vor Scham und Empörung. Oh! wäre ich nur ein Mann! Ich schaute vom Fenster auf sie herab, auf diese feisten Schweine mit ihren Pickelhauben, und mein Dienstmädchen hielt mir die Hände fest, damit ich ihnen nicht alle meine Möbel auf den Buckel hinabwarf. Dann sind ein paar gekommen und haben bei mir Quartier nehmen wollen. Dem ersten bin ich an die Kehle gesprungen. Sie sind ja nicht schwerer zu erwürgen als andere! Und ich hätte ihn auch fertiggemacht, den Kerl, wenn man mich nicht an den Haaren von ihm weggerissen hätte. Nachher habe ich mich verstecken müssen. Schließlich hat sich eine Gelegenheit geboten, und ich bin ausgerissen, und hier bin ich nun.«

Man wünschte ihr allerseits überschwenglich Glück. Sie stieg in der Achtung ihrer Reisegefährten, die nicht so viel Mut bewiesen hatten, und um Cornudets Lippen spielte die ganze Zeit, während er ihr zuhörte, ein beifälliges und wohlwollendes Lächeln, das Lächeln eines Apostels. Genauso hört ein Priester zu, wenn ein Frommer Gottes Lob singt, denn die Demokraten haben den Patriotismus gepachtet wie die Soutanenmänner die Religion. Nun fing er seinerseits an zu sprechen, und er tat es in lehrhaftem Ton, mit dem hohlen Pathos, das er den Proklamationen, wie sie tagtäglich an die Mauern geklebt wurden, abgeschaut hatte, und schloß mit einer hinreißenden rednerischen Glanzleistung, in welcher er »Badinguet, diesen schuftigen Dreckkerl«, meisterlich abtat.

Da wurde Schmalzpummel aber ernstlich böse, denn sie war Bonapartistin. Sie wurde krebsrot im Gesicht und stammelte – so entrüstet war sie:

»Ich hätte ja sehen wollen, was ihr an seiner Stelle getan hättet! Da wäre was Schönes herausgekommen! Wahrhaftig! Dabei habt doch ihr ihn verraten, diesen Mann! Es bliebe einem nichts anderes mehr übrig, als aus Frankreich auszuwandern, wenn solche Lausbuben und Schweinekerle wie ihr an die Regierung kämen!«

Cornudet zuckte mit keiner Wimper und lächelte unentwegt verächtlich und überlegen; aber man spürte, daß es in ihm kochte und daß er nicht mehr viel brauchte, bis er in unflätiges Schimpfen ausbrach. Da legte sich der Graf ins Mittel und brachte es nach langem Zureden fertig, das wutschäumende Mädchen zu beruhigen. Alle ehrlichen Überzeugungen, erklärte er in einem Ton, der keine Widerrede duldete, seien der Achtung wert. Die Gräfin und die Fabrikantengattin hingegen, die, wie alle feinen Leute, die Republik aus tiefster Seele, wenn auch völlig unvernünftig und grundlos, verabscheuten und dafür allen despotischen Regierungsformen, die mit Federbüschen und goldstrotzenden Uniformröcken prunkten, die instinktive und innige Zuneigung entgegenbrachten, wie sie alle Frauen solchem Herrschertum gegenüber hegen, fühlten sich unwillkürlich, ob sie wollten oder nicht, zu diesem Freudenmädchen, das so viel Selbstachtung und Würde in sich hatte, hingezogen, weil ihre Gefühle, ihre Empfindungen so sehr ihren eigenen glichen.

Der Korb war leer. Selbzehnt hatte man alles, was darin war, mühelos mit Stumpf und Stiel vertilgt und bedauerte nur, daß er nicht größer war. Das Gespräch ging eine Zeitlang weiter, freilich verlief es merklich kühler, seitdem nichts mehr zu essen da war.

Die Nacht brach herein, die Dunkelheit wurde allmählich immer tiefer, und die Kälte, die ja stets spürbarer ist, wenn man verdaut, ließ Schmalzpummel zusammenschaudern, trotz ihrem wärmenden Fett. Da bot ihr Frau von Bréville ihren Fußwärmer an, dessen Kohlenglut seit dem Morgen mehrmals erneuert worden war, und sie nahm ohne Umstände an, denn sie spürte, wie ihr die Füße allgemach abfroren. Die Damen Carré-Lamadon und Loiseau gaben ihre Wärmeöfchen den beiden Nonnen.

Der Kutscher hatte seine Laternen angezündet. Sie warfen einen hellen Lichtschein auf die dampfenden, schweißbedeckten Rücken der Deichselpferde und beidseits der Straße auf den Schnee, der im unruhig flackernden Widerschein der Lichter wegzugleiten schien.

Drinnen im Wagen konnte man gar nichts mehr unterscheiden. Doch auf einmal ging zwischen Schmalzpummel und Cornudet etwas vor, ein unterdrücktes Keuchen und Ringen, eine Art Handgemenge war zu vernehmen, dann glaubte Loiseau, der angespannt in die Dunkelheit starrte, zu sehen, wie der langbärtige Mann schleunig zur Seite rückte, als hätte er einen wohlgezielten, lautlos geführten Schlag eingesteckt.

Kleine feurige Pünktchen tauchten weiter vorne an der Landstraße auf. Tôtes war in Sicht. Man war elf Stunden gefahren, und das machte, mit den zwei Stunden Rast, die man in vier Malen den Pferden zum Fressen und Verschnaufen gegönnt hatte, insgesamt dreizehn. Man fuhr in den Flecken ein und hielt vor dem Hôtel du Commerce.

Der Schlag wurde aufgerissen. Ein wohlbekanntes Klirren ließ die Reisenden zusammenfahren. Eine Säbelscheide rasselte über den Boden. Und im selben Augenblick brüllte die Stimme eines Deutschen etwas Unverständliches.

Obschon die Reisekutsche stillstand, stieg doch niemand aus, als hätten sich alle Insassen darauf gefaßt gemacht, beim Aussteigen niedergestochen zu werden. Nun trat der Kutscher herzu; er hielt eine seiner Laternen in der Hand und leuchtete damit unversehens bis hinten in den Wagen, wo zwei Reihen schreckensbleicher Gesichter beschienen wurden, die vor Überraschung mit offenen Mündern und weitaufgerissenen Augen entsetzt und in Todesängsten herausstarrten.

Neben dem Kutscher stand im hellen Lampenschein ein deutscher

Offizier, ein hochgewachsener, blutjunger, übermäßig schlanker Hüne mit blonden Haaren, in seinen Uniformrock eingezwängt wie ein Mädchen in seinen Schnürleib, schief auf dem Kopf seine flache, wachstuchüberzogene Mütze, die ihm das Aussehen eines Laufburschen in einem englischen Hotel verlieh. Sein übertrieben langer Schnurrbart, ein Prachtexemplar aus langen, steifen Haaren, wurde beidseitig immer dünner und dünner und endete in einem einzigen blonden Haar, das so dünn war, daß man gar nicht sah, wo es aufhörte. Es erweckte den Eindruck, als laste der Schnurrbart auf den beiden Mundwinkeln, als ziehe er die Wange abwärts und präge den Lippen eine steil abfallende Falte ein.

In einem holprigen Französisch, wie es die Elsässer sprechen, forderte er die Reisenden zum Aussteigen auf und sagte in schroffem Ton:

»Wollen Sie bitte aussteigen, meine Damen und Herren?«

Die beiden Nonnen gehorchten als erste mit der gefügigen Folgsamkeit der gottgeweihten Himmelsbräute, die an jede Art von Unterwürfigkeit und Ergebung gewöhnt sind. Hierauf erschienen der Graf und die Gräfin, gefolgt vom Fabrikanten und seiner Gattin, dann von Loiseau, der seine füllige Ehehälfte vor sich herschob. Als er den Fuß auf den Boden setzte, sagte er zum Offizier – eher aus einem Gefühl der vorbeugenden Klugheit als aus Höflichkeit: »Guten Tag, Herr Leutnant.« Doch der Deutsche, wie alle ihrer Allmacht bewußten Menschen unverschämt und hochfahrend, maß ihn von oben bis unten, ohne ihn einer Antwort zu würdigen.

Obwohl Schmalzpummel und Cornudet zunächst bei der Tür saßen, stiegen sie trotzdem als letzte aus. Angesichts des Feindes waren sie ernst gestimmt, und ihre Gesichter hatten einen abweisenden, ja hochfahrenden Ausdruck angenommen. Das dicke Mädchen gab sich große Mühe, sich zu beherrschen und Ruhe zu bewahren. Cornudet, der »Rote«, zupfte und zwirbelte ununterbrochen mit tragischer, leicht zitternder Hand seinen langen, fuchsroten Bart. Sie trachteten danach, ihre Würde zu wahren, denn ihr Gefühl sagte ihnen, bei einem solchen Zusammentreffen vertrete ein jeder in einem gewissen Sinne sein Land. Sie waren beide gleichermaßen empört über die Anpassungsfähigkeit ihrer Reisegefährten, und sie bemühte sich, stolzer aufzutreten als ihre Mitinsassinnen, die ehrbaren Ehefrauen, während er, im deutlichen Bewußtsein, er sei es sich schuldig, ihnen ein Vorbild zu sein, in seiner ganzen Haltung auch weiterhin seine Sendung, den Widerstand gegen die Eindringlinge, die er schon mit dem Aufreißen der Landstraße ausgeübt hatte, zum Ausdruck brachte.

Man betrat die geräumige Küche des Gasthofes, und der Deutsche ließ sich die vom Oberkommandierenden unterzeichnete Bewilligung zur Abreise zeigen, in welcher Namen, Signalement und Beruf jedes Reisenden vermerkt waren. Er musterte lange und eingehend alle diese Leute und verglich sie mit den Angaben der Bescheinigung. Dann sagte er kurzangebunden: »Ist gut« und verschwand.

Alles atmete erleichtert auf. Die Reisenden waren immer noch hungrig, und so wurde das Nachtessen bestellt. Eine halbe Stunde war erforderlich, um es zuzubereiten, und während zwei Mägde geschäftig aus und ein gingen und allem Anschein nach die nötigen Zurüstungen trafen, besichtigte man die Zimmer. Sie lagen alle an einem langen Gang, den eine Glastür mit einer vielsagend-bedeutungsvollen Nummer abschloß.

Endlich wollte man sich gerade zu Tische setzen, da erschien der Inhaber des Gasthofs selbst. Er war ein ehemaliger Pferdehändler, ein beleibter, asthmatischer Mann, dessen Luftröhre sich in einem fort ein lästiges Pfeifen, Rasseln und schleimiges Gehuste entrang. Sein Vater hatte ihm den Namen Follenvie vererbt.

»Mademoiselle Elisabeth Rousset?« fragte er.

Schmalzpummel fuhr zusammen und wandte sich um.

»Die bin ich.«

»Mademoiselle Rousset, der preußische Offizier wünscht Sie sofort zu sprechen.«

»Mich?«

»Jawohl, wenn Sie nämlich Mademoiselle Elisabeth Rousset sind.«

Sie verlor ein wenig die Fassung, überlegte sekundenlang und erklärte dann unverblümt:

»Das mag schon sein. Aber ich gehe nicht.«

Rings um sie geriet alles in Bewegung; alles redete eifrig durcheinander, erörterte und besprach diesen unerwarteten Befehl und suchte nach Gründen, die ihn veranlaßt haben mochten. Der Graf trat zu ihr heran und sagte:

»Das dürfen Sie nicht tun. Ihre Weigerung kann nämlich nicht nur für Sie heillose Unannehmlichkeiten zur Folge haben, sondern auch alle Ihre Reisegefährten in größte Schwierigkeiten bringen. Man darf sich Leuten, die stärker sind als wir, nie widersetzen. Dieser Schritt kann bestimmt keinerlei Gefahr bieten; fraglos handelt es sich um irgendwelche vergessene Formalitäten.«

Alle andern pflichteten ihm bei, man bat und drängte, redete auf sie ein und lag ihr so lange in den Ohren, bis sie schließlich überzeugt war. Alle fürchteten nämlich die Verwicklungen, die aus einem unbedachten Schritt entstehen konnten. Endlich sagte sie:

»Ihnen zuliebe will ich's tun, nur Ihretwegen, so viel ist sicher!«

Die Gräfin nahm ihre Hand.

»Und wir danken Ihnen dafür.«

Dann ging sie hinaus. Man wartete auf sie und setzte sich noch nicht zu Tisch.

Alle konnten nicht genug beteuern, wie schade es sei, daß nicht sie, an Stelle dieses aufbrausenden und unberechenbaren Geschöpfes, hinausgerufen worden seien, und ein jeder legte sich im Geiste ein paar unverbindliche Redensarten zurecht, für den Fall, daß auch er an die Reihe käme, bei dem Offizier vorsprechen zu müssen.

Doch zehn Minuten später kam sie wieder herein, keuchend und wutschnaubend, krebsrot im Gesicht, daß man meinte, sie sei am Ersticken, außer sich vor Empörung. »Oh! Der Dreckkerl! Der elende Schweinehund!« stieß sie nach Luft schnappend hervor.

Alle sprangen auf und wollten wissen, was geschehen war. Aber sie gab keinerlei Auskunft; und als der Graf nicht lockerließ, antwortete sie zurückhaltend und mit würdevoller Unnahbarkeit: »Nein, das geht Sie nichts an. Ich kann darüber nicht sprechen.«

Jetzt ließ man sich rund um eine hochwandige Suppenschüssel nieder, aus der ein würziger Kohlduft hochstieg. Der ganzen Aufregung zum Trotz verlief das Nachtessen recht vergnügt. Der Apfelwein war gut, das Ehepaar Loiseau und die beiden Nonnen tranken aus Sparsamkeit davon, während die andern alle Wein bestellten. Cornudet verlangte Bier. Er hatte eine besondere, unnachahmliche Art, die Flasche zu entkorken, das Bier mit einem breiten Schaumkragen einzuschenken, das Glas schräg zu halten und aufmerksam zu beobachten, es dann zwischen Lampenlicht und Augen zu halten, um die Farbe des Getränkes sachkundig zu prüfen. Wenn er trank, sah es aus, als zittere sein langer Bart, der die gleiche Farbe angenommen hatte wie sein Lieblingstrunk, vor Zärtlichkeit. Seine Augen schielten, so liebevoll hielt er sie unentwegt auf sein Glas gerichtet, und es hatte den Anschein, als erfülle er die einzige Obliegenheit, für die er geboren sei. Man hatte den Eindruck, er stelle in seinem Geist eine Ähnlichkeit und gleichsam eine Verwandtschaft zwischen den beiden übermächtigen Leidenschaften her, die sein ganzes Leben ausfüllten: dem Bier und der Revolution.

Und eins war sicher: er konnte das eine nicht trinken, ohne daß ihm dabei das andere in den Sinn kam.

Herr und Frau Follenvie, die Wirtsleute, speisten ganz unten an der Tafel. Der Mann keuchte und röchelte wie eine defekte Lokomotive, und seine verschleimte Brust gab ihm viel zu sehr zu schaffen, als daß er hätte beim Essen sprechen können. Dafür ließ die Frau ihr Mundwerk unermüdlich und ohne abzusetzen drauflos plappern. Sie gab alle, auch ihre flüchtigsten und belanglosesten Wahrnehmungen beim Einrücken der Preußen zum besten, erzählte, was sie getan und was sie gesagt hatte; sie haßte sie aus tiefstem Herzen, zunächst einmal darum, weil sie Geld kosteten, und dann auch, weil sie zwei Söhne bei der Armee hatte. Sie wandte sich vornehmlich an die Gräfin, denn es schmeichelte ihr, daß sie sich mit einer adeligen Dame wie mit ihresgleichen unterhalten durfte.

Dann dämpfte sie ihre Stimme und fing an, allerlei Dinge auszukramen, die nicht für jedermanns Ohren bestimmt waren, und von Zeit zu Zeit fiel ihr der Mann ins Wort und mahnte: »Du solltest lieber den Mund halten, Madame Follenvie.« Doch sie kehrte sich nicht daran und schwätzte weiter:

»Ja, gnädige Frau Gräfin, diese Leute tun nichts als in einem fort Kartoffeln und Schweinefleisch essen, und dann wieder Schweinefleisch und Kartoffeln. Und glauben Sie ja nicht, sie seien etwa sauber. – O nein! – Überall machen sie hin, mit Verlaub zu sagen. Und wenn Sie ihnen zusehen könnten, wie sie stundenlang und ganze Tage hindurch exerzieren! Da stehen sie alle beisammen auf einem Acker, und dann heißt es: Vorwärts, marsch! Und dann: zurück, marsch-marsch! Und rechts schwenkt! Links schwenkt! – Wenn sie wenigstens noch die Felder bestellen wollten oder zu Hause an ihren Straßen bauten! – Aber nein, o nein, gnädige Frau, das Militär ist zu gar nichts nütze! Sie schmarotzen und saugen das arme Volk aus und lernen nichts außer Morden und Metzeln! – Ich bin nur eine alte, ungebildete Frau, da haben Sie schon recht; aber wenn ich sehe, wie sie sich müde rackern mit ihrem blödsinnigen Getrampel von früh bis spät, dann sage ich mir: Wenn manche Leute so viele Dinge erfinden, um sich nützlich zu machen, müssen dann andere sich derart abschinden, bloß damit sie nachher schaden können? Wahr und wahrhaftig, ist es nicht eine abscheuliche Versündigung, wenn man Menschen totschießt, sie mögen nun Preußen oder Engländer sein, Polen oder auch Franzosen? – Wenn sich einer an einem andern rächt, der ihm etwas zuleide getan hat, dann ist das Unrecht und ein Verbrechen, und man wird ja auch dafür bestraft. Wenn man aber unsere jungen Männer ausrottet wie das Wild in Wald und Feld, sie mit Gewehren und Flinten abknallt, dann ist es eine verdienstliche Tat, denn man verleiht noch dem, der am meisten von ihnen austilgt, einen Orden! – Nein, sehen Sie, das werde ich nie verstehen können!«

Cornudet warf mit erhobener Stimme ein:

»Der Krieg ist eine Barbarei, wenn man einen friedlichen Nachbarn angreift; er ist eine heilige Pflicht, wenn man sein Vaterland verteidigt.«

Die alte Frau senkte den Kopf.

»Ja, wenn man sich wehren muß, dann ist es schon etwas anderes. Aber müßte man nicht eher alle die Könige totschlagen, die das zu ihrem Vergnügen tun?«

Cornudets Augen flammten auf.

»Bravo, Bürgerin!« bekräftigte er.

Herr Carré-Lamadon brütete über tiefsinnigen Überlegungen. Einerseits war er ein blinder und begeisterter Verehrer aller großen und berühmten Heerführer, aber andererseits gab ihm der gesunde Menschenverstand dieser Bäuerin zu denken. Nun überschlug er in Gedanken, welchen Wohlstand einem Lande so viele unbeschäftigte und folglich viel zu kostspielige Armeen einbringen würden, wie einträglich so viele Kräfte, die man unproduktiv unterhält, wären, wenn man sie für die gewaltigen industriellen Aufgaben verwenden könnte, zu deren Vollendung Jahrhunderte erforderlich waren.

Doch da stand Loiseau auf, trat zum Wirt und fing leise ein Gespräch mit ihm an. Der dicke Mann lachte, hustete und spuckte, sein unförmiger Schmerbauch schwabbelte und hüpfte vor Vergnügen über die Witze und lustigen Sprüche seines Nachbars, und schließlich wurde er mit ihm über sechs Fäßlein Bordeaux handelseinig, lieferbar im Frühjahr, sobald die Preußen abgezogen waren.

Sogleich nach dem Nachtmahl gingen alle zu Bett, denn sie waren todmüde und wie gerädert von der langen Fahrt.

Loiseau hingegen, der die Augen offenbehalten und sich alles genau angeschaut hatte, schickte seine Frau ins Bett, und dann hielt er bald sein Auge, bald das Ohr ans Schlüsselloch und versuchte herauszubringen, was er »die Geheimnisse des Korridors« zu nennen pflegte.

Eine Stunde später etwa vernahm er ein raschelndes Rauschen. Geschwind guckte er durchs Schlüsselloch und erblickte Schmalzpummel, die in einem Schlafrock aus blauer Kaschmirwolle, mit weißen Spitzen gesäumt, noch fülliger und rundlicher wirkte. Sie hielt einen Kerzenstock in der Hand und lenkte ihre Schritte der weithin sichtbaren Nummer hinten im Gange zu. Da aber ging nebenan eine Tür einen Spaltbreit auf, und als sie ein paar Minuten später wieder herauskam, schlich ihr Cornudet, nur in Hemd und Hosen, nach. Sie tuschelten eine Zeitlang miteinander, dann blieben sie stehen. Schmalzpummel verwehrte ihm anscheinend energisch den Zutritt zu ihrem Zimmer. Leider konnte Loiseau nicht verstehen, was sie sagten, zuletzt aber, als sie sich ereiferten und lauter sprachen, vermochte er ein paar Worte aufzuschnappen. Cornudet wurde immer zudringlicher, er wollte und wollte sich nicht abweisen lassen und sagte:

»Aber was ist denn? Sind Sie aber dumm! Was kann Ihnen das schon ausmachen?«

Sie blickte ihn zornig und entrüstet an und erwiderte:

»Nein, mein Lieber, es gibt Augenblicke, wo man solche Sachen einfach nicht macht. Und gar hier wäre es geradezu eine Schande.«

Offenbar verstand er das nicht und fragte, warum. Da geriet sie in helle Wut und redete immer hitziger und lauter.

»Warum?« sagte sie. »Verstehen Sie das denn nicht? Wo doch die Preußen hier im Haus sind, vielleicht sogar im Zimmer nebenan!«

Nun fand er keine Antwort mehr. Diese patriotische Schamhaftigkeit einer liederlichen Dirne, die sich, weil der Feind in der Nähe war, nicht wollte liebkosen lassen, hatte höchstwahrscheinlich in seinem Herzen seine ins Wanken geratene Würde geweckt, denn er gab ihr nur einen Kuß und ging dann auf den Zehenspitzen wieder in sein Zimmer.

Loiseau trat vom Schlüsselloch weg. Er war höchst angeregt und aufgekratzt, machte einen übermütigen Luftsprung durchs Zimmer, zog dann sein Nachthemd an, lüpfte das Leintuch, unter dem das harte Knochengestell seiner Lebensgefährtin lag, weckte sie mit einem Schmatz und murmelte:

»Liebst du mich, Schatz?«

Nun wurde es im ganzen Hause still. Doch nicht lange nachher ertönte von irgendwoher, aus einer unbestimmbaren Richtung – es konnte ebensogut aus dem Keller wie vom Dachboden herkommen – ein gewaltiges Schnarchen, ein regelmäßiges, eintöniges, dumpfes und langgezogenes Sägen und Karcheln, untermischt mit gurgelndem, heiserem Keuchen, als stehe ein Dampfkessel unter Druck. Herr Follenvie schlief.

Da man beschlossen hatte, anderntags um acht Uhr weiterzufahren, fanden sich alle in der Küche ein. Doch der Wagen, dessen Plache dick verschneit war, stand einsam mitten im Hof, keine Pferde und kein Kutscher waren zu sehen. Man suchte umsonst nach ihm, er war weder im Stall noch in der Futterkammer und auch nicht im Wagenschopf. Da entschlossen sich die Männer, gemeinsam nach ihm Ausschau zu halten und sich in der näheren Umgebung umzusehen, und gingen alle fort. Sie trafen sich auf dem Dorfplatz wieder, dessen Hintergrund die Kirche bildete, während zu beiden Seiten niedrige Häuser standen, vor denen preußische Soldaten zu sehen waren. Der erste, der ihnen in die Augen fiel, schälte Kartoffeln. Der zweite, weiter hinten, wusch den Laden des Coiffeurs auf. Ein anderer, ein bärtiger Mann mit Haaren bis unter die Augen, hielt ein weinendes Bübchen im Arm, wiegte es auf den Knien und suchte es zu trösten und zu beruhigen. Und die behäbigen Bäuerinnen, deren Männer im Kriege waren und bei der Armee mitkämpften, zeigten den folgsamen Siegern mit allerhand Zeichen die Arbeit, die zu machen war. Da gab es Holz zu spalten, die Suppe mußte aufgesetzt, Kaffee gemahlen werden. Einer wusch sogar die Wäsche seiner Wirtin, einer alten gelähmten Frau.

Erstaunt fragte der Graf den Küster, der eben aus dem Pfarrhaus trat, was das zu bedeuten habe. Der alte Kirchendiener gab ihm Auskunft: »Oh, die sind kein bißchen böse. Es heißt auch, es seien gar keine Preußen. Sie kommen von weiter her, ich weiß nicht recht, woher. Und sie haben alle Weib und Kinder zu Hause, und da macht ihnen das Kriegführen keinen Spaß! Ich bin sicher, man weint dort drüben genauso bekümmert den Männern nach wie bei uns. Hier sind wir ja im Augenblick gar nicht so schlimm dran, sie tun uns nichts zuleid und arbeiten, als wären sie zu Hause. Sehen Sie, lieber Herr, arme Leute müssen einander eben helfen, wo's nur geht . . . Krieg führen ja immer nur die Mächtigen und Großen . . .«

Cornudet war entrüstet über das herzliche Einvernehmen, das bereits zwischen Siegern und Unterlegenen herrschte, und drückte sich. Er zog es vor, sich im Gasthof einzuschließen. Loiseau, der Spaßvogel, witzelte: »Sie sorgen für Bevölkerungszuwachs.« Herr Carré-Lamadon aber sagte ernst: »Sie bauen wieder auf.« Den Kutscher aber fand man nicht. Schließlich entdeckte man ihn im

Dorfwirtshaus, in brüderlicher Eintracht am gleichen Tisch mit dem Burschen des Offiziers. Der Graf nahm ihn ins Gebet und fragte:

»Hat man Ihnen nicht Weisung gegeben, Sie sollten Punkt acht Uhr angespannt haben?«

»Jawohl, freilich. Aber seither hat man mir andere Weisungen erteilt.«

»Welche denn?«

»Überhaupt nicht einzuspannen.«

»Wer hat Ihnen das befohlen?«

»Ei, wer denn sonst als der preußische Kommandant?«

»Weshalb?«

»Weiß ich nicht. Fragen Sie ihn doch selber. Man hat mir verboten anzuspannen, und da spanne ich eben nicht an. Damit basta.«

»Hat er Ihnen das selbst gesagt?«

»Nein, nein. Der Wirt hat es mir in seinem Auftrag gesagt.«

»Wann war das?«

»Gestern abend, gerade als ich zu Bett gehen wollte.«

Höchst besorgt und beunruhigt kehrten die drei Männer in den Gasthof zurück.

Hier fragten sie nach Herrn Follenvie; doch die Magd gab den Herren zur Antwort, der Wirt stehe seines Asthmas wegen nie vor zehn Uhr auf. Er habe sogar ausdrücklich verboten, ihn früher zu wecken, außer im Falle eines Feuerausbruchs.

Nun wollte man den Offizier sehen, doch das war völlig ausgeschlossen, obwohl er im Gasthof wohnte. Herr Follenvie war allein ermächtigt, mit ihm über zivile Angelegenheiten zu sprechen. So wartete man denn. Die Frauen begaben sich auf ihre Zimmer und vertrieben sich die Zeit mit allerlei müßigen Beschäftigungen.

Cornudet machte es sich in der Küche unter dem hohen Kamin, in dem ein mächtiges Feuer loderte, bequem. Er ließ sich aus der Wirtschaft eines von den Tischchen bringen, dazu ein großes Seidel Bier, und holte seine Pfeife hervor, die sich bei den Demokraten eines fast ebenso hohen Ansehens erfreute wie er selbst, als hätte sie sich um das Vaterland verdient gemacht, bloß weil sie ihm schmeckte. Es war eine prachtvolle Meerschaumpfeife, meisterhaft und sachkundig angeraucht, schwarz wie die Zähne ihres Besitzers, aber herrlich riechend, schön geschwungen, glänzend; sie paßte ihm gut in die Hand und war sozusagen aus seinem Gesicht nicht wegzudenken, so untrennbar gehörte sie dazu. So saß er regungslos da, starrte bald in die Flammen im Kamin, dann wieder auf den

Schaum, der sein Bierglas krönte, und jedesmal, wenn er einen Schluck getrunken hatte, fuhr er mit seinen langen, mageren Fingern zufrieden durch sein langes, fettiges Haar, während er gleichzeitig den Schaumrand von seinem Schnurrbart sog.

Loiseau schützte vor, er müsse sich ein wenig die Beine vertreten, ging von einem Schankwirt zum andern und schlug seinen Wein los. Der Graf und der Fabrikant fingen an zu politisieren. Sie erörterten vorausschauend Frankreichs Zukunft. Der eine glaubte an das Haus Orléans, der andere an einen unbekannten Retter, einen Helden, der sich dann offenbaren würde, wenn alles ganz verzweifelt stünde, an einen Du Guesclin, eine Jungfrau von Orléans vielleicht oder einen neuen Napoleon I. Ach, wenn bloß der kaiserliche Prinz nicht gar so jung wäre! Cornudet hörte ihnen zu und lächelte, als sei er der Mann, der wisse, was die Zukunft bringen wird. Seine Pfeife erfüllte die Küche mit duftendem Qualm.

Als es zehn Uhr schlug, erschien Herr Follenvie. Sofort wurde er mit Fragen bestürmt; aber er konnte nur zwei-, dreimal immer die genau gleichen Worte ohne jede Abweichung vom Wortlaut wiederholen: »Der Offizier hat mir gesagt: ›Monsieur Follenvie, Sie haben zu verbieten, daß morgen der Wagen der Reisenden angespannt wird. Ich wünsche nicht, daß sie ohne einen Befehl meinerseits wegfahren. Verstanden? Das genügt.‹«

Nun wollte man den Offizier sprechen. Der Graf schickte ihm seine Karte, auf welcher Herr Carré-Lamadon seinen Namen mitsamt allen seinen Titeln und Würden gleichfalls hinschrieb. Der Preuße ließ ihnen antworten, er werde die beiden Herren, sobald er gespeist habe, d. h. gegen ein Uhr, zu einer Unterredung vorlassen.

Nun erschienen auch die Damen wieder, und trotz der Aufregung aß man eine Kleinigkeit. Schmalzpummel sah krank und schrecklich verstört aus.

Gerade als man mit dem schwarzen Kaffee fertig war, kam der Offiziersbursche und holte die Herren.

Loiseau schloß sich ihnen an. Doch als man Cornudet ebenfalls mit hinaufschleppen wollte, um ihrem Schritte noch größeres Gewicht zu verleihen, erklärte er stolz, er gedenke nie und unter gar keinen Umständen Beziehungen irgendwelcher Art mit den Deutschen aufzunehmen. Und dann setzte er sich wieder an den Kamin und bestellte einen neuen Krug Bier.

Die drei Herren verfügten sich nach oben und wurden in das schönste Zimmer des Gasthofs geführt, wo sie der Offizier empfing.

Er lag in einem Armstuhl hingelümmelt, hatte beide Beine auf dem Kaminsims, rauchte eine lange Porzellanpfeife und war in einen flammendroten Schlafrock gehüllt, den er fraglos in der verlassenen Wohnung eines geschmacklosen Spießers hatte mitlaufen lassen. Er stand nicht auf, grüßte sie nicht und schaute sie überhaupt nicht an. So bot er ein prachtvolles Muster der Rüpelhaftigkeit, wie sie dem siegreichen Militär naturgemäß eigen ist.

Nach einer Weile fragte er: »Was wünschen Sie?«

Der Graf nahm das Wort: »Wir möchten abreisen, Herr Offizier.«

»Nein.«

»Dürfte ich fragen, aus welchen Gründen Sie es uns verbieten?«

»Weil ich's nicht will.«

»Ich möchte mir ganz ergebenst die Bemerkung erlauben, daß Ihr Herr Oberbefehlshaber uns eine Reiseerlaubnis nach Dieppe ausgestellt hat, und ich glaube nicht, daß wir uns etwas haben zuschulden kommen lassen, womit wir Ihre harten Maßnahmen verdient hätten.«

»Ich will nicht . . . Das ist alles . . . Sie können gehen.«

Sie verbeugten sich alle drei und zogen sich zurück.

Der Nachmittag verlief unter Jammern und Aufbegehren. Niemand konnte sich denken, was der Deutsche mit seiner Querköpfigkeit bezweckte, und die ausgefallensten Ängste verwirrten die Köpfe. Alle wichen nicht aus der Küche, und das Rätseln und Hin-und-her-Überlegen wollte kein Ende nehmen; die unwahrscheinlichsten Dinge gingen ihnen durch den Sinn. Vielleicht wollte man sie als Geiseln dabehalten – doch in welcher Absicht? Oder gedachte man sie als Gefangene wegzuschleppen? Oder, was noch eher anzunehmen war, hatte man vor, von ihnen ein ansehnliches Lösegeld zu erpressen? Bei diesem Gedanken raubte ihnen panisches Entsetzen Besinnung und Verstand. Die Reichen unter ihnen waren am verängstigtsten; sie sahen sich bereits gezwungen, ganze Säcke voll Gold diesem unverschämten Preußen abzuliefern, wenn sie ihr Leben freikaufen wollten. Sie zerbrachen sich den Kopf, um glaubhafte Lügen auszudenken, ihre Reichtümer zu verhehlen und sich als arme, als bettelarme Leute auszugeben. Loiseau nahm seine Uhrkette ab und versteckte sie in der Tasche. Die herniedersinkende Nacht machte ihre Ängste nur noch schlimmer. Die Lampe wurde angezündet, und da noch zwei Stunden bis zum Nachtessen blieben, schlug Frau Loiseau eine Partie Einunddreißig vor. So könne man wenigstens die Zeit angenehm totschlagen. Ihr Vorschlag fand Anklang. Sogar Cornudet verstieg sich höflicherweise dazu, seine Pfeife auszulöschen, und spielte mit.

Der Graf mischte die Karten, teilte aus – und Schmalzpummel hatte schon beim erstenmal einunddreißig. Und es währte nicht lange, so legte sich in der Spannung des Spielens die Furcht, die alle Gemüter gefangenhielt. Doch da bemerkte Cornudet, daß das Ehepaar Loiseau unter einer Decke steckte und schamlos mogelte.

Eben als man zu Tische gehen wollte, tauchte Herr Follenvie wieder auf und meldete mit seiner verschleimten Stimme:

»Der preußische Offizier läßt Mademoiselle Elisabeth Rousset fragen, ob sie sich noch nicht eines Bessern besonnen hat.«

Schmalzpummel blieb bocksteif stehen, sie war kreidebleich geworden. Dann aber lief sie jählings flammendrot an, und der Zorn würgte sie so heftig, daß sie beinah erstickte und nicht mehr sprechen konnte. Endlich brach sie los:

»Sie können diesem Schweinehund, diesem Dreckvieh, diesem Aas von einem Preußen ausrichten, daß ich niemals und unter gar keinen Umständen dafür zu haben bin! Haben Sie verstanden? Nie, nie und nie!«

Der dicke Gastwirt verzog sich. Nun umringten alle die junge Frau, setzten ihr mit Fragen zu und bestürmten sie, das Geheimnis, das über ihrem Besuch lag, zu enthüllen. Zuerst sträubte sie sich, doch schließlich war ihre Empörung stärker als alle Rücksichten.

»Was er von mir will? . . .« schrie sie. »Was er will? . . . Mit mir schlafen will er!«

Niemand stieß sich an dem unverblümten Ausdruck, so entrüstet waren sie alle. Cornudet setzte sein Bierseidel so grimmig auf den Tisch, daß es zersplitterte. Ein allgemeines Wutgeschrei brach los, Abscheu und Zorn gegen diesen schuftigen Säbelraßler machten sich Luft, alle waren darin einmütig, daß es jetzt galt, zusammenzustehen und sich nicht kleinkriegen zu lassen; es war, als hätte man von jedem einzelnen von ihnen einen Teil des Opfers verlangt, das von ihr gefordert wurde. Der Graf erklärte angewidert, dieses Pack führe sich auf wie die Barbaren von ehemals. Zumal die Frauen bezeigten Schmalzpummel eine tatkräftige und liebevolle Teilnahme. Die beiden Nonnen, die sich nur bei den Mahlzeiten blicken ließen, hielten das Haupt gesenkt und sagten nichts.

Als sich die erste Wut gelegt hatte, speiste man trotz allem; doch wurde nur wenig gesprochen. Alles hing seinen Gedanken nach.

Die Damen gingen früh schlafen, und die Herren rauchten und veranstalteten ein Ecarté, zu dem auch Herr Follenvie aufgefordert wurde. Man hatte nämlich die Absicht, ihn unverfänglich über Mittel und Wege auszuholen, wie der Widerstand des Offiziers überwunden werden konnte. Doch der Wirt hatte nur Augen für seine Karten und hörte ihnen überhaupt nicht zu. In einem fort mahnte er: »Spielen wir, meine Herren, spielen wir!« Er war mit so ungeteilter Aufmerksamkeit beim Spiel, daß er darob völlig zu spucken vergaß, so daß es in seiner Brust zuweilen tönte wie aus einer Orgel. Seine pfeifenden Lungen gaben die ganze Tonleiter des Asthmas her, von den tiefen, feierlichen Noten bis zum schrillen heiseren Krähen junger Hähne, die ihre ersten Krähversuche anstellen.

Er weigerte sich sogar hinaufzugehen, als ihn seine Frau, die zum Umfallen müde war, holen wollte. Da ging sie allein zu Bett, denn sie war eine Frühaufsteherin und kroch immer schon zeitig mit der Sonne aus den Federn, während ihr Mann gerne lang aufblieb und jederzeit bereit war, die ganze Nacht mit ein paar Freunden durchzuwachen. So rief er ihr nur nach: »Stell mir meine Hühnermilch ans Feuer!« und setzte sich wieder ans Spiel. Als man dann endgültig einsah, daß nichts aus ihm herauszulocken war, erklärte man, es sei nun Zeit, ins Bett zu gehen, und alle gingen schlafen.

Am nächsten Morgen standen alle rechtzeitig auf mit einer leisen, unbestimmten Hoffnung und dem immer mächtiger sich regenden Wunsch, nun endlich weiterzufahren, und allen graute davor, noch einen Tag länger in diesem greulichen kleinen Gasthof auszuharren.

Umsonst! Die Pferde blieben im Stall, der Kutscher war und blieb unsichtbar. Da keiner wußte, was er anfangen sollte, lungerten alle untätig um den Wagen herum.

Das Mittagessen verlief recht trübselig. Es war nämlich eine merkliche Abkühlung Schmalzpummel gegenüber eingetreten, denn in der Nacht, die bekanntlich Rat bringt, hatten sich auch die Ansichten ein wenig gewandelt. Nun nahm man es dem Mädchen beinahe übel, daß es nicht heimlich und verstohlen den Preußen aufgesucht hatte und damit seinen Reisegefährten bei ihrem Erwachen eine angenehme Überraschung aufgespart hatte. Was gab es Einfacheres? Und wer hätte es übrigens je erfahren? Sie hätte ja den Schein wahren und dem Offizier sagen lassen können, sie habe Erbarmen mit ihrer Not gehabt. Für sie hatte das so gar keine Bedeutung!

Doch einstweilen ließ noch niemand seine heimlichen Gedanken laut werden.

Als sich alle am Nachmittag fast zu Tode langweilten, machte der Graf den Vorschlag, man könnte einen Spaziergang rund um das Dorf unternehmen. Ein jeder mummte sich sorglich ein, und dann machte sich die kleine Gesellschaft auf den Weg. Nur Cornudet zog es vor, beim warmen Feuer sitzen zu bleiben, und auch die beiden Nonnen blieben daheim, weil sie sich tagsüber jeweils in der Kirche oder im Pfarrhaus aufhielten.

Die Kälte, die mit jedem Tag grimmiger wurde, zwickte grausam in Nase und Ohren. Die Füße taten so schmerzhaft weh, daß jeder Schritt eine Qual war, und als sie aufs offene Feld hinauskamen, erschien ihnen die Gegend derart unheimlich unter diesem grenzenlosen weißen Leichentuch, daß sie alsbald umkehrten, mit eisstarren Seelen und gepreßten Herzen.

Die vier Frauen gingen voraus, die drei Männer stapften in geringem Abstand hinter ihnen drein.

Loiseau, der die peinliche Lage erfaßt hatte, rückte plötzlich mit der Frage heraus, ob eigentlich »diese Schnepfe« sie noch lange an einem so gräßlichen Ort festlegen wolle. Der Graf, der immer höflich und korrekt blieb, äußerte, man könne doch nicht wohl von einer Frau ein so peinliches Opfer verlangen, das müsse sie ganz von sich aus tun. Herr Carré-Lamadon warf ein, wenn die Franzosen, wie das Gerücht umgehe, über Dieppe einen Gegenangriff unternähmen, dann könne der Zusammenprall nur in Tôtes erfolgen. Diese Überlegung gab den andern zu denken und erfüllte sie mit Besorgnis. »Und wenn wir uns jetzt zu Fuß aus dem Staub machten?« meinte Loiseau. Der Graf zuckte die Achseln. »Wo denken Sie hin? Bei dem Schnee! Mit unseren Frauen! Und außerdem würde man uns doch sofort nachsetzen, wir wären in zehn Minuten schon eingeholt und würden wieder als Gefangene eingebracht, auf Gnade und Ungnade den Soldaten ausgeliefert.« Das stimmte, und das Gespräch brach ab.

Die Damen besprachen Toilettefragen; aber ihr Gespräch hatte etwas Gezwungenes, und es war, als hätten sie sich irgendwie entzweit.

Auf einmal tauchte vorne, am Ende der Straße, der Offizier auf. Im Schnee, der den Horizont begrenzte, hob sich seine hochgewachsene Gestalt ab, die aussah wie eine Wespe in Uniform, und er stolzierte mit auswärts gebogenen Knien daher, mit dem Gang, der den Offizieren eigen ist, wenn sie Sorge tragen, ihre blitzblank gewichsten Stiefel nicht zu beschmutzen.

Als er bei den Damen vorüberkam, verneigte er sich; den Männern warf er nur einen geringschätzigen Blick zu. Sie brachten übrigens so viel Würde auf, ihre Hüte nicht vor ihm zu ziehen. Nur Loiseau war unwillkürlich mit der Hand zum Hutrand gefahren, als wollte er grüßen. Schmalzpummel war bis hinter die Ohren rot geworden. Und die drei verheirateten Frauen empfanden es als bittere Demütigung, daß sie der Offizier in Gesellschaft dieser Dirne antraf, mit der er so wenig Federlesens gemacht hatte und so rücksichtslos umgesprungen war.

Nun kam die Rede auf ihn, auf seinen Wuchs, sein Gesicht. Madame Carré-Lamadon, die viele Offiziere gekannt hatte und sie somit als Kennerin beurteilte, fand, er sehe gar nicht übel aus. Sie fand es sogar schade, daß er kein Franzose war, denn er würde einen schmucken Husaren abgeben, in den bestimmt alle Frauen vernarrt wären.

Als man wieder im Gasthof angelangt war, wußte niemand mehr recht, was er anfangen sollte. Es kam sogar zu Reibereien und ärgerlichen Auseinandersetzungen aus den geringfügigsten Anlässen. Das Nachtessen verlief schweigsam und wurde rasch abgetan, und dann gingen alle zu Bett, in der Hoffnung, sie könnten die Zeit mit Schlafen totschlagen.

Am nächsten Morgen kamen alle mit unausgeschlafenen Gesichtern und in reizbarer Stimmung herunter. Die Frauen gönnten Schmalzpummel kaum das Wort.

Eine Glocke fing an zu läuten. Es fand eine Kindstaufe statt. Das dicke Mädchen hatte ein Kind, das in einer Bauernfamilie zu Yvetot aufgezogen wurde. Sie sah es kaum einmal jedes Jahr und dachte überhaupt nie daran. Doch als sie sich nun vorstellte, wie dieses Kind getauft wurde, erwachte in ihrem Herzen eine plötzliche und wilde Zärtlichkeit für ihr eigenes Kind, und sie wollte sich unbedingt die Feier ansehen.

Kaum war sie gegangen, so schauten alle einander vielsagend an, dann rückte man die Stühle näher zusammen, denn alle hatten das Gefühl, es müsse nun endlich einmal eine Entscheidung fallen. Loiseau hatte eine einleuchtende Idee: er war der Ansicht, man müsse dem Offizier den Vorschlag machen, er möge doch Schmalzpummel ganz allein dabehalten und die andern weiterreisen lassen.

Herr Follenvie übernahm auch diesen Auftrag, aber er kam fast augenblicklich wieder herunter. Der Deutsche kannte die menschliche Natur und hatte ihn kurzerhand vor die Tür gesetzt. Er bestand darauf, die ganze Reisegesellschaft zurückzuhalten, solange seinem Ansinnen nicht Genüge getan sei.

Nun aber brach Frau Loiseaus pöbelhaftes Temperament durch, und sie maulte:

»Wir werden doch hoffentlich nicht hier vor Altersschwäche umfallen wollen?! Wenn es zum Beruf dieser Schlampe gehört, daß sie das mit allen Männern macht, so finde ich, sie hat nicht das Recht, ausgerechnet diesen einen abzuweisen und alle andern nicht. Ich bitt Sie, so was hat in Rouen alles genommen, was ihr nur in den Weg gelaufen ist, sogar Fuhrleute! Ja, freilich, meine verehrte Frau Gräfin, den Kutscher der Präfektur! Das weiß ich bestimmt, er kauft doch seinen Wein in der Firma. Und heute geht's darum, uns aus der Patsche zu ziehen, und jetzt spielt sie die Verschleckte, diese rotznasige Allerweltsmetze! . . . Ich finde, er benimmt sich sehr gut, der Offizier. Vielleicht hat er seit langem schon enthaltsam leben müssen, und wir waren hier unser drei, mit denen er zweifellos viel lieber etwas gehabt hätte . . . Aber nein, er gibt sich mit diesem Allerweltsliebchen zufrieden. Die verheirateten Frauen läßt er in Frieden. Bedenken Sie doch nur: er hat hier zu befehlen! Er brauchte ja nur zu sagen: ›Ich will!‹, und schon könnte er samt seinen Soldaten uns Gewalt antun.«

Die beiden Frauen überlief ein gelinder Schauer. Die Augen der hübschen Madame Carré-Lamadon leuchteten, und eine leichte Blässe überzog ihr Gesicht, als spürte sie bereits, wie sie von dem Offizier vergewaltigt wurde.

Die Männer, die abseits gestanden und eifrig miteinander verhandelt hatten, traten wieder herzu. Loiseau schäumte vor Wut und wollte dieses »Schandweib« geknebelt und gebunden an den Feind ausliefern. Doch der Graf, ein Sproß dreier Generationen von Botschaftern, und auch in seinem ganzen Auftreten ein Diplomat vom Scheitel bis zur Sohle, war Anhänger gelinderer Maßnahmen. »Man müßte sie dazu überreden«, meinte er.

Und nun wurde eine regelrechte Verschwörung angezettelt.

Die Damen rückten eng aneinander, steckten die Köpfe zusammen, man sprach mit vorsichtig gedämpfter Stimme, und ein allgemeines Gespräch entspann sich, jeder gab seine Ansicht bekannt. Im übrigen ging es dabei höchst schicklich und geziemend zu. Die Damen vor allem fanden die zimperlichsten und sinnigsten Wendungen, die harmlosesten Umschreibungen und reizvollsten Ausdrücke, um die schlüpfrigsten und anstößigsten Dinge zu sagen. Ein Uneingeweihter hätte überhaupt kein Wort verstanden, so peinlich achteten alle darauf, daß auch nicht ein einziger verfänglicher Ausdruck, ein einziges eindeutig unanständiges Wort unterlief. Da jedoch die leichte Kruste von Schamhaftigkeit, mit der jede Dame der guten Gesellschaft umgeben ist, nur ganz leicht die äußerste Oberfläche überdeckt, ergötzten sie sich in tiefster Seele an diesem leicht anrüchigen und beinah zotig-unanständigen Abenteuer, hatten im Grunde ihres Herzens einen Heidenspaß dabei, sie fühlten sich in ihrem ureigenen Element, als sie mit dem sinnlichen Behagen eines Kochs, der weiß, wie ein gutes Mahl, das er für einen andern bereitet, diesem munden wird, nach Herzenslust ihrem Kuppelgeschäft oblagen.

Die fröhliche Stimmung kehrte ganz von selber wieder ein, so spaßig und urkomisch kam ihnen die ganze Geschichte schließlich vor. Der Graf hatte einen witzigen Einfall nach dem andern; zwar tönten sie alle reichlich gewagt, doch waren sie so lustig und treffend vorgebracht, daß man unwillkürlich lächeln mußte. Dann gab Loiseau seinerseits ein paar saftige und noch handfestere Zoten zum besten, über die man sich aber nicht im geringsten aufhielt. Und aller Denken beherrschte der brutale Ausspruch seiner Frau: »Da es doch nun einmal ihr Gewerbe ist, warum soll diese Schlampe gerade den abweisen und alle andern nicht?« Die reizende Madame Carré-Lamadon schien sogar zu denken, an ihrer Stelle würde sie den noch weniger als einen andern abweisen.

Die Belagerung wurde von langer Hand vorbereitet, wie für eine umzingelte Festung. Man machte aus, welche Rolle jeder zu spielen hatte, auf was für Argumente er sich stützen sollte, welche Schliche und Mittel er anwenden mußte. Man vereinbarte den Angriffsplan, die Kriegslisten, die in Anwendung kommen sollten, wie auch die überraschenden Finten beim Endsturm, mit dem diese Zitadelle aus Fleisch und Blut gezwungen werden konnte, den Feind einzulassen.

Cornudet allein hielt sich abseits und kümmerte sich nicht um die ganze Sache, mit der er nichts zu tun haben wollte.

So eifrig waren alle bei der Sache, und sie gaben sich mit so gespannter Aufmerksamkeit ihrem Pläneschmieden und Ränkespiel hin, daß niemand Schmalzpummel nach Hause kommen hörte.

Doch da flüsterte der Graf leise: »Pscht!« und alle blickten erschrokken auf.

Sie war da. Das Gespräch brach plötzlich ab, und ein betretenes Schweigen entstand, eine Verlegenheit, die zunächst alle abhielt, mit ihr zu reden. Die Gräfin, die weltläufiger als die andern und im Doppelspiel, das in den Salons gang und gäbe war, weit wendiger und geschmeidiger war, fragte verbindlich:

»War's lustig bei der Taufe?«

Da erzählte das dicke Mädchen, das noch ganz aufgewühlt war, alles, was es gesehen hatte, was für Gesichter die Leute gemacht, wie sie dagesessen hatten, ja sogar das Innere der Kirche beschrieb sie. Dann setzte sie hinzu:

»Es tut einem so gut, wenn man zuweilen beten kann.«

Bis zum Mittagessen begnügten sich die Damen vorderhand damit, mit ihr recht liebenswürdig umzugehen, damit sie Vertrauen fassen und desto williger und fügsamer auf ihre Ratschläge eingehen sollte.

Kaum saß man bei Tisch, so leitete man die ersten tastenden Annäherungsversuche ein. Zunächst entspann sich ein allgemein gehaltenes Gespräch über aufopfernde Selbstverleugnung. Allerlei Beispiele aus dem Altertum wurden angeführt: Judith und Holofernes wurden erwähnt, und dann, ohne jeden ersichtlichen Anlaß, Lukrezia mit Sextus, Kleopatra, die sämtliche feindliche Feldherren der Reihe nach zu sich ins Bett nahm und sie da zu sklavischen Demütigungen erniedrigte. Und nun rollte eine frei erfundene und höchst phantasievolle Weltgeschichte ab, wie sie in der Einbildungskraft dieser ungebildeten Millionäre erblüht war. Da wanderten die Bürgerinnen von Rom nach Capua und lullten dort Hannibal und mit ihm alle seine Unterführer und die Schlachtreihen seiner Söldner in ihren Armen ein. Man zitierte alle die Frauen, die einmal die Eroberer zum Stehen gebracht, die aus ihrem Leib ein Schlachtfeld gemacht hatten, ein Werkzeug und Mittel zum Herrschen, eine Waffe. Alle führte man an, die mit ihren heldenmütigen Liebkosungen irgendwelche verruchten, abscheulichen oder verhaßten Geschöpfe zur Strecke gebracht und ihre Keuschheit der Rache und aufopfernder Hingabe dargebracht hatten.

Man brachte sogar, allerdings in verhüllten und wohlverblümten Worten, die Rede auf jene Engländerin aus vornehmem Geschlecht, die sich hatte eine gräßliche ansteckende Krankheit einimpfen lassen, um sie Bonaparte anzuhängen, der freilich wie durch ein

Wunder, dank einem plötzlichen Schwächeanfall, den er zur Stunde des verhängnisvollen Stelldicheins erlitten, heil davonkam.

Und all dies wurde in höchst schicklichem und maßvollem Ton erzählt, und nur zuweilen konnte man daraus eine gemachte und zielbewußte Begeisterung heraushören, die darauf berechnet war, mit all diesen Zwecklobspenden zur Nachahmung anzufeuern.

Zu guter Letzt hätte man wahrlich glauben können, die einzige Rolle, die hienieden einer Frau zugedacht war, bestehe in einem immerwährenden Sich-Aufopfern, einer Hin- und Preisgabe an die Willkür der Soldateska, die nie ein Ende nehmen sollte.

Die beiden Nonnen hörten anscheinend gar nicht zu und waren in tiefes Sinnen versunken. Schmalzpummel sagte kein Wort.

Den ganzen Nachmittag hindurch ließ man sie ungestört überlegen. Doch anstatt sie mit »Madame« anzureden, wie man bisher getan hatte, nannte man sie jetzt nur noch »Mademoiselle«, ohne daß jemand gewußt hätte, weshalb. Es war, als hätte man sie um einen Grad in der Achtung herabsetzen wollen, zu der sie emporgeklommen war, als wollte man ihr zu spüren geben, wie schandvoll ihre Lage war.

Gerade als die Suppe aufgetragen wurde, erschien Herr Follenvie und fragte wie tags zuvor: »Der preußische Offizier läßt fragen, ob Mademoiselle Elisabeth Rousset sich immer noch nicht eines Bessern besonnen hat.«

Schmalzpummel gab ihm kurzangebunden zur Antwort: »Nein, Herr Wirt.«

Beim Abendessen jedoch verlor die Koalition den Zusammenhalt. Loiseau gab dreimal recht unglückliche Äußerungen von sich. Alle zermarterten sich die Köpfe, um neue Beispiele auszusinnen, und doch fand keiner eins. Da verspürte die Gräfin, ohne jeden Vorbedacht vielleicht, ein unklares Bedürfnis, auch die Religion zu ihrem Rechte kommen zu lassen, und sie wandte sich an die ältere der beiden Nonnen um nähere Auskunft über die denkwürdigen und wahrhaft großen Taten aus dem Leben der Heiligen. Manche von ihnen hatten freilich Handlungen begangen, die in unseren Augen Verbrechen wären; doch die Kirche gewährt anstandslos solchen Missetaten Verzeihung, wenn sie zum Ruhme Gottes oder zum Wohl des Nächsten vollbracht werden. Das war ein gewichtiges und überzeugendes Argument, und die Gräfin machte es sich auch sogleich zunutze. Nun brachte die Nonne, sei es aus stillschweigendem Einverständnis, aus irgendwelcher unbewußten Liebedienerei, die ja jedem Träger eines geistlichen Gewandes eignet, sei es auch einfach als Folge einer glücklichen Einfalt, einer hilfsbereiten Dummheit, der Verschwörung eine höchst wirksame Hilfe. Man hatte sie für schüchtern gehalten, nun aber erwies sie sich als kühn, wortgewandt und leidenschaftlich erregbar. Die Gute war nicht im geringsten kasuistisch angekränkelt und redete darum keineswegs ängstlich um die Dinge herum; ihre Lehre schien starr und unbeugsam wie ein eiserner Stab, ihr Glaube schwankte und zögerte nie, ihr Gewissen kannte keine Bedenken noch Nöte. Abrahams Opfer dünkte sie ganz selbstverständlich, denn sie hätte augenblicklich Vater und Mutter ans Messer geliefert, wenn sie dazu einen Wink des Himmels erhalten hätte. Ihrer Ansicht nach konnte nichts dem himmlischen Herrn mißfallen, wenn die Absicht lobenswert war. Die Gräfin bediente sich denn auch der geheiligten Autorität ihrer unerwartet aufgetauchten Helferin und entlockte ihr sozusagen eine erbauliche Predigt über das bekannte sittliche Axiom: »Der Zweck heiligt die Mittel.«

Sie nahm sie regelrecht ins Gebet.

»Sie sind also überzeugt, Schwester, daß Gott alle Mittel angenehm sind, daß er eine Tat verzeiht, wenn nur der Beweggrund rein ist?«

»Wer könnte daran zweifeln, Frau Gräfin? Eine an sich tadelnswerte Tat wird oftmals verdienstlich durch den Gedanken, der sie eingibt.«

Und so redeten sie weiter, entwirrten Gottes Willen und deuteten seine Ratschlüsse, sahen bereits voraus, was die Zukunft bringen werde, ließen ihn an Dingen teilhaben, die ihn wahrlich nichts angingen.

All dies war in verhüllten Worten, in wohlausgeklügelten Wendungen und mit aller Zurückhaltung vorgebracht. Aber jedes einzelne Wort der gottgeweihten Nonne in ihrer Flügelhaube schlug eine Bresche in den empörten Widerstand der Dirne. Dann ging das Gespräch zeitweise auf andere Dinge über, und die Nonne mit ihrem langen baumelnden Rosenkranz kam auf die Niederlassungen ihres Ordens zu sprechen, erzählte allerlei über ihre Oberin und von sich selber sowie über ihre herzige Begleiterin, die liebe Schwester Saint-Nicéphore. Man hatte sie beide nach Le Havre gerufen, damit sie in den dortigen Spitälern Hunderte von Kranken pflegen sollten, die an den Pocken erkrankt lagen. Sie schilderte diese unglücklichen Menschen, gab genaue Einzelheiten über ihre Krankheit. Und während sie jetzt durch diesen verschrobenen Preußen mit seiner Schrulle unterwegs aufgehalten wurden, starben vielleicht Franzosen in großer Zahl, und sie hätten sie womöglich noch retten können. Darauf verstand sie sich nämlich ganz besonders gut, die Pflege verwundeter Soldaten war ihre Spezialität; sie war in der Krim, in Italien und Österreich dabeigewesen, und als sie von ihren Feldzügen erzählte, entpuppte sie sich mit einemmal als eine von den geistlichen Frauen, die mit Trommeln und Trompeten wirken, die anscheinend dazu geschaffen sind, um den Kriegsschauplätzen nachzureisen, die Verwundeten im Getümmel der Schlacht aufzulesen, und, wie's ein Truppenführer nicht besser konnte, mit einem einzigen Wort die aufsässigen und unbotmäßigen Kriegsleute zu bändigen; eine waschechte, unverwüstliche und kriegsgewohnte Krankenschwester, deren verheertes, von ungezählten Löchern durchfurchtes Gesicht ein Abbild der Verwüstungen des Krieges schien.

Niemand sagte etwas, als sie ausgeredet hatte, so nahe waren ihnen allen ihre Worte offensichtlich gegangen.

Kaum war die Mahlzeit zu Ende, so begaben sich alle unverzüglich hinauf in ihre Zimmer und kamen erst am andern Morgen ziemlich spät wieder herunter.

Das Mittagessen verlief ruhig. Man ließ dem Samen, den man tags zuvor ausgesät hatte, Zeit, zu keimen und Früchte anzusetzen.

Die Gräfin machte den Vorschlag, im Laufe des Nachmittags einen Spaziergang zu unternehmen. Wie verabredet, bot der Graf Schmalzpummel den Arm und blieb mit ihr hinter den andern zurück.

Er sprach in dem bekannten väterlich-vertraulichen, ein bißchen verächtlich herablassenden Ton auf sie ein, den gesetzte Männer Dirnen gegenüber anschlagen, nannte sie »mein liebes Kind«, behandelte sie so recht von oben herab, wie es seiner gesellschaftlichen Stellung, seiner unbestreitbaren, nie und nirgends angefochtenen Ehrenhaftigkeit zustand. Er ging ohne lange Umschweife auf den Kern der Frage los.

»Sie wollen uns also lieber hier festsitzen lassen, gleich Ihnen selber allen Fährlichkeiten und Gewalttätigkeiten ausgesetzt, die notgedrungen auf einen Rückschlag oder eine Schlappe der preußischen Truppen folgen müßten. Eher wollen Sie uns das antun, als daß Sie sich zu einer von jenen Gefälligkeiten hergäben, die Sie ja so oft in Ihrem Leben schon erwiesen haben?«

Schmalzpummel gab ihm keine Antwort.

Nun setzte er ihr mit allen Mitteln zu, redete bald sanft und liebreich, bald vernünftig und sachlich, dann wieder gefühlvoll mit ihr. Er wußte dabei immer der Herr Graf zu bleiben, wenn er sich auch, wenn's drauf ankam, als galanter Mann aufspielte, der mit Komplimenten nicht kargte, kurzum, er gab sich als liebenswürdigen Schwerenöter. Er war des Lobes voll über den Dienst, den sie ihnen allen erweisen würde, ließ auch durchblicken, wie dankbar und erkenntlich sie sich zeigen wollten. Dann duzte er sie unvermittelt und sagte augenzwinkernd und vergnügt: »Und weißt du, meine Liebe, er könnte sich rühmen, mit einem verflixt hübschen Mädel zusammengewesen zu sein, wie er nicht so leicht eines bei sich zu Hause finden wird.«

Schmalzpummel gab ihm keine Antwort und schloß sich der übrigen Gesellschaft an.

Als sie in den Gasthof zurückgekehrt waren, ging sie sogleich auf ihr Zimmer und kam nicht mehr herunter. Alle waren aufs höchste beunruhigt. Was gedachte sie zu tun? Wenn sie sich nicht dazu verstehen wollte, welch peinliche und ausweglose Lage!

Es wurde Nachtessenszeit. Man wartete vergeblich auf sie. Da kam Herr Follenvie herein und verkündete, Fräulein Rousset fühle sich nicht wohl, und man könne zu Tische gehen. Alle spitzten die Ohren. Der Graf trat zum Wirt und fragte leise: »Ist es soweit?« – »Ja.« – Anstandshalber sagte er seinen Reisegefährten nichts, sondern nickte ihnen nur bedeutsam zu. Ein tiefer Seufzer der Erleichterung entrang sich alsbald jeder Brust, auf allen Gesichtern malte sich unverhohlene Freude.

Loiseau grölte: »Potz Donnerwetter! Ich zahle Champagner, wenn in diesem Lokal so was aufzutreiben ist!« Und Frau Loiseau ward angst und bange, als der Wirt mit vier Flaschen in beiden Händen wieder hereinkam. Alle waren auf einmal gesprächig und lärmig geworden. Eine ausgelassene, beinah lüsterne Freude erfüllte alle Herzen. Der Graf schien plötzlich zu merken, daß Frau Carré-Lamadon eigentlich verflixt bezaubernd war, der Fabrikant machte der Gräfin Komplimente. Die Unterhaltung wurde lebhaft, witzig und locker, voller boshafter Anspielungen und Anzüglichkeiten.

Mit einemmal schnitt Loiseau ein angstvoll verzerrtes Gesicht, hob beide Arme und brüllte:

»Still!«

Alle verstummten überrascht, fast schon erschrocken. Nun lauschte er gespannt, winkte mit beiden Händen und bedeutete ihnen, stille zu sein, blickte zur Zimmerdecke empor, horchte erneut und sagte dann mit seiner gewohnten Stimme:

»Beruhigen Sie sich, alles in Ordnung.«

Erst wollte man ihn gar nicht verstehen, doch dann huschte ein verständnisinniges Lächeln über alle Gesichter.

Eine Viertelstunde später gab er den Witz von neuem zum besten und brachte ihn im Laufe des Abends noch mehrmals an. Außerdem tat er, als rede er mit jemandem im oberen Stockwerk und erteilte ihm Ratschläge, die er seinem Geschäftsreisenden-Witzvorrat entnahm. Zuweilen machte er ein tieftrauriges Gesicht und sagte seufzend: »Armes Kind!« Oder dann knurrte er mit verbissener Wut: »Der gottverfluchte Preuße!« Manchmal, wenn kein Mensch mehr daran dachte, stieß er mit bebender Stimme ein um das andere Mal hervor: »Genug! Genug!« und setzte dann wie im Selbstgespräch hinzu:

»Wenn wir sie nur wiedersehen! Wenn er sie bloß nicht zu Tode herzt, der elendige Schuft!«

Wenn alle diese Witze auch höchst geschmacklos waren, so mußten doch alle darüber lachen, und niemand nahm sie übel auf, denn die Entrüstung, wie alles andere, hängt stets von den Umständen ab, und die Atmosphäre, die sich nach und nach herausgebildet hatte, war geladen mit lüsternen, schlüpfrigen Gedanken.

Beim Nachtisch machten sogar die Damen witzige und diskrete Anspielungen. Ihre Augen leuchteten, alle hatten reichlich getrunken. Der Graf, der, auch wenn er über die Stränge schlug, seine geflissentlich zur Schau getragene Würde wahrte, hatte einen Geistesblitz: er fand einen sinnigen Vergleich, der großen Anklang fand, über das Ende der Überwinterungszeit am Pol und die Freude der Schiffbrüchigen, die sehen, wie sich eine Bahn nach dem Süden auftut.

Loiseau war so recht in Stimmung; nun stand er, ein Glas Champagner in der Hand, auf und rief:

»Ich trinke auf unsere Erlösung!«

Alle erhoben sich von ihren Stühlen und klatschten ihm Beifall. Sogar die beiden Nonnen nippten, von den Damen dazu genötigt, an dem schäumenden Wein, von dem sie noch nie getrunken hatten. Sie erklärten, er schmecke ähnlich wie Brauselimonade, nur sei er feiner.

Loiseau fand das passende Wort für die allgemeine Stimmung, als er sagte:

»Jammerschade, daß wir kein Klavier haben. Sonst könnten wir jetzt eine Quadrille tanzen.«

Cornudet hatte bisher kein Wort gesagt und sich nicht geregt. Anscheinend war er in tiefernste Gedanken versunken und zupfte ab und zu mit grimmiger Gebärde an seinem wallenden Bart; es sah aus, als wolle er ihn noch länger ziehen. Endlich gegen Mitternacht, als man zu Bett gehen wollte, klopfte ihm Loiseau, der sichtlich schwankte, auf den Bauch und lallte:

»Gerade lustig sind Sie heute abend nicht. Sie sagen ja gar nichts, Bürger!«

Doch Cornudet hob mit einem raschen Ruck den Kopf, ließ einen funkelnden und fürchterlichen Blick über die ganze Gesellschaft reihum gehen und sagte:

»Ich erkläre Ihnen allen, daß Sie sich gemein und niederträchtig benommen haben!«

Er stand auf, ging zur Tür und sagte noch einmal:

»Gemein und niederträchtig!«

Dann ging er hinaus.

Zuerst wirkte das wie eine kalte Dusche. Loiseau hatte es die Stimme verschlagen, und er stand dumm und entgeistert da. Dann aber bog er sich auf einmal vor Lachen und sagte einmal übers andere:

»Ja, ja, sie sind zu sauer, die Trauben, mein Lieber, sie sind zu sauer!«

Da niemand verstand, was er damit meinte, erzählte er die »Geheimnisse des Korridors«. Darob brach erneut ein hemmungsloser Heiterkeitssturm los. Die Damen waren völlig außer Rand und Band vor Vergnügen. Der Graf und Herr Carré-Lamadon hatten Tränen in den Augen, so mußten sie lachen. Sie konnten es gar nicht fassen.

»Was Sie nicht sagen! Sind Sie ganz sicher? Er wollte . . .«

»Ich sage Ihnen doch, ich habe es gesehen.«

»Und sie hat ihn abgewiesen?«

»Weil der Preuße im Zimmer nebenan war.«

»Nicht möglich!«

»Ich schwöre es Ihnen.«

Der Graf war dem Ersticken nahe. Der Industrielle hielt sich den Bauch mit beiden Händen. Loiseau fuhr fort:

»Und heute abend, das werden Sie verstehen, findet er sie kein bißchen spaßig, aber auch kein bißchen.«

Und dann platzten sie alle drei wieder los; es war ihnen richtig übel vor Lachen, sie rangen nach Atem und mußten husten.

Daraufhin ging man auseinander. Doch Frau Loiseau, die unscheinbar und giftig wie eine Brennessel war, mutzte ihrem Mann beim Zubettgehen auf, »diese hochnäsige Pute«, die Carré-Lamadon, habe den ganzen Abend so neidisch und mißgünstig gelacht.

»Weißt du, wenn die Weiber einmal auf Uniformen fliegen, so ist es ihnen, weiß Gott, Wurst, ob's ein Franzose ist oder ein Preuße. Ist es nicht ein Jammer, du mein Gott im Himmel!«

Und die ganze Nacht lief durch den finstern Gang ein eigentümliches Rascheln, leichte, kaum hörbare Geräusche, hauchleises Gewisper, Huschen bloßer Füße, ein fast unmerkliches Knarren und Knistern. Und erst sehr spät schliefen augenscheinlich alle ein, denn noch lange drang heller Lichtschimmer unter den Türen heraus. Solche Wirkungen hat der Champagner. Er verschafft, so sagt man, einen gestörten Schlaf.

Am nächsten Morgen schien eine grelle Wintersonne auf den Schnee hernieder und ließ ihn in blendender Weiße flimmern. Die Reisekutsche war endlich angespannt und wartete vor der Tür, während ein Schwarm von weißen Tauben, aufgeplustert in ihrem dicken Gefieder, mit ihren rosigroten, in der Mitte schwarzgetupften Augen gravitätisch zwischen den Beinen der sechs Pferde umherwandelten und ihr Futter in dem dampfenden Mist suchten, den sie ringsherum verzettelten.

Der Kutscher saß in seinen Schafspelz eingemummelt auf dem Bock und schmauchte seine Pfeife, und alle Reisenden strahlten und ließen sich noch rasch für den Rest der Fahrt Proviant einpacken.

Man wartete nur noch auf Schmalzpummel. Da kam sie.

Sie sah ein wenig verwirrt aus, als schämte sie sich. Schüchtern trat sie auf ihre Reisegefährten zu. Diese aber wandten sich wie ein Mann zur Seite und taten, als hätten sie sie nicht gesehen. Der Graf nahm würdevoll den Arm seiner Gemahlin und entzog sie dieser unreinen Berührung.

Das dicke Mädchen blieb verdutzt und wie vor den Kopf geschlagen stehen. Dann nahm sie ihren ganzen Mut zusammen und redete die Frau des Fabrikanten mit einem unterwürfig gemurmelten »Guten Tag, Madame« an. Die aber erwiderte ihren Gruß nur mit einem knappen, hochnäsigen Nicken, das sie mit einem Blick voll schwer beleidigter Tugend begleitete. Alle waren anscheinend sehr beschäftigt und hielten sich von ihr fern, wie wenn sie eine anstekkende Krankheit in ihren Röcken eingeschleppt hätte. Dann lief alles Hals über Kopf zum Wagen, und sie kam zuallerletzt und ganz allein dorthin nach und nahm schweigend den Platz ein, den sie am ersten Reisetag innegehabt hatte.

Es war, als kenne man sie nicht, als sehe man sie überhaupt nicht. Aber Frau Loiseau maß sie von weitem mit entrüsteter Miene und sagte dann halblaut zu ihrem Mann:

»Ich bin nur froh, daß ich nicht neben ihr sitze.«

Der schwere Wagen setzte sich langsam in Fahrt, und die Reise ging weiter.

Zunächst sprach niemand ein Wort. Schmalzpummel getraute sich nicht aufzublicken. Sie war einesteils aufgebracht gegen alle ihre Mitreisenden, andernteils fühlte sie sich gedemütigt, weil sie nachgegeben hatte, sie kam sich besudelt vor durch die Küsse des Preußen, in dessen Arme man sie so doppelzüngig und heuchlerisch getrieben hatte.

Doch die Gräfin wandte sich nach einiger Zeit zu Frau Carré-Lamadon und brach dies peinliche Schweigen.

»Sie kennen, glaub' ich, Madame d'Etrelles?«

»Ja, sie ist eine Freundin von mir.«

»Was für eine bezaubernde Frau!«

»Entzückend! Eine überragende Frau, übrigens hochgebildet und Künstlerin bis in die Fingerspitzen. Sie singt hinreißend schön und zeichnet meisterhaft.«

Der Fabrikant plauderte mit dem Grafen, und das klirrende Geschepper der Scheiben übertönte dann und wann ein Wort: »Coupon . . . Verfallstag . . . Prämie . . . Termin.«

Loiseau hatte im Gasthof ein abgegriffenes Kartenspiel gemaust, ein schmieriges, altes Spiel, das schon fünf Jahre lang auf den unsauberen, nur oberflächlich abgewischten Wirtshaustischen herumgefahren war, und nun spielte er mit seiner Frau eine Partie Bézigue.

Die frommen Nonnen griffen nach dem langen Rosenkranz, der an ihrem Gürtel hing, schlugen zusammen das Kreuzeszeichen, und dann fingen auf einmal ihre Lippen an sich zu bewegen, schnell und immer geschwinder, und schließlich klang ihr undeutliches Gemurmel so hastig, als gelte es einen Wettlauf im Oremus-Beten. Und von Zeit zu Zeit küßten sie eine Schaumünze, bekreuzigten sich von neuem und hoben dann wieder ihr schnelles, keinen Augenblick abreißendes Gemurmel an.

Cornudet saß regungslos da und grübelte.

Nach drei Stunden Fahrt schmiß Loiseau die Spielkarten zusammen und sagte: »Man kriegt Hunger.«

Da holte seine Frau ein verschnürtes Paket hervor, aus dem sie ein Stück kaltes Kalbfleisch auswickelte. Sie schnitt es säuberlich in dünne, feste Scheiben, und dann fingen sie beide an zu essen.

»Eigentlich könnten wir auch mithalten . . .« schlug die Gräfin vor. Den andern war es recht, und sie packte den Mundvorrat aus, der für die beiden Ehepaare vorbereitet war. In einer jener länglichen Schüsseln, auf deren Deckel ein Steingut-Hase anzeigt, daß darunter ein Hase in einer Pastete eingebacken ruht, war da ein wahres Schlemmermahl aus leckerem, saftigem Aufschnitt zugerichtet, wo weiß schimmernde Streifen von Speck das braune Fleisch des Wildbrets durchzogen, vermischt mit anderen feingehackten Fleischsorten. Ein ansehnliches viereckiges Stück Gruyèrekäse, das in eine Zeitung eingewickelt war, trug auf seiner fettglänzenden Teigmasse abgeklatscht den Aufdruck: Unglücksfälle und Verbrechen.

Die beiden Nonnen wickelten einen Ring Würste aus, die nach Knoblauch rochen, und Cornudet steckte beide Hände gleichzeitig in die geräumigen Taschen seines weiten Überziehers und holte aus der einen vier hartgekochte Eier und aus der andern den Anschnitt eines Brotlaibs hervor. Er klaubte die Schale ab, warf sie ins Stroh unter seine Füße und biß gierig in die Eier. Kleine hellgelbe Dotterkrümchen fielen auf seinen wallenden Bart herab und sahen aus wie Sternchen.

Schmalzpummel hatte in der Hast und Aufregung des Aufstehens an nichts denken können. Und nun schaute sie erbittert und vor Wut halb erstickt allen diesen Leuten zu, wie sie gemütlich aßen. Zuerst krampfte sich ihr Herz in aufwallendem Groll zusammen, und sie tat schon den Mund auf, um ihnen in einer Flut von Schimpfwörtern, die in ihr hochstiegen und über ihre Lippen drängten, deutlich ihre Meinung zu sagen. Aber sie brachte kein Wort heraus, so schnürten ihr Erbitterung und Wut die Kehle zusammen.

Niemand hatte einen Blick für sie, keiner dachte an sie. Sie fühlte, wie sie in der Verachtung dieser ehrbaren Halunken gleichsam ertrank. Diese Leute hatten sie zuerst geopfert und dann verworfen wie eine unsaubere und unnütze Sache. Nun fiel ihr auch ihr großer Henkelkorb ein, der randvoll mit herrlichen

Leckerbissen gefüllt gewesen war. Wie heißhungrig und gierig hatten sie alles verschlungen! Sie dachte an ihre beiden sülzeglitzernden Brathühnchen, ihre Pasteten, die Birnen, die vier Flaschen Bordeaux. Und mit einemmal war ihr Zorn verflogen, es war, als sei eine allzu straff gespannte Saite zerrissen, und sie spürte, wie ihr die Tränen kamen. Sie kämpfte dagegen an, nahm sich zusammen, so gut sie's konnte, hielt sich steif und schluckte ihr Schluchzen hinunter, wie es Kinder tun, aber die Tränen stiegen ihr in die Augen, glitzerten am Rand ihrer Wimpern, und nicht lange dauerte es, so tropften ihr zwei dicke Tränen auf das Gesicht herab und rollten ihr langsam über die Wangen. Andere kamen hintennach, kugelten schneller, rannen abwärts wie die Wassertropfen, die aus einem Felsen sickern, und tropften dann regelmäßig auf ihre vorgewölbte Brust herab. Sie blieb kerzengerade sitzen, starrte geradeaus vor sich hin, mit kreidebleichem, regungslosem Gesicht, und hoffte, man werde es nicht beachten.

Aber die Gräfin sah es, und sie machte ihren Mann mit einem Wink darauf aufmerksam. Er zuckte die Achseln, als wollte er sagen: »Was kann ich schon dafür? Ich bin ja nicht schuld!« Frau Loiseau lachte lautlos und schadenfroh und murmelte vor sich hin: »Sie weint über ihre Schande.«

Die beiden Nonnen hatten den Rest ihrer Wurst in ein Stück Papier eingewickelt und beteten wieder.

Da streckte Cornudet, der seine Eier verdaute, seine langen Beine unter die Bank gegenüber, lehnte sich zurück, verschränkte die Arme, lächelte wie einer, dem gerade ein glänzender Witz eingefallen ist, und fing an, leise die Marseillaise zu pfeifen.

Alle Mienen verdüsterten sich. Offensichtlich behagte das volkstümliche Lied seinen Nachbarn gar nicht. Sie wurden nervös, gereizt und sahen aus, als würden sie jetzt dann gleich losheulen wie Hunde, wenn sie einen Leierkasten hören. Er merkte es wohl und hörte darum erst recht nicht auf. Manchmal trällerte er sogar die Worte leise vor sich hin:

»O Opfermut fürs heilige Vaterland,
Führ du den Arm, der deine Knechtschaft rächt!
O Freiheit, teures, heißgeliebtes Pfand,
Hilf, kämpf mit uns für unser Glück und Recht!«

Man fuhr nun schneller dahin, denn der Schnee war härter gefroren. Und bis nach Dieppe, während der langen, eintönigen Stunden der Reise, im Gerüttel des holprigen Weges, in der einbrechenden Nacht und später in der tiefen Finsternis, die im Wagen herrschte, setzte er mit wildwütender Verbissenheit sein rächendes, monotones Pfeifen fort und zwang die todmüden und maßlos gereizten Geister, den Gesang von Anfang bis zum Ende anzuhören, sich jedes Wort ins Gedächtnis zu rufen und es Takt für Takt der Melodie anzugleichen.

Und Schmalzpummel weinte immer noch. Und ab und zu stieg ein schluchzendes Stöhnen, das sie nicht hatte verhalten können, zwischen zwei Strophen des Gesangs in dem stockdunklen Wagen hoch.

(Deutsch von Walter Widmer)

Charles Ferdinand Ramuz
Mousse

Es gibt gewisse Klüfte, die man »baumes« nennt. Überall in diesem Land mit seinen Hochebenen findet man solche Untiefen; überall an Stellen, wo die Felsen, die den Unterbau des Bodens bilden, sich gegeneinander verschoben haben. Ihre Tiefe, die kennt niemand. Man sagt, bei vielen komme man nie auf den Grund. Wirft man einen Stein hinunter, er sei so groß und schwer wie er wolle, hört man ihn an den Wänden aufschlagen, der Klang kommt immer weiter und weiter her und erlischt am Ende ganz; aber man vernimmt kein Anhalten, keinen harten und dumpfen Anprall, der uns vermelden würde: jetzt ist der Grund erreicht. In einigen dieser Spalten fließt Wasser, man vernimmt, wie Quellen sprudeln; aus andern weht ein solcher Frost, ein solch eisiger Atem herauf, daß man annehmen muß, sie seien immer voll von Schnee, der sich hier im Winter aufschichtet.

Eine Kluft dieser Art ist ganz nahe bei der Alphütte gelegen, zweihundert Schritt rechterhand an der tiefsten Stelle einer weiten Bodenmulde; ringsumher dehnen sich Weideplätze wie Wellen eines grünen Meeres, die plötzlich erstarren; noch weiter vorn steigt als ein recht deutlicher Kreis eine Schranke von Felsen gegen den Himmel auf. Dann war die Hütte da, und neben ihr ein paar andere, aber die waren nicht so groß und nicht so gut gebaut; in der Hütte lebten sie ihrer fünf oder sechs, und darunter Augustin, der Handbub, und der Hund Mousse. Der stammte von einer großen Schäferhündin ab, die auch da war; sie hatte einen Wurf von drei Jungen gehabt, und davon hatte man den drolligsten behalten, weil man Mitleid mit ihm hatte, so niedlich war er und wirklich lustig anzusehen mit einem weißen Fleck um das linke und einem schwarzen um das rechte Auge; ganz kraus war er und spielte den ganzen Tag, biß den Männern an den Schuhen herum, hakte sich an ihren Hosen fest, und war dabei sanft und nie bösartig. So war er herangewachsen, und alle hatten ihn verwöhnt, als er noch klein war. Als er aber groß wurde und ein wirklicher Hund, wußte man nichts mehr mit ihm anzufangen, denn die Alte kam allein mit Hüten aus. Man sah ihn für überflüssig an, und dazu fraß er zuviel, denn hier oben ist das Brot selten; man muß es mit großer Mühe vom Dorf herauftragen, volle zwei Stunden aus dem Talgrund herauf.

»Langweiliges Hundevieh!« sagte der Meister, wenn sich Mousse an ihm rieb, und versetzte ihm einen schweren Fußtritt.

»Pack dich!« sagte der Obersenn.

Und dazu pfiff er so schrill durch die Finger, daß Mousse, den Schwanz zwischen den Beinen, davonstob. Und von neuem sagte er:

»Schön bist du wahrhaftig nicht.«

Und er war auch häßlich geworden, schrecklich mager, mit gesträubtem Fell – und weil alle ihn von sich stießen, sah er immer fluchtbereit und ängstlich und mißtrauisch aus; er näherte sich einem erst, nachdem er einen großen Kreis um einen gezogen hatte, und dann kam er kriechend und sich windend heran, und das machte, daß alle ihn nicht leiden mochten, ohne daß einer zu sagen wußte, warum. Man gab ihm keine Suppe mehr, nicht einmal von jenen Milchresten, die beim Käsemachen übrigbleiben und mit denen man die Schweine aufzieht; er lebte von irgendwelchen Abfällen, wie, war schwer zu sagen; er fraß eben, was er fand. Eines Tages stahl er ein paar Kartoffeln. Da schlug ihn der Meister mit dem Geißelstecken, daß die Haare in Büscheln durch die Luft flogen, und das Tier heulte, bis es vor Erschöpfung nur noch röcheln konnte; aber der Meister hörte nicht auf, bis er selbst müde war. Von da an erblickte man einen Hund mit kahlem Rücken, mit gestriemtem, geschwollenem Rücken, der noch hinterhältiger als je um einen herumstrich und davonrannte, sobald nur einer die Hand hob. Nur zu dem kleinen Handbuben kam er noch heran, da der ihn nie mißhandelt hatte.

Darum wurde auch der Handbub mit der Sache beauftragt. Und darum kam auch ihm der Gedanke dazu, und er sagte:

»In das Loch hinunter muß man ihn werfen.«

Nichts war so einfach wie das. Der Gedanke kam ihm eines Abends, als die Männer von Mousse sprachen und der Meister zum soundsovielten Male sagte: »Ich werde ihm eins auf den Pelz brennen.« Aber ein Flintenschuß bleibt immer ein Flintenschuß; und darum waren schließlich alle der Meinung des Handbuben. Eben schlich Mousse an der Hütte vorüber. Da sagten sie zu Augustin: »Also los.» Und Augustin machte ein paar Schritte und rief Mousse. »Mousse, Mousse!« rief er und klatschte dabei mit der Hand auf seinen Schenkel. Und Mousse hielt an und betrachtete ihn lange, zögerte noch, dann kam er langsam auf Augustin zu, der gegen das Loch hinstrich; ganz nahe war er dabei, als ihn Mousse endlich einholte. Mousse schlich um ihn herum, wie er es immer tat; dann legte er sich zu seinen Füßen und schlug mit seinem Schweif kräftig auf den harten Boden. Augustin tätschelte ihn mit der Hand, der Schweif trommelte noch rascher die Erde; dann ging Augustin gegen das Loch hin und Mousse dicht auf seinen Fersen. Und die fünfe saßen auf der Bank vor der Hütte und schauten zu.

Augustin kam bei der Spalte an. Er setzte sich auf einen großen Stein; Mousse blieb ein paar Schritte von ihm entfernt; er war doch wohl etwas mißtrauisch. Ein paar Schritte blieb er von Augustin entfernt, und Augustin saß auf seinem Stein, und Augustin und Mousse schauten einander an. Das dauerte eine kleine Weile. Dann sah man, wie Augustin dem Hund winkte, und er sprach wohl auch mit ihm; schließlich kam er heran und rieb sich an ihm und legte den Kopf auf seine Knie. Plötzlich ein Geheul: Augustin hatte Mousse am Halsband gepackt, und man sah, wie er ihn über die Strecke von zwei oder drei Schritt wegzerrte, nun schwang sich der gebückte Handbub stark nach vorn; nun erhob er sich wieder; Mousse war weg.

Da standen die Männer auf und kamen ihrerseits auch zu dem Loch, wo Augustin auf sie wartete; er lachte und sagte: »Den hat's!« Alle beugten sich über das Loch. Man sah nichts, des Dunkels wegen, und auch, weil in einigen Metern Tiefe ein großer Block vorragte, der die Öffnung verdeckte; man hörte auch nichts. Sie sagten: »Der Aufprall muß ihn zerschmettert haben.« Dann kehrten sie in die Hütte zurück und redeten von anderen Dingen; bald legten sie sich nieder, denn die Nacht brach ein. Eine weite Nacht aus Mond und Sternen; eine weite Nacht aus tiefer Stille, wo ein fallender Wassertropfen ein richtiger, weithallender Laut ist, und wo, um sie zu stören, nur dann und wann eine Kuhglocke tönt oder das Schnauben des Stiers.

Am andern Tag gegen Mittag trat ein Hirt in die Hütte und sagte: »Wißt ihr schon, er heult.«

Man hatte schon vergessen, um wen es ging, und fragte:

»Wer denn?«

»Der Hund natürlich.«

Staunen.

»Aber gestern abend gab er doch keinen Laut.«

»Geht doch selber und hört hin.«

Augustin begab sich hinüber; bald war er zurück.

»Es ist wahr, er heult, und zwar stark.«

Als es Abend war, gingen alle miteinander hinüber, um nachzusehen, wie man erzählt, und auch die von den andern Hütten. Man wußte zuerst nicht recht, woher die Schreie kamen, die man ganz deutlich hörte; sie schienen von sehr weit herzudringen; sie waren schwach, erstickt, durch die Entfernung gedämpft. Es war ein langes, scharfes Gewimmer, wie wenn ein Hund den Mond anbellt; schrill, atemlos, mit Unterbrechungen, mit kurzem Kläffen dazwischen; dann war es eine Weile still, und von neuem setzte das Wimmern ein. Es war erstaunlich, wie es immer noch andauerte, nachdem es den ganzen Tag nicht aufgehört hatte, und daß das Tier noch nicht erschöpft war; erstaunlich war auch, daß es den Fall über die Felsen überlebt hatte; aber vielleicht war es auch unterwegs festgehalten worden. Aber wie konnte man das wissen! Wußte man doch nicht einmal, wie tief die Spalte war. Darüber unterhielten sich jetzt die Männer; sie sagten: »Wasser ist drunten, das ist sicher (man vernahm das Plätschern einer Quelle), aber zu fressen . . . Lange kann er's nicht mehr aushalten.« Und sie kehrten ruhig in ihre Hütten zurück.

Es kam die zweite Nacht; sie war so klar wie die erste, ebenso sternenhell, mit der nämlichen großen Stille: da hörte man deutlich von neuem Mousse jammern. Deutlich vernahmen ihn die in der Hütte, sobald sie sich niedergelegt hatten; bald darauf schliefen sie ein, und als sie erwachten, jammerte er noch. Nur waren zur gleichen Zeit die Menschen und Tiere in der Runde aufgewacht, und sein Geheul wurde durch die tausend Geräusche des Lebens zugedeckt.

An diesem Tag gingen nur die kleinen Mädchen des Sennen aus der zweiten Hütte mit ihrem Imbißbrot, um zu sehen, was Mousse mache, und sie zerkrümelten es und warfen die Brosamen in das Loch, weil sie dachten, Mousse könne Hunger haben; dann hörten sie damit auf und vergnügten sich mit andern Spielen. Sie gingen in die Wiesen und pflückten sich Sträuße aus Arnika, jenen grellgelben und ganz runden Blumen; dann kehrten sie heim und trugen die Sträuße mit beiden Händen vor sich hin.

Gegen Abend hörte man dann nichts mehr. Und auch in dieser dritten Nacht hörte man nichts, rein gar nichts. Erst am nächsten Morgen ging Augustin an der Spalte vorbei und verfiel darauf, hinunterzuhorchen, und man vernahm tatsächlich nichts; aber da begann er zu rufen. Und auf einmal kam die Antwort, ein gedehnter

Schmerzensschrei, ein heiseres Heulen, und das hörte nun den ganzen Tag nicht mehr auf; der dritte war's.

Und Augustin seinerseits fuhr fort zu rufen, nicht aus Bosheit, nur zu seinem Vergnügen, und vielleicht auch, weil er dieses Tier doch etwas gern hatte; aber man hatte es eben auf die Seite schaffen müssen, was wollt ihr? Man füttert keine überflüssigen Tiere; und nun tat er ihm schön: »Mousse, Mousse, schöner Hund . . . Komm her, schöner Mousse . . . Komm schnell. Hier, Mousse, hier . . .« und jedesmal, wie er rief, wurde das Heulen schriller und das Winseln verzweifelter. Immer noch konnte man nichts sehen, nur die feuchte Wand mit den großen vorspringenden Felsblöcken; und diese Frische stieg hinauf, eine Kälte war's eher und ein eisiger Hauch, den man an diesen heißen Tagen mit ihrer lachenden, brennenden Sonne besonders empfand, in diesem blau und grünen Sommer und dem endlosen Gesumm der Mücken. Er dachte sich: »Vielleicht schlief er, oder er hatte den Mut verloren, und schließlich muß er ja müde werden.«

Und da ging er weg zu den andern, die nicht weit davon am Heuen waren, und er sagte zu ihnen: »Immer noch hält er's aus.« – »Nicht möglich«, antworteten sie. Und sie mähten weiter, jeder an seiner Stelle, und ließen im Kreise um sich unter der Sense das rauhe Gras fallen, wie es auf diesen Bergweiden mit ihrem steinigen Boden wächst. Höher oben weidete die Herde schöner roter Kühe; sie schritten alle hintereinander her und wechselten als lebhafte Farbflecken die Plätze wie Brettsteine auf einem Damespiel: bald waren sie dicht beieinander und ausgerichtet, bald nach dem Zufall verstreut; dann zeichneten vier oder fünf hintereinander auf dem Kamm ihre Umrisse ab. Ganz im Grund rauchte der Kamin der Hütte.

Das war der vierte Tag; es folgte der fünfte und der sechste mit immer größerer Stille; immer weniger Schreie und immer größere Stille. Die Männer sagten zueinander: »Jetzt ist er kaputt.« Es war ihnen zur Gewohnheit geworden; sie gingen gern an dem Loche vorbei, wenn sie zum Essen oder Schlafen heimkehrten, der oder jener, allein oder zwei oder drei zusammen; ein Weilchen blieben sie dann stehen, ein Weilchen horchten sie hin. Aber am sechsten Tag, obwohl sie ihrer vier oder fünf dort gewesen waren, hatte keiner von ihnen etwas gehört. Wieder sagten sie:

»Jetzt ist er kaputt.«

Nur Augustin meinte:

»Sicher ist er es noch nicht.«

Und wie er vordem getan hatte, ging er hin und rief ihn wieder. Lange rief er, ohne daß er etwas vernahm, aber ganz zuletzt kam noch ein schwaches Wimmern, kein Heulen mehr diesmal, nur noch ein ungewisses Seufzen, wie man es von ganz kleinen Kindern hört, und auch das verstummte bald, obwohl Augustin weiter rief. Dann kehrte er heim und sagte:

»Tot ist er noch nicht, aber dauern kann's nicht mehr lange.«

Und sie waren über das zähe Leben des Tieres verwundert; allerdings war es ja auch nicht verwöhnt worden und hatte von allem Anfang an gelernt, mit wenig zufrieden zu sein: andererseits hatte es nicht wie andere, besser genährte, Reserven an Fett, Muskeln und Blut im Leibe; man spürte an diesem Abend bei den Männern etwas wie Respekt wegen dieser Zähigkeit.

Auch am siebenten Tag antwortete Mousse noch. Am achten ging Augustin erst gegen vier Uhr hin, und als er zurückkam, sagte er:

»Jetzt ist's aus.«

Das war alles. Nie mehr hörte man aus dem Loch das geringste Geräusch, den mindesten Hauch. Man kann nicht sagen, daß es Erleichterung gab. Es gab vor allem Gleichgültigkeit. Es gab hauptsächlich, daß der Meister und die anderen die Achseln zuckten, und gleichzeitig schritt ein Maultier daher, das vom Dorf heraufkam, mit einem großen Sack auf dem Packsattel. Es war ein Sack Salz zum Lecken. Der Treiber ging voraus und rief den Meister von weitem. Der Meister wandte sich ihm zu, die Pfeife im Mund. Er nahm sie heraus und fragte:

»Wieviel Kilo bringst?«

Und der Mann antwortete:

»Fünfzig.«

(Deutsch von Albert Baur)

Marcel Aymé
Oskar und Erik

Vor dreihundert Jahren lebte im Lande Ooklan eine Familie von Malern, die den Namen Olgerson trugen und nichts als Meisterwerke malten. Alle waren berühmt und hochgeachtet, und ihr Ruf war nur deshalb nicht über die Grenzen gedrungen, weil das Königreich Ooklan völlig abgeschieden im hohen Norden lag und mit keinem andern Land in Verbindung stand. Man fuhr zur See, um zu fischen oder zu jagen, und die Schiffe, die eine Durchfahrt nach Süden gesucht hatten, waren samt und sonders an einer Kette von Riffen zerschellt.

Der alte Olgerson, der erste Künstler dieses Namens, hatte elf Töchter und sieben Söhne, alle gleichermaßen mit malerischer Begabung gesegnet. Diese achtzehn Olgersons machten eine blendende Karriere, lebten schließlich als Pensionisten, verhätschelt und mit Orden behängt, aber keiner von ihnen hatte Kinder. Der Alte war peinlich berührt, daß eine Nachkommenschaft erlosch, für die er so viel getan hatte. Er heiratete die Tochter eines Bärenjägers und zeugte mit fünfundachzig Jahren einen Sohn, dem er den Vornamen Hans gab. Dann starb er ruhigen Herzens.

Hans wurde von seinen achtzehn Geschwistern in die Lehre genommen und entwickelte sich zu einem großartigen Landschaftsmaler. Er malte Fichten, Birken, Schneefelder, Wiesen, Seen, Wasserfälle und malte sie mit solcher Treue, daß sie auf der Leinwand genau so erschienen, wie Gott sie in der Natur geschaffen hatte. Es war nicht zu vermeiden, daß man vor seinen Winterlandschaften kalte Füße bekam. Ja als man einen jungen Bären vor eines seiner Bilder führte, auf dem eine Fichte dargestellt war, gelang die Täuschung des Tieres so vollkommen, daß es sogar versuchte, auf die Äste hinaufzuklettern.

Hans Olgerson heiratete und hatte zwei Söhne. Erik, der ältere, zeigte keine Spur von künstlerischer Begabung. Er träumte nur von der Jagd auf Bären, Seehunde und Walfische und interessierte sich brennend für die Seefahrt. Natürlich war die Familie verzweifelt, besonders der Vater, der ihn als Kakerlaken und Walroß bezeichnete. Oskar hingegen, ein Jahr jünger als der Bruder, offenbarte schon in zartester Jugend ungewöhnliche künstlerische Fähigkeiten und besaß eine unvergleichliche Sensibilität und Sicherheit des Strichs. Mit zwölf Jahren warf er schon Landschaften hin, die den Neid aller Olgersons erregten. Seine Fichten und Birken waren noch wahrheitsgetreuer als die des Vaters und brachten bereits Unsummen ein.

Trotz ihrer so verschiedenen Neigungen liebten die beiden Brüder einander zärtlich. War Erik nicht gerade beim Fischen und Jagen, so rührte er sich nicht aus dem Atelier seines Bruders, und Oskar wieder fühlte sich nur in Eriks Gegenwart vollkommen glücklich. Die beiden Brüder waren so innig miteinander verbunden, daß es für den einen keine Freuden und Leiden gab, die der andere nicht mitempfunden hätte, als wären es seine eigenen.

Mit achtzehn Jahren war Erik schon ein sehr guter Seefahrer und nahm an allen großen Fischzügen teil. Sein Traum war der Durchbruch durch die Kette der Riffe, der ihm die Meere des Südens eröffnet hätte. Er sprach oft mit seinem Bruder darüber, aber Oskar dachte in seiner zärtlichen Liebe entsetzt an die Gefahren eines solchen Unternehmens. Obwohl er erst siebzehn Jahre zählte, war er ein Meister geworden. Sein Vater erklärte voll Stolz, daß er ihn nichts mehr zu lehren habe. Auf einmal aber schien der junge Meister sich mit geringerem Eifer der Malerei zu widmen. Statt großartige Landschaften zu malen, begnügte er sich damit, Skizzen auf lose Blätter zu werfen, die er gleich darauf zerriß. Die Olgersons, deren es noch fünfzehn gab, waren höchst beunruhigt und versammelten sich, um ihn auf Herz und Nieren zu prüfen. Im Namen aller stellte der Vater folgende Frage:

»Solltest du, mein lieber Sohn, der Malerei überdrüssig sein?«

»O nein, lieber Vater, ich liebe sie mehr denn je!«

»Nun, das ist prächtig. Aber hör einmal: versucht Erik, dieser große Lümmel, nicht am Ende gelegentlich, dich der Malerei abspenstig zu machen? Wehe, wenn ich je darauf käme!«

Oskar war empört, daß man seinen Bruder derart verdächtigte, und erklärte, er male niemals besser als in seiner Gegenwart.

»Was ist es also? Hast du eine Liebschaft im Kopf?«

»Ich bitte um Entschuldigung, lieber Vater«, antwortete Oskar und schlug die Augen nieder. »Und auch euch, liebe Tanten und Onkeln, bitte ich um Entschuldigung. Aber wir sind ja Künstler unter uns. Ich kann euch also gestehen, daß ich viele Frauen sah, aber mich noch keine zu fesseln vermochte.«

Die fünfzehn Olgersons lachten herzlich und machten laut und ungeniert einige zweideutige Witze, wie es bei den Malern von Ooklan üblich war.

»Zur Sache«, sagte der Vater. »Sprich dich ruhig aus, Oskar, und laß uns wissen, was dir zu deinem Seelenfrieden fehlt. Und wenn du einen Wunsch hast, so verbirg ihn uns nicht.«

»Gut, lieber Vater. Ich möchte Euch bitten, mir ein Jahr lang Euer Haus in den Bergen von R'han zu überlassen. Ich möchte mich dorthin zurückziehen, weil ich glaube, daß ich dort sehr gut arbeiten könnte. Besonders wenn Ihr meinem Bruder gestattet, mich in die Einöde zu begleiten.«

Der Vater gab gern seine Einwilligung, und schon am nächsten Morgen fuhren Oskar und Erik mit dem Schlitten in die Berge von R'han. Ein Jahr verging, und während dieser Zeit sprachen die Olgersons viel von den fernen Brüdern, vor allem von Oskar. »Ihr werdet sehen«, sagte der Vater, »ihr werdet sehen, was er für Wunderwerke mit heimbringt. Ich bin sicher, daß er sich mit ganz bestimmten Gedanken trug.« Auf den Tag genau ein Jahr nach der Abreise seiner Söhne brach er selbst auf, war eine Woche lang unterwegs und kam schließlich zu seinem Haus in den Bergen von R'han. Oskar und Erik hatten ihn schon von weitem kommen sehen und erwarteten ihn auf der Schwelle. Nach alter Sitte hielt der eine den wolfspelzgefütterten Schlafrock in Händen, der andere eine dampfende Schüssel mit Seekalbbeuschel. Aber der Vater nahm sich kaum Zeit, sein Beuschel zu essen, so sehr brannte er darauf, sich an Oskars Landschaften zu weiden.

Als er das Atelier betrat, verschlug der Schrecken ihm zunächst die Sprache. Auf allen Bildern breiteten sich Gegenstände von absurden Mißgestalten aus, deren grüne Farbe ihnen anscheinend ein pflanzliches Wesen verleihen sollte. Einige dieser Ungeheuer setzten sich aus riesigen grünen, stachelbewehrten Bärenohren zusammen. Andere wieder erinnerten an Kerzen und vielarmige Kandelaber. Am wenigsten beunruhigend, trotz ihrer Absurdität, waren vielleicht noch jene überhohen schuppigen Leuchter, die sich am Ende in ein Büschel von Blättern auseinanderfalteten, deren jedes mindestens zwei Armlängen maß.

»Was sind das für Schweinereien?« brüllte der Vater.

»Aber bester Vater«, antwortete Oskar, »das sind Bäume.«

»Was? Bäume? Das da?«

»Ich will Euch offen gestehen, daß ich mich vor dem Augenblick fürchtete, in dem Ihr meine Bilder zu Gesicht bekommen würdet, und ich begreife, daß Ihr davon ein wenig überrascht seid. Aber so sehe ich jetzt die Natur, und weder Ihr noch ich können daran etwas ändern.«

»Das wollen wir erst einmal abwarten. Um dich mit diesen Ausgeburten abzugeben, wolltest du dich also in die Berge zurückziehen? Du wirst gefälligst nach Hause zurückkehren. Und mit dir, Erik, habe ich auch ein Hühnchen zu rupfen!«

Eine Woche später waren die beiden Burschen mit ihrem Vater wieder daheim. Die fünfzehn Olgersons wurden zusammengerufen, um sich Oskars neueste Erzeugnisse anzusehen. Zwei von ihnen starben auf der Stelle vor Entsetzen, die andern kamen überein, daß energische Maßnahmen am Platz wären. Man beschloß, Erik, den man in Verdacht hatte, den Geschmack seines Bruders zu verderben, auf zwei Jahre fortzuschicken. Der junge Mann rüstete ein Schiff aus und hatte vor, damit durch die Kette der Riffe zu fahren und die jenseits liegenden Meere zu erforschen. Auf dem Landungssteg nahmen die Brüder zärtlich voneinander Abschied, ihre Tränen vermengten sich, und Erik sprach:

»Meine Abwesenheit wird sicher lange dauern, aber sei voll Vertrauen, Oskar, und vergiß nie, daß du das Endziel meiner Reise bist.«

Oskar wurde auf Beschluß der Olgersons in seinem Atelier eingesperrt und sollte dort so lange bleiben, bis er wieder Geschmack an ehrlicher Malerei gefunden haben würde. Er nahm diese Anordnungen ohne Widerstand hin, aber die erste Landschaft, die er entwarf, zeigte ein Gebüsch aus Bärenohren und die zweite eine Reihe von Kandelabern auf sandigem Grund. Weit davon entfernt, zu einer gesünderen Auffassung der Natur zurückzukehren, vertiefte er sich mit jedem Tag mehr ins Absurde, und es schien kein Heilmittel für dieses Übel zu geben.

»Begreife doch ein für allemal«, sagte ihm eines Tages der Vater, »daß deine Bilder ein Attentat auf die Malerei sind. Man hat nicht das Recht, etwas anderes zu malen als das, was man sieht.«

»Aber hätte Gott nur das geschaffen, was er sah«, antwortete Oskar, »so hätte er niemals etwas geschaffen.«

»Das hat gerade noch gefehlt, daß du zu philosophieren beginnst! Dabei hast du doch dein Leben lang nur gute Beispiele vor Augen gehabt, unglückseliges Geschöpf! Schließlich und endlich, Oskar, wenn du mich eine Birke malen siehst, eine Fichte . . . Sag einmal, was hältst du eigentlich von meiner Malerei?«

»Erlaßt mir die Antwort, lieber Vater.«

»Nein, nein, sprich ganz offen mit mir.«

»Wenn ich offen sein soll: ich würde sie ins Feuer werfen.«

Hans Olgerson bewahrte seine Haltung, aber unter dem Vorwand, sein Sohn verbrauche zu viel Holz für seine Heizung, jagte er ihn wenige Tage später ohne einen Pfennig Geld aus dem Haus. Mit der geringen Summe, die er bei sich trug, mietete Oskar eine elende Hütte am Hafen und ließ sich mit seinem Farbkasten dort häuslich nieder. Von diesem Augenblick an begann für ihn ein jämmerliches Dasein. Um sein Leben zu fristen, half er beim Ausladen der Schiffe, und blieb ihm ein wenig freie Zeit, so fuhr er fort, Bärenohren, Kandelaber und Flederwische zu malen. Seine Bilder wurden nicht nur nicht gekauft, sie wurden auch verspottet. Die Absurdität seiner Malereien war sprichwörtlich geworden. Mit jedem Jahr, das verstrich, wurde das Elend größer. Man nannte ihn Oskar den Narren. Die Kinder spuckten ihm nach, die Alten warfen Steine hinter ihm her, und die Hafenmädchen bekreuzigten sich, wenn er vorbeiging.

Eines festlichen Tages versetzte ein Gerücht Stadt und Hafen in große Erregung. Ein Schiff, hieß es, mit hohem Bord, mit vergoldetem Bug und purpurnen Segeln sei vom Turmwächter gesichtet worden. Niemals hatte man in Ooklan etwas Derartiges erblickt. Die Stadtbehörden machten sich auf den Weg zum Hafen und erfuhren, das Schiff gehöre Erik, der nach zehnjähriger Abwesenheit von einer Reise um die Welt zurückkehre. Sogleich verständigte man die Olgersons, die sich einen Weg durch die Menge bis an den Landungssteg bahnten. Erik stieg an Land, bekleidet mit einer blauseidenen Hose und goldbesticktem Rock, einen Dreispitz auf dem Kopf. Als er den Olgersons gegenüberstand, runzelte er die Brauen.

Sein Vater trat vor, ihn zu umarmen, aber Erik sagte: »Ich sehe meinen Bruder nicht. Wo ist Oskar?«

»Ich weiß es nicht«, antwortete der Vater und errötete. »Wir haben uns überworfen.«

Inzwischen war es einem abgezehrten Mann in zerfetztem Gewand gelungen, sich durch die Menge zu drängen.

»Erik«, sagte er, »ich bin dein Bruder Oskar.«

Erik schloß ihn schluchzend in die Arme, und als seine Rührung sich etwas gelegt hatte, wandte er sich mit finsterer Miene zu den Olgersons.

»Ihr alten Tatteriche, wäre es nach euch gegangen, mein Bruder hätte vor Hunger und Elend umkommen können.«

»Bedenk doch«, sagten die Olgersons, »es lag ja nur an ihm, anständige Bilder zu malen. Von uns hat er einen soliden Beruf gelernt, und er hat sich darauf versteift, nur absurde und lächerliche Landschaften zu malen.«

»Schweigt, Tattergreise, und wißt, daß es keinen größeren Maler gibt als Oskar.«

Die Tattergreise brachen in ein häßliches Gelächter aus. Erik wandte sich an die Matrosen an Bord des Schiffes und befahl:

»Bringt die Kakteen, die Dattelpalmen, die Ravenalen, die Allu- andien, die Bananenbäume und die Pilozeren her!«

Und zur Verblüffung der Menge stellten die Matrosen Bäume auf die Mole, die in Kisten gepflanzt waren und ganz genau so aussahen wie die Gewächse, die Oskar immer malte. Die Tattergreise rollten die Augen, und einige brachen in Tränen aus vor Ärger und Verdruß. Die Menge fiel auf die Knie und bat Oskar um Verzeihung, weil sie ihn Oskar den Narren genannt hatte. Von einem Tag auf den andern kam die Malerei der alten Olgersons völlig außer Mode. Leute von Geschmack wollten nur mehr Kakteen und andere exotische Gewächse. Die beiden Brüder ließen sich ein prächtiges Haus bauen, um gemeinsam darin zu leben. Sie heirateten, und trotz ihrer Frauen fuhren sie fort, sich zärtlich zu lieben. Oskar malte Bäume, die immer seltsamer und seltsamer aussahen, Bäume, die noch niemand kannte und die es vielleicht nirgends gab.

(Deutsch von Lilly Sauter)

Georges Simenon
Der Arzt von Kirkenes

Man kann nicht gleichzeitig in seiner eigenen und in der Haut eines anderen stecken; und auch nicht, wenn man sich mit jemandem streitet, die Dinge so sehen, wie man sie selbst sieht und wie der andere sie sieht; andernfalls würde man sich bestimmt nicht mehr streiten. Dr. Joachim Troms hatte an jenem wie an den anderen Tagen bereits genug Sorgen mit Dr. Joachim Troms, und was Anders Solstad betraf, den man meistens Stor-Anders nannte, was soviel bedeutet wie der große Anders, wer hätte sich an seiner Stelle so bemüht, Entschuldigungen für die Bösartigkeit der Menschen zu finden?

Es war nicht einmal drei Stunden Tag gewesen. Tag und nicht etwa sonnig, denn der Himmel hatte sich darauf beschränkt, die Farbe von Schnee anzunehmen, der zu schmelzen beginnt und der diese gelblichen Reflexe zeigt, die an Krankheit denken lassen.

Es war Dezember, und auf den Straßen von Oslo, von Bergen und allen Städten mußten die Frauen ihre Kinder von Schaufenster zu Schaufenster ziehen, vom hellen Glanz einer Auslage zum hellen Glanz einer anderen, um die Berge von Spielzeugen zu betrachten, von nützlichen Geschenken oder Sachen, die man essen konnte, das Ganze mit Tannen- und Stechpalmenzweigen geschmückt, mit ausgeschnittenen Papiersternen, mit Schneeflocken aus Watte und glitzernden, fast unwirklichen Girlanden, wie man sie nur vor Weihnachten sieht.

Der Arzt dachte vielleicht an das. Vielleicht dachte er nicht daran. Man konnte es nicht wissen, da er sozusagen nie sprach, und als Berner Kalvaag, der Bergwerksdirektor, der einzige, der ein richtiges Haus in Kirkenes hatte, eine Frau, Kinder und einen Salon, in dem abends Klavier gespielt wurde, als Berner Kalvaag ihn eingeladen hatte, da hatte er abgelehnt und versichert, er sei ein alter Bär.

Wie hatte Troms diesen Tag verbracht? Bestimmt wie die anderen Tage. Er hatte in den großen Fayenceöfen Feuer entfacht. Einer von ihnen stand im Behandlungsraum, links vom Flur; dann ein grüner mit figürlichen Darstellungen gegenüber in der Apotheke; ferner ein sehr breiter, milchig weißer in dem Hinterzimmer, in dem sich der Arzt meist aufhielt.

Er hatte seinen Haushalt versorgt. Der Hausknecht kam nur zweimal in der Woche. Er hatte gegessen, den Tisch wieder abgeräumt. Was noch? Und was hatte er während der ganzen Zeit gedacht?

Er war klein, zurückhaltend, hatte graue Haare im Gesicht, eine merkwürdige Art, den Hals zwischen die Schultern zu ziehen, als würden ihm die Menschen Furcht einjagen oder ihn abstoßen. Hatte er zum Fenster hinausgeschaut, zwischen dem gelben und dem grünen Glasbehälter hindurch? In diesem Fall hätte er lediglich eine Straße ohne Bürgersteig sehen können mit dem zu beiden Seiten aufgeschaufelten Schnee und der glatten Fahrrinne der Schlitten, eine Hecke, dann, jenseits eines unbebauten Geländes, einen hohen Schornstein, merkwürdige Eisengerüste, ein großes, gleichsam in der Luft aufgehängtes Rad, das sich von Zeit zu Zeit drehte, um am Ende eines Seils den Käfig mit den eingepferchten Männern in den Schacht hinunterzulassen.

Drückte man das Gesicht an die vereiste Fensterscheibe und blickte man nach links, konnte man etwas anderes entdecken: Wasser, das Wasser des Hafens, des Eismeers, das jedoch gefroren war, und einen englischen Fischkutter, der seit zwei Tagen dort lag und der eine Furche in das Eis hatte graben müssen, die man noch erkennen konnte.

Es war warm. Das Haus des Arztes war wie die anderen aus Holz. Hin und wieder legte er Fichtenscheite in den drei Öfen nach, dann kam er zurück, schmiegte sich in seine Ecke, und um drei Uhr, als Stor-Anders die Tür aufstieß, die ein Klingelzeichen auslöste, saß Troms ganz allein vor einem Schachspiel.

Er erhob sich nicht gleich, um in die Apotheke zu gehen. Er trank zuvor mit der Geste dessen, der heimlich trinkt, den blaugrünen Inhalt seines Glases aus, darauf versteckte er die Flasche, die auf dem Tisch stand, hinter seinem Sessel.

Dann erst schlurfte er in seinen Pantoffeln herbei, wobei er sich das Barthaar mit dem Ärmelaufschlag abwischte, sah Anders und fragte sich, was Anders wohl von ihm wolle.

Das war das Beängstigendste an ihm: seine Art, die Leute anzusehen. Man konnte meinen, er suche ein Geheimnis zu entdekken, verdächtige sie, irgendwelche dunklen Absichten zu hegen. Er schaute sie nicht an, er belauerte sie, und sein Gesicht war von nervösen Zuckungen bewegt.

»Was willst du, Anders?«

Nun, an diesem Tag war der andere nicht gerade ruhiger. Anstatt sich offen zu erklären, sah er sich prüfend um, zupfte an seinen langen schwieligen Händen, hustete, hustete viel zu stark, um natürlich zu wirken, deutete auf seine Brust, seinen Hals.

»Ich glaube, ich habe mich erkältet . . . Ich hätte gern ein Rezept für Whisky oder etwas anderes Hartes . . .«

Denn in Kirkenes wurden alkoholische Getränke nur nach ärztlicher Verordnung abgegeben. Und der Arzt verkaufte sie in seiner Apotheke. Was wäre geschehen, wenn sich die Bergarbeiter, die dort Monat um Monat lebten, ohne gesellschaftlichen Umgang zu haben, fern von ihrer Familie, die in Oslo oder anderswo wohnte, eines Tages in betrübter Stimmung betrunken hätten?

Sicher ist, daß Anders den Alkoholgeruch wahrgenommen hatte, der den Arzt umgab. Er wartete. Der andere beobachtete ihn. Man hätte denken können, daß sie noch lange so, ohne ein Wort zu reden, verharren würden.

»Wo tut es dir weh?«

»Sie wissen ganz genau, worum es geht . . . Geben Sie zu, daß ich nicht zu oft aus diesem Grund komme! . . . Es gibt Leute, denen Sie etwas verordnen, ohne daß sie krank sind . . . Ist mein Geld nicht genausoviel wert wie ihres? . . .«

Stor-Anders, der immer so ruhig war, so vorbildlich, ein Werkmeister nach Maß, ereiferte sich, ließ sich hinreißen.

»Wenn ich Ihnen sage, daß ich krank bin, daß ich das brauche, dann stimmt das, und es ist nicht nötig, mich so zu mustern . . . Geben Sie mir wenigstens einen halben Liter . . .«

Er hielt das Geld in einer Hand bereit. Er legte es auf die Theke neben die Feinwaage. Und als er sah, daß der Arzt zu seinen Regalen trat, wo die braunen Glasbehälter aufgereiht waren, fragte er sich, was der wohl machen würde. Der Arzt wußte es vielleicht selbst nicht. Er schüttelte verdrossen den Kopf und streckte schließlich den Arm aus, griff nach einer Flasche.

»Ich werde dir Jodtinktur geben. Du gibst ein paar Tropfen davon in Milch, bevor du schlafen gehst . . .«

Als er sich umdrehte, war Anders, keuchend vor Wut, schon an der Tür, und er stürzte hinaus und knallte sie hinter sich zu.

Das war ihre erste Begegnung an diesem Tag, und nachdem Anders gegangen war, schaltete der Arzt das Licht an, denn es war Nacht geworden. Auf der Straße brannte die elektrische Laterne, und Schneekristalle glitzerten. Auch am Hafen und beim Bergwerk waren die Lampen an, aber sozusagen niemand war unterwegs, um den Schnee unter den Gummisohlen knirschen zu lassen. Das Thermometer zeigte achtundzwanzig Grad unter Null.

Der Arzt schüttelte erneut den Kopf, kehrte in das zweite Zimmer zurück, das seine Höhle war, bückte sich, um die Flasche Aquavit aufzuheben, schenkte sich ein Glasvoll ein, dann ein weiteres und begann, das behaarte Kinn in die Hand gestützt, vor seinem Schachspiel nachzudenken.

Mit der gleichen Heftigkeit, mit der er die Apotheke verlassen hatte, stieß Anders, den man sonst den Sanften hätte nennen können, die Tür zum Klub der Arbeiter auf. Dort, in einem weiträumigen, mit gebeizten Fichtenwänden abgeteilten Saal, verbrachten die Bergleute die Stunden, die sie nicht unter Tag waren. Tabakqualm zog um die Lampen und dichter noch, Gott weiß warum, über den Billardtischen dahin.

Anders durchquerte den Raum so schnellen Schrittes, daß alle sich umdrehten. Er rannte buchstäblich auf den Tisch von Peter dem Einäugigen zu, einem Mann, den er im Betrieb hundertmal zur Ordnung gerufen hatte und der manchmal betrunken aufgelesen wurde.

»Sag mal, Peter . . .«

Er hatte sich auf die Bank fallen lassen und wußte nicht, was er mit seinen großen Händen machen sollte.

»Schau mich nicht so an . . . Hast du Whisky, Aquavit oder Gin?«

Der Einäugige deutete nur auf den Tisch, wo lediglich eine Flasche Dünnbier stand, das einzige geduldete Getränk.

»Wenn ich welchen hätte . . .« brummelte er.

»Gut! Ich glaube dir . . . Und wenn du welchen hast, wo bekommst du ihn her? . . . Bestimmt nicht vom Arzt . . .«

Der Einäugige öffnete den Mund weit zu einem lautlosen Lachen und nickte.

»Du mußt mir die Wahrheit sagen . . . Ich will es nicht der Polizei weitermelden . . . Mir ist etwas passiert . . . Tut nichts zur Sache . . . Ich muß was zu trinken haben, verstehst du . . .?«

Und dem Einäugigen war nicht mehr danach, zu lachen, so sehr zitterte Anders, als sei er nahe daran, in Tränen auszubrechen.

Die anderen spielten indessen Billard oder Karten; einige hatten die Füße auf den Tisch gelegt und lasen. In einem großen verglasten Schrank, auf dem eine Gipsbüste des Königs thronte, erblickte man die in schwarzes Leinen gebundenen Bücher, die auf dem Rücken ein kleines Etikett mit einer Ziffer trugen.

»Hast du es bei den Lappen versucht«, flüsterte der Einäugige, wobei er woanders hinsah.

»Haben die welchen?«

Stor-Anders lebte nun schon das dritte Jahr in Kirkenes und hatte keine Ahnung. Er konnte nicht einmal Karten spielen. Abends zog er sich mit seiner Werkzeugkiste in seine Ecke zurück und beschäftigte sich stundenlang mit Laubsägearbeiten, fertigte Spielzeug und Puppenstubenmöbel an, die er mit dem Schiff an seinen Sohn schickte.

»Manchmal kommen sie mit ihren Schlitten durch das schmale Stück von Finnland . . . Dort ist es mit dem Alkohol ähnlich wie hier . . . Doch an der russischen Grenze tauschen die Wachen gerne ihren Wodka gegen Konserven ein . . . So hat es dich also auch gepackt?«

Anders hatte weder seinen pelzgefütterten Mantel noch seine Gummistiefel ausgezogen, selbst seine Fischottermütze hatte er aufbehalten. Er ging, wie er gekommen war, und als er auf der Straße unter den Laternen dahinlief, sah es aus, als renne er hinter der leichten Wolke her, die sein Atem bildete.

Er sah das Haus von Direktor Berner Kalvaag . . . Es war ein richtiges, rechteckiges Haus mit einem Obergeschoß und warmem Licht hinter den Vorhängen, und stets konnte man von weitem Klavierklänge hören. Hätte er eintreten können, diesen Salon betreten, den er einmal flüchtig gesehen hatte mit seiner Lampe und dem rosa Schirm, und Herrn Kalvaag erklären:

»Ja, ich bin's, Anders . . . Ich bitte Sie, ich flehe Sie an, mir Alkohol zu geben . . . Sie haben welchen, weil das Gesetz nicht für Sie gemacht ist . . . Man befürchtet nicht, daß Sie sich eines Tages in trüber Stimmung betrinken und Dummheiten begehen . . .«

Er marschierte weiter, ohne jemandem zu begegnen. Und wenn er an Bord des englischen Fischkutters nachfragte?

Zuerst zu den Lappen . . . Das waren nur drei Holzhütten, und in einer von ihnen vernahm man das Gestampfe der Rentiere. Er stieß die Tür auf, trat in die Wärme, in den ranzigen Geruch, streifte ein Ren ohne Geweih, das steif von der Decke herabhing und von dem man täglich ein Stück Fleisch abschnitt.

Man sah ihn erstaunt an. Man kannte ihn hier nicht. Kleine, fette Kinder krochen auf dem Boden herum.

»Ich möchte Alkohol . . .« sagte er sehr schnell. »Egal was.«

Seine Erregung hatte zugenommen. Außerdem war er so kräftig marschiert, daß er außer Atem war. Ängstlich beobachtete er den alten Lappen, der den Kopf schüttelte.

»Ich habe nur noch einen Tropfen . . . An der Grenze haben sie die Wachen gewechselt, und als ich mich das letzte Mal ihnen genähert habe, da haben die Neuen geschossen . . .«

Wieder draußen und immer noch mit diesem brennenden Verlangen. Er sprach jetzt mit sich selbst, sagte Worte wie:

»Ich muß . . . Ich muß . . . Sonst weiß ich nicht, was . . .«

Seine Bewegungen waren ruckartig, sein Gang glich dem eines Irren. Beinahe wäre er ins Hafenbecken gefallen und hielt nur mit knapper Not vor dem englischen Fischkutter inne. Er hörte, daß in seiner Nähe gesprochen wurde, man sprach norwegisch. Es waren die beiden Zöllner, die am Kai auf und ab marschierten.

Fünfmal, sechsmal hatte Dr. Joachim Troms sein Glas gefüllt, und jedesmal hatte er es in einem Zug geleert. Seine Schachpartie war noch nicht beendet. Er betrachtete die Figuren und kratzte sich an den rauhen Wangen, während man von der Straße aus im Dämmerschein das große grüne und das große braune Glasgefäß erkennen konnte.

Als die Türklingel läutete, blieb er einen Augenblick unbeweglich sitzen, dann seufzte er, erhob sich, vergaß die Flasche hinter seinen Sessel zu stellen, wie er es sonst tat.

Wieder stand der riesige Anders mitten in der Apotheke, doch seit seinem vorherigen Besuch hatte seine Erregung Zeit gehabt, anzuwachsen, so daß er jetzt nahezu erschreckend wirkte.

»Hören Sie, Doktor . . . Ich begreife, daß Sie nicht jedermann Alkohol geben, da es das Gesetz so will . . . Sie müssen Ihren Posten behalten, nicht wahr? . . . Wie jeder hier! . . . Es stimmt, daß ich nicht krank bin und daß ich mich nicht erkältet habe . . .«

Da haben wir das Unglück! Stor-Anders konnte nicht aus seiner Haut. Er konnte nur wie Stor-Anders denken. Und er mochte ruhig den Arzt mit seinen fiebrigen Augen verschlingen, es war ihm unmöglich, und sei es für eine Minute, wie Dr. Troms zu denken.

Andernfalls wäre nichts passiert.

Zunächst war für Anders dieser Troms schmutzig. Und das stimmte. Er pflegte sich nicht, rasierte sich nie, schnitt sich wohl den Bart mit der Schere von den Wangen. Wusch er sich überhaupt? Man hatte ihn niemals im Bad gesehen, und von seiner Person strömte ein Geruch aus wie von einem alten Ochsen.

Was sollte Anders von einem Mann wie diesem halten, der mit niemandem sprach, allein in seinem Loch hauste und nach Alkohol roch?

Ganz zu schweigen davon, daß er für bestimmte Leute Ausnahmen machte und daß Arbeiter, die es eben verstanden und die nicht die geringste Bronchitis hatten, Whisky oder Rum erhalten hatten.

Und dann diese Art, einen anzusehen, wie jemand, der kein reines Gewissen hat! Das war das Peinlichste. Man hätte am liebsten zu ihm gesagt:

»Komm doch! Hab keine Angst! Ich werd dich nicht schlagen . . .«

Doch das wäre zu einfach gewesen. Mit einer Hand hätte Anders ihn am Hals packen und an die Wand drücken können, um ihn zu zermalmen . . .

»Ich will Ihnen die Wahrheit sagen, Doktor . . . Sie kennen mich . . . Sie wissen, daß ich kein Trinker bin und kein Spieler . . . Ich bin nie gekommen wie viele andere, um ein bißchen Alkohol zu erbetteln . . . Heute brauche ich welchen, denn wenn ich keinen bekomme, wenn ich mit meinen Gedanken allein bleibe, weiß ich nicht, wozu ich fähig bin . . . Ich werde verrückt, Doktor! . . . Ich werde verrückt!«

Er brüllte diese Worte buchstäblich heraus.

»Wenn Sie mir keinen Alkohol geben wollen, dann geben Sie mir ein Medikament, das mich für Tage schlafen läßt, betäuben Sie mich, machen Sie mit mir, was Sie wollen, aber verhindern Sie, daß ich weiterdenke . . . Sie ist tot! . . . Sie ist tot, und ich weiß nichts darüber! Sie ist tot, und ich habe keine Ahnung, woran sie gestorben ist, was sie mit dem Jungen gemacht haben . . .«

Seine Hand tastete jetzt zu seiner Tasche. Er wollte das Telegramm herausholen, das er am Morgen erhalten hatte und das keine Unterschrift enthielt, zweifellos ein offizielles Telegramm, vom Polizeikommissar oder jemand ähnlichem, falls es nicht von einem Nachbarn stammte.

Ehefrau Solstad verschieden 6. Dezember.

Er fand das Papier nicht gleich und dachte, er müsse es dem Arzt ja auch nicht unbedingt zeigen. Denn der würde sicher nicht glauben, daß er ihm wegen ein paar Tropfen Alkohol eine solche Komödie vorspielte!

»Hier ist es! Da steht geschrieben, daß sie am 6. Dezember gestorben ist, und wir haben heute den 12. Begreifen Sie? . . . Das sind sechs Tage, so daß sie bereits beerdigt ist. Der 6. Dezember, das war der Nikolaustag. Ich hatte Spielzeug für den Kleinen geschickt . . . Sie war nicht krank, als sie mir am 24. November den letzten Brief geschrieben hat . . . Die Spielsachen müssen am 5. mit dem Schiff eingetroffen sein . . . Und zu dem Zeitpunkt . . . Sagen Sie . . . Was hat sich bei uns zugetragen in diesem Augenblick . . . Wer war wohl bei ihr? . . .«

Der Arzt hatte wahrscheinlich nie jemanden so eindringlich angeblickt, doch es war keine Spur von innerer Bewegung von seinem Gesicht abzulesen. Hätte man ihm eine seltene Probe vorgehalten, eine Probe von irgend etwas, oder hätte er an einer Schachpartie zwischen Weltmeistern teilgenommen, dann hätte er bestimmt den gleichen scharfen Blick gezeigt, die gleiche gerunzelte Stirn, die gleiche Gespanntheit.

Und so schüttete Stor-Anders, der nicht getrunken hatte, wie ein Betrunkener sein Herz vor ihm aus. Vielmehr, es platzte aus ihm heraus. Es brodelte schon zu viele Stunden in ihm. Man hatte ihm das Telegramm morgens gegen zehn ins Bergwerk gebracht. Er hatte wie betäubt dagestanden. Er hatte nichts gesagt. Eine Weile hatte er die Arbeit seiner Mannschaft weiter geleitet, dann war er plötzlich gegangen, war wortlos am Pförtner vorbeigeschritten, der vergeblich versucht hatte, ihn zurückzurufen.

Er war marschiert. Er hatte Selbstgespräche geführt. Er hatte sich auf sein Bett geworfen und das Gesicht ins Kissen gedrückt. Aber er hatte noch nicht geweint.

Weil das alles überstieg! Das lag außerhalb von dem, was man begreifen konnte. Das war gemein! Das war eine himmelschreiende Ungerechtigkeit!

Hatte er, Anders, einen derart harten Schlag verdient? Hanna, seine Frau, war nicht stark gewesen, aber tapfer. Das zeigte zum Beispiel, daß sie sich nie beklagt hatte, als er monatelang arbeitslos war, und zwar gerade als ihr Sohn auf die Welt gekommen war.

»Wenn ich mich von meiner Niederkunft erholt habe, werde ich wieder arbeiten . . .« hatte sie gesagt.

Sie wohnten in einer Art Arbeiterkaserne in einem Vorort von Oslo. Es gab ein paar kleine Geschäfte in dieser Gegend, und Hanna hatte davon geträumt, eines Tages so einen kleinen Laden zu haben, am liebsten ein Milchgeschäft, weil das am saubersten war und man immer eine weiße Schürze umhatte.

Eine Frau dieses Typs war sie. Und er, wenn er den Job in Kirkenes angenommen hatte, dann gerade wegen dieses Ladens. In Oslo oder anderswo hätte er nie genug Geld verdient, um ein Geschäft zu kaufen.

»Nach fünf Jahren Arbeit da unten«, hatte er erklärt, »haben wir soviel beiseite gelegt, daß . . .«

Und was hatte er gemacht? Ja, was hatte er damals gemacht, als er einen Jungen von wenigen Monaten hatte, den er kaum zu Gesicht bekam? Er hatte im ersten Jahr seinen Urlaub nicht angetreten, weil er dadurch mehrere hundert Kronen sparte!

Jetzt zog sich der Arzt hinter seine Theke zurück, als habe er Angst vor ihm. Grinste Stor-Anders? Er war sich dessen nicht bewußt. Er mußte das loswerden.

»*Ehefrau Solstad verschieden* . . . Verstehen Sie? . . . Nichts weiter! . . . Und der Kleine? . . . Wer war bei ihm? . . . Wo ich keine Familie habe . . . Oder wenn ich eine habe, dann hat sie sich nie um mich gekümmert . . . Und was Hanna betrifft, ihr Vater ist eine Art Trunkenbold, der . . .«

Wenn er gewußt hätte, daß das eine oder andere dieser Fläschchen Mittel enthielt, die ihn für Stunden am Denken hindern würden!

»Erst in acht Tagen geht wieder ein Schiff . . . Acht Tage lang, verstehen Sie, acht Tage lang möchte ich von morgens bis abends betrunken sein . . . Andernfalls werde ich tollwütig . . . Vorher wird es keinen Brief geben . . . Nichts wird es geben . . . Wollen Sie mir nun Whisky verkaufen? . . . Wie? . . .«

Er starrte ihn wild und zugleich flehentlich an, und seine hohe Gestalt warf einen gigantischen Schatten an die Wand.

In diesem Moment kam eine Katze aus dem zweiten Zimmer, der Höhle des Arztes, und rieb sich mit gebuckeltem Rücken an Anders' Beinen.

Es herrschte Schweigen. Ein Holzscheit knisterte in dem grünen Ofen. Der Arzt schien eine Anstrengung zu machen und stammelte schließlich:

»Sie wissen sehr gut, daß es nicht geht . . .«

Anders merkte nicht, daß die letzten Worte ohne Zorn ausgesprochen worden waren. Das Verwirrendste daran war die dünne und sanfte Stimme.

»Die Polizei ist in der letzten Zeit streng . . . Wenn man Sie betrunken antrifft, wird man sofort wissen, woher das kommt, und ich verliere meine Stelle ...«

Anders merkte nicht, daß in den letzten Worten ein Zittern mitschwang.

Er war nur Anders.

Und der andere ...

»Sie weigern sich also trotz allem, was ich Ihnen erzählt habe?«

Es war unfaßbar! Alle Welt wußte, daß Dr. Troms ein Bär war, ein Sonderling, gleichsam ein Wilder, der den Mund nur aufmachte, wenn es unbedingt nötig war. Er wurde von der Bergwerkgesellschaft besoldet. Immer die gleiche Arbeit: Bronchitis, Lungenentzündung, Tuberkulose ... Oder Unfälle ... Er untersuchte seine Kranken, ohne ein Wort zu sagen. Er hörte ihnen nicht zu, schüttelte den Kopf, schrieb seine Rezepte aus, gab die Medikamente heraus.

Aber daß ein Mann wie Anders zu ihm kam und ihm ehrlich und offen gestand, daß ...

»Doktor, ich flehe Sie an ... Sie wissen nicht, wozu ich fähig bin ... Ich habe immer alles ertragen, das Leben in Oslo, die Arbeitslosigkeit, das Leben hier ... Alles! ... Weil ich an Hanna und an das Kind gedacht habe ... Begreifen Sie das, ja? ... Jetzt habe ich das Gefühl, daß man mich bestohlen hat, daß man mich getäuscht hat, daß man ...«

Er ließ sich von seiner Wut mitreißen.

»Und Sie, Sie verweigern mir wegen dieser blödsinnigen Vorschriften das bißchen Alkohol, um das ich Sie bitte, um das ich Sie anflehe ...«

Es war zu einer fixen Idee geworden.

»Sie, der Sie selber ein Säufer sind ... Ja ... Ich schreie es frei heraus, ich rieche es bis hierher ...«

War er ein Museumsstück, daß er derart angestarrt wurde, ohne Anteilnahme, bestenfalls mit einem gewissen Schrecken? Waren seine Empfindungen nicht achtbar? Hätte ihm der Arzt nicht ...

»Tut mir unendlich leid, mein Freund ... Alles, was ich für Sie tun kann, ist, Ihnen einen Sirup zuzubereiten ...«

Da stieg der Zorn in Anders' Kehle auf, so daß der geringste Anlaß genügte, um ihn zum Ausbruch zu bringen. Die Katze, die sich nicht mehr an seinem Bein rieb, kehrte in das Nebenzimmer zurück. Man hörte ein Geräusch. Das war das Tier, das auf den Tisch sprang. Anders blickte zur Seite, warf mechanisch einen Blick hinüber, doch dieser kurze Blick genügte, um festzustellen, daß dort auf der karierten Tischdecke eine angebrochene Flasche Aquavit stand.

»Schuft!« knurrte er. »Verdammter Schuft . . . Da hast du . . .«

Außer der Katze wohnte dieser Szene niemand bei. Um acht, als die Bewohner von Kirkenes alle zu Abend gegessen hatten und der englische Fischkutter, der die Anker gelichtet hatte, sein langgezogenes Tuten vernehmen ließ, stieß Stor-Anders mit dem Fuß die Tür zum Klub auf, und sein Kopf schien auf dem Weg durch den Saal die Rauchschwaden zu zerreißen, die noch dichter geworden waren.

Er hatte seine Fischottermütze verloren. An seinem Mantel haftete schmutziger Schnee, als habe er sich auf der Erde gewälzt. Alle Anwesenden hatten bemerkt, daß sein Gang schwerfällig und unsicher war.

Er grüßte niemanden, sagte nichts, ließ sich auf die Bank in der Nähe des Einäugigen fallen, der stundenlang reglos und schweigend sein Glas betrachten konnte und sei es nur ein Glas fades Dünnbier.

Die Nasenflügel des Einäugigen bebten. Nach einem langen, sehr langen Schweigen murmelte er:

»Du hast also was gekriegt . . .«

Dann wieder eine Pause.

»Wieviel hat dir der Bandit dafür abgenommen?«

Anders sah ihn an, als würde er ihn nicht verstehen. Er schien sich sogar zu fragen, wie er hierher gekommen war, und wischte sich mit der Hand über die Stirn. Die Kugeln rollten über die Billardtische, über denen Lampen mit grünem Schirm hingen. Das Radio übertrug aus Oslo die Musik einer Oper.

»Hör zu, Peter . . . Es wäre vielleicht gut, mal nach dem Doktor zu schauen . . .«

Er fröstelte. Peter der Einäugige begriff nicht sofort.

»Bei ihm hast du . . .?«

Nicken.

»Er hat freiwillig . . .?«

Dann erhob er sich plötzlich.

»Du . . .?«

Wieder nickte der Kopf, und einen Augenblick später trat Peter zu einer Gruppe von Männern, einige hörten auf, Billard zu spielen, und ein kleiner Trupp entfernte sich durch den knirschenden Schnee.

Bis auf das Radio waren die Geräusche verstummt, und erstaunt blickte sich Anders in dem leeren Saal um. Er war müde. Die Bänke hatten keine Lehne. Er fühlte, daß er nach hinten fallen könnte.

Da stand er auf, machte ein paar schwankende Schritte und näherte sich einem der Öfen; er glich einem Soldat nach einem langen Marsch. Gott weiß, warum er seinen pelzgefütterten Mantel auszog, ein Plätzchen suchte, sich hinhockte, der Länge lang ausstreckte und mit dem Kleidungsstück zudeckte.

Er war am Ende. Er brauchte Schlaf. Als die Männer eine halbe Stunde später zurückkehrten, schnarchte er, aber man sah noch in seinem Augenwinkel die glänzende Spur einer Träne.

Zunächst hatte man gehofft, daß es nur ein falscher Alarm sei. Hinter den farbigen Glasgefäßen schimmerte schwaches Licht. Die Apotheke war leer. Lediglich eine Katze nutzte das Eintreffen der Arbeiter, schlüpfte durch die Tür und sprang hinaus.

Auf dem Boden jedoch lagen die Scherben einer Fayenceschale, die der Arzt zum Anrühren seiner Salben verwendete. Es zeigten sich auch dunkle Flecken, sogar an der Tapete, etwa in Kopfhöhe.

Im zweiten Zimmer fand man Dr. Troms, er saß in seinem Sessel, den Kopf auf seinem Schachbrett, daneben die umgekippte Flasche Aquavit.

Als man seinen Kopf hochhob, erblickte man eine Lache geronnenen Bluts, ein besudeltes, bleiches Gesicht.

Merkwürdigerweise klebte ein Stück Papier von seinen Rezeptvordrucken an seinem Bart.

»Zieh es vorsichtig weg . . . Man weiß ja nie . . .«

»Vielleicht sollte man ihn besser nicht berühren? . . . Da er doch tot ist . . . Vielleicht sollte lieber die Polizei . . .«

Doch das Stück Papier löste sich von selbst. Man mußte es vom Boden aufheben. Mit Bleistift stand darauf geschrieben: »Ich bin seit vier Jahren taub . . . Ich weiß nicht, was er . . .«

Das war alles. Die Männer sahen sich an und begriffen nicht.

Es roch nach Alkohol und verbrannter Fichte.

Anders schlief so fest, daß der Polizist, der ihn festnehmen sollte, einen Augenblick zögerte, ihn zu wecken.

»He! . . . Anders . . . Wachen Sie auf . . .«

Als er ein Auge aufschlug, erblickte er den großen Schrank mit den in schwarzes Leinen gebundenen Büchern und darüber die Gipsbüste des Königs.

Er war ruhig. Man hätte meinen können, er kehre aus einem

Alptraum zurück. Er sagte lediglich, während er aufstand und sich das Gesicht rieb:

»Ah! Ja . . .«

Dann stehend:

»Nun gut!«

Seine Kollegen schauten ihn an und wagten nichts zu sagen. Er war kein Mann mehr wie sie. Er hatte getötet. Er hatte Dr. Joachim Troms umgebracht.

Mit einem Gefühl, das an Respekt grenzte, rückte man von ihm ab.

Er hatte die Tür erreicht, als er sich umdrehte.

»Mein Pelzmantel . . .«

Er hob ihn auf. Man hatte den Eindruck, er würde den Staub abklopfen, so sorgfältig waren seine Gesten. Und er suchte noch etwas. Man fragte sich, was. Er spähte über den Fußboden, den Tisch und runzelte die Stirn.

»Meine Mütze . . .«

Dann erinnerte er sich, und beruhigt wiederholte er:

»Ah! Ja . . .«

Die Mütze war ihm heruntergefallen, als er den Arzt mit dem Kopf gegen die Wand geschlagen hatte. Sie mußte dort liegen. Sie war nicht verloren.

Der Polizist wurde nicht ungeduldig. Er, der einen Mann, der ungeschickterweise nach der Polizeistunde draußen gesungen hatte, so hart angefaßt hatte, schien jetzt beeindruckt. Und alle um ihn herum ebenfalls. Man verfolgte neugierig die geringsten Bewegungen dieses Anders, weil man spürte, daß er nicht mehr in der gleichen Welt lebte wie die anderen.

Da ihm der Mund wie verklebt war, wollte er ein Glas Bier leeren, das auf einem Tisch neben einer leeren Flasche stand, dann besann er sich ohne ersichtlichen Grund anders, folgte dem Polizisten und schlug, als er draußen war, den Mantelkragen hoch.

(Deutsch von Wolfram Schäfer)

Anhang

Zeittafel

	Französische Geschichte und Literatur		*Weltgeschichte und -literatur*
1774	Louis XVI. übernimmt die Regentschaft in Frankreich: Vergebliche Versuche, die finanziell, wirtschaftlich und sozial prekäre Lage des Landes in den Griff zu bekommen.		
		1775	Beginn des nordamerikanischen Unabhängigkeitskrieges gegen England. * Friedrich Wilhelm Schelling * Jane Austen
		1776	Unabhängigkeitserklärung der 13 vereinigten Staaten von Amerika: Erste Formulierung der Menschenrechte. * E. T. A. Hoffmann
		1777	* Heinrich von Kleist
1778	Frankreich unterstützt den Unabhängigkeitskrieg Amerikas gegen England (bis 1783). Folgen: hohe Staatsverschuldung, französische Freiwillige für Amerika werden als Freiheitskämpfer gefeiert, verstärkte Kritik am Ancien Régime von Louis XVI. † Voltaire † Jean-Jacques Rousseau		
		1779	* Adam Müller Gotthold Ephraim Lessing: *Nathan der Weise*
1780	* Pierre-Jean Béranger * Charles Nodier * Jean-Auguste-Dominique Ingres	1780	† Maria Theresia von Österreich: Joseph II. leitet Reformen in Verwaltung, Sozialwesen und Kirche ein.
		1781	* Adelbert von Chamisso † Gotthold Ephraim Lessing Friedrich Schiller: *Die Räuber* Immanuel Kant: *Kritik der reinen Vernunft*
1782	Choderlos de Laclos: *Les Liaisons dangereuses* Jean-Jacques Rousseau: *Les Confessions* (postum), *Les Rêveries du promeneur solitaire* (postum)		
1783	* Stendhal † d'Alembert	1783	Versailler Friede: England anerkennt die Unabhängigkeit der USA. * Washington Irving Friedrich Schiller: *Die Verschwörung des Fiesko zu Genua*
1784	† Denis Diderot Caron de Beaumarchais: *La folle Journée ou le Mariage de Figaro*	1784	Kant: *Was ist Aufklärung?*
		1785	* Alessandro Manzoni * Bettina Brentano
		1786	† Friedrich der Große: Friedrich Wilhelm II. wird König von Preußen.

1788 Staatsbankrott in Frankreich.
Emmanuel Joseph Sieyès: *Qu'est-ce que le Tiers Etat?*
Bernardin de Saint-Pierre: *Paul et Virginie*

1789 Beginn der Französischen Revolution: Einberufung der Generalstände durch Louis XVI; der Dritte Stand erklärt sich zur verfassunggebenden Nationalversammlung. 14. Juli: Sturm auf die Bastille. Aufhebung der Feudalordnung, Verkündung der Menschenrechte.

1790 Verstaatlichung der Kirche, Aufhebung der Klöster und Orden in Frankreich.
* Alphonse de Lamartine

1791 Frankreich wird konstitutionelle Monarchie.
† Graf Mirabeau

1792 Tuileriensturm in Paris. Gefangensetzung der königlichen Familie, Abschaffung der Monarchie: Frankreich wird Republik.
»Septembermorde« unter Justizminister Danton und Marat. Flucht vieler Revolutionäre von 1789 ins Ausland (u. a. Lafayette, Talleyrand).
Rouget de Lisle: *Marseillaise*

1793 Hinrichtung von Louis XVI. und Marie Antoinette. Unumschränkte Jakobinerherrschaft: Diktatur des Wohlfahrtsausschusses, Justizterror, Massenguillotinierungen, Niederschlagung der Royalistenaufstände in der Vendée und in der Bretagne. Ermordung Jean Paul Marats.

1794 Hinrichtung Dantons und Héberts durch Robespierre: »Terror der Tugend« unter Robespierre.
Abschaffung des Christentums zugunsten des »Kultes der Vernunft«.
Hinrichtung Robespierres und 21 seiner Anhänger.
† André Chénier

1795 Die Girondisten (Partei des Besitzbürgertums) übernehmen die Macht: Direktorialregierung in Frankreich. Jedoch keine Beruhigung der innenpolitischen Verhältnisse: Inflation und Staatsbankrott, Putschversuche von rechts und links.
Marquis de Sade: *La Philosophie dans le boudoir*

1787 Friedrich Schiller: *Don Carlos*

1788 Die Verfassung der USA tritt in Kraft.
Australien wird mit englischen Sträflingen besiedelt.
* Lord George Byron
* Arthur Schopenhauer
Kant: *Kritik der praktischen Vernunft*
Goethe: *Egmont*
Mozart: *Jupiter-Symphonie*

1789 George Washington erster Präsident der USA.
* James Fenimore Cooper

1790 † Adam Smith
Kant: *Kritik der Urteilskraft*
Karl Philipp Moritz: *Anton Reiser*

1791 † Wolfgang Amadeus Mozart
* Franz Grillparzer
Johann Gottfried Herder: *Ideen zur Philosophie der Geschichte der Menschheit*

1792 Beginn des ersten Koalitionskrieges: Preußen, Österreich, England (später auch Holland und Spanien) gegen das revolutionäre Frankreich.
* Gioacchino Rossini
* Percy Bysshe Shelley
Johann Gottlieb Fichte: *Versuch einer Kritik aller Offenbarung*

1793 Zweite Teilung Polens durch Rußland und Preußen.
Friedrich Schiller: *Über die ästhetische Erziehung des Menschen*

1795 * Leopold von Ranke
* Thomas Carlyle
Kant: *Zum ewigen Frieden*

1796 Gescheiterte Verschwörung gegen das Direktorium unter François Babeuf.
Italienfeldzug Bonapartes: Vertreibung der Österreicher aus der Lombardei.
Denis Diderot: *Jacques le Fataliste* (postum)

1796 Spanien und Holland treten im Koalitionskrieg auf die Seite Frankreichs über.
† Katharina II.
Jean Paul: *Siebenkäs*
Goethe: *Wilhelm Meisters Lehrjahre*

1797 Talleyrand wird französischer Außenminister (bis 1807).
* Adolphe Thiers
* Alfred de Vigny
Marquis de Sade: *La nouvelle Justine*
François-René Chateaubriand: *Essai sur les révolutions*

1797 Friede von Campo Formio (diktiert von Frankreich): Österreich tritt die Lombardei und Belgien an Frankreich ab. Frankreich beginnt mit der Errichtung mehrerer Tochterrepubliken: Cisalpinische Republik (Mailand) und Ligurische Republik (Genua).
†Friedrich Wilhelm II.
* Heinrich Heine
* Jeremias Gotthelf
Ludwig Tieck: *Der gestiefelte Kater*
Friedrich Hölderlin: *Hyperion*

1798 Ägyptenfeldzug Bonapartes: Sieg zu Lande, aber Niederlage gegen die Flotte Nelsons bei Abukir.
* Auguste Comte
* Eugène Delacroix
* Jules Michelet

1798 Die Schweiz wird mit Unterstützung französischer Truppen zur Helvetischen Republik.
† Giacomo Casanova
* Giacomo Leopardi
Thomas Malthus: *An Essay on the Principle of Population*
Novalis: *Fragmente*
Schiller: *Wallenstein*
Goya: *Caprichos*
Haydn: *Die Schöpfung*

1799 Staatsstreich Napoleon Bonapartes in Frankreich: Sturz des Direktoriums, Napoleon wird Erster Konsul auf zehn Jahre.
† Caron de Beaumarchais
* Honoré de Balzac
Antoine Watteau: *La Bataille des Pyramides*

1799 Beginn des zweiten Koalitionskrieges (bis 1801).
* Alexander Puschkin
† Georg Christoph Lichtenberg
Fichte: *Über den Grund unseres Glaubens an eine göttliche Weltregierung*
Schleiermacher: *Über die Religion; Reden an die Gebildeten unter ihren Verächtern*
Ludwig van Beethoven: *1. Symphonie*

1800 Gründung der Bank von Frankreich: Abklingen der Inflation.
Sieg Napoleons über die Österreicher bei Marengo.
Germaine de Staël: *De la Littérature*

1800 Erfindung der Dampfmaschine.
Washington Sitz der Bundesregierung.
Novalis: *Hymnen an die Nacht*
Schiller: *Maria Stuart*
Jean Paul: *Titan*

1801 Konkordat Napoleons mit der katholischen Kirche.
François-René Chateaubriand: *Atala*
Jacques-Louis David: *Bonaparte franchissant le Grand-Saint-Bernard*

1801 Friede von Lunéville: Frankreich erhält das linke Rheinufer und die Vorherrschaft über Italien.
Alexander I. wird Zar von Rußland (bis 1825).
* Johann Nepomuk Nestroy
* Christian Dietrich Grabbe
Pestalozzi: *Wie Gertrud ihre Kinder lehrt*
Goya: *Maja Desnuda*

1802 Napoleon wird Konsul auf Lebenszeit.
Annexion Piemonts durch Frankreich.
* Victor Hugo

1802 Friede von Amiens.
* Wilhelm Hauff
Novalis: *Heinrich von Ofterdingen*

* Alexandre Dumas, père
Chateaubriand: *Le Génie du christianisme, René*
Madame de Staël: *Delphine*

1803 * Prosper Mérimée
* Hector Berlioz
† Choderlos de Laclos

1803 Beginn der Seekriege zwischen Frankreich und England (bis 1814).
Erster Schritt Napoleons zur Auflösung des deutschen Reichs: »Reichsdeputationshauptschluß«, Ende der Selbständigkeit der geistlichen Territorien und Reichsstädte.
† Vittorio Alfieri
* Ralph Waldo Emerson
Johann Peter Hebel: *Alemannische Gedichte*
Heinrich von Kleist: *Die Familie Schroffenstein*

1804 Napoleon krönt sich im Beisein des Papstes zum Kaiser von Frankreich (erbliches Kaisertum).
Einführung des »Code Napoléon« im ganzen französischen Machtbereich: Grundlage des Bürgerlichen Gesetzbuches, das persönliche Freiheit und Rechtsgleichheit garantiert.
* Charles-Augustin Sainte-Beuve
* George Sand
* Eugène Sue

1804 † Immanuel Kant
* Ludwig Feuerbach
* Nathaniel Hawthorne
* Eduard Mörike
Jean Paul: *Flegeljahre*
Beethoven: *Eroica*

1805 Napoleon läßt sich zum König von Italien krönen.
* Alexis de Tocqueville

1805 Dritter Koalitionskrieg: England, Rußland, Österreich und Schweden gegen Frankreich. Sieg Napoleons in der »Drei-Kaiser-Schlacht« bei Austerlitz. Einzug in Wien.
Sieg und Tod Admiral Nelsons in der Seeschlacht bei Trafalgar. Vernichtung der französischen Flotte.
† Friedrich Schiller
* Hans Christian Andersen

1806 Ingres: *Napoléon Ier sur son trône impérial*

1806 Vierter Koalitionskrieg: Preußen im Alleingang gegen Frankreich. Vernichtende Niederlage Preußens in den Schlachten bei Jena und Auerstedt. Einmarsch Napoleons in Berlin.
Gründung des Rheinbundes unter dem Protektorat Napoleons: Mehrere deutsche Territorialfürsten erklären ihre Souveränität.
Kaiser Franz II. von Österreich legt unter dem Druck Napoleons die Kaiserkrone nieder: Ende des Heiligen Römischen Reiches Deutscher Nation.
Beginn der Kontinentalsperre Napoleons gegen England.
* John Stuart Mill
* Max Stirner

		Achim von Arnim/Clemens Brentano: *Des Knaben Wunderhorn*
1807	Einrichtung eines Neuadels in Frankreich: Verwandte, Generäle, Minister Napoleons. Germaine de Staël: *Corinne ou l'Italie* Jacques-Louis David: *Le Sacre de Napoléon*	Friede von Tilsit: Preußen entgeht nur dank dem Einspruch Rußlands seiner Auflösung, muß aber Gebietsverluste und die Stationierung eines französischen Besatzungsheeres in Kauf nehmen. Preußische Reformpolitik durch den Reichsfreiherrn vom Stein. Hegel: *Phänomenologie des Geistes* Thomas Paine: *The Age of Reason* Kleist: *Amphitryon*
1808	Aufhebung der Inquisition in Frankreich. * Honoré Daumier * Gérard de Nerval	Fürstentag in Erfurt: Bündnis Napoleons mit Zar Alexander I. Beginn des großen spanischen Aufstands, unterstützt von England, gegen die französischen Besetzer: Spanienfeldzug Napoleons. Goethe: *Faust I* Friedrich Schlegel: *Sprache und Weisheit der Inder* Kleist: *Penthesilea*
1809	* Pierre-Joseph Proudhon Chateaubriand: *Les Martyrs ou le Triomphe de la religion chrétienne*	Napoleon annektiert den Kirchenstaat und nimmt Papst Pius VII. gefangen. Nationale Erhebung in Österreich unter dem Grafen Stadion: Mißerfolg. Aufstand der Tiroler unter Führung Andreas Hofers gegen Franzosen und Bayern. Metternich wird österreichischer Außenminister. * Charles Darwin * Nikolaj Gogol * Edgar Allan Poe Goethe: *Die Wahlverwandtschaften* Washington Irving: *A History of New York, by Diedrich Knickerbocker* Goya: *Tres de Mayo de 1808*
1810	Napoleon heiratet Marie Luise, Tochter Franz' I. von Österreich. * Alfred de Musset Germaine de Staël: *De l'Allemagne*	Weitere Ausdehnung des französischen Einflußbereichs: Der französische Marschall Bernadotte wird zum schwedischen Thronfolger ernannt. * Frédéric Chopin * Robert Schumann Kleist: *Michael Kohlhaas* Goya: Beginn der *Desastres de la Guerra*
1811	* Théophile Gautier	Napoleons Sohn wird König von Rom. * Franz Liszt † Heinrich von Kleist Goethe: *Dichtung und Wahrheit*
1812	Größte Ausdehnung des französischen Empire: es umfaßt 52 Departemente oder 50 von insgesamt 175 Millionen Einwohnern Europas.	Rußlandfeldzug Napoleons: Untergang der französischen Armee. Krieg zwischen England und den USA um Kanada: Zweiter Unabhängigkeitskrieg, bis 1814.

Wirtschaftskrise in England: erste »Maschinenstürme«.
* Iwan Gontscharow
* Charles Dickens
Brüder Grimm: *Kinder- und Hausmärchen*

1813 Beginn der Befreiungskriege gegen die französische Fremdherrschaft: Rußland, Preußen, England, Österreich und Schweden gegen Frankreich. Niederlage Napoleons in der Völkerschlacht bei Leipzig (über 100 000 Tote und Verwundete); Zusammenbruch des Napoleonischen Herrschaftssystems.
* Richard Wagner
* Giuseppe Verdi
* Sören Kierkegaard
* Georg Büchner
* Friedrich Hebbel
Jane Austen: *Pride and Prejudice*

1814 Einmarsch der Verbündeten in Frankreich. Abdankung Napoleons, der die Insel Elba als selbständiges Fürstentum erhält.
Erster Pariser Friede: Frankreich verliert alle seit 1792 eroberten Gebiete.
Rückkehr der Bourbonen: Louis XVIII. wird König, verkündet eine relativ liberale Verfassung, die aber Adel und Klerus wieder begünstigt.
† Marquis de Sade

1814 Wiener Kongreß: Restauration in ganz Europa.
* Michail Lermontow
Beethoven: *Fidelio*
E.T.A. Hoffmann: *Phantasiestücke in Callot's Manier*
Sir Walter Scott: *Waverley*

1815 Rückkehr Napoleons und »Herrschaft der 100 Tage«.
Sieg Wellingtons und Blüchers in der Schlacht bei Waterloo: Verbannung Napoleons nach St. Helena.
Zweiter Pariser Friede: Frankreich verliert weitere Gebiete (Savoyen, Saarbrükken etc.) und muß hohe Kriegsentschädigungen leisten.
Beginn des Terrors gegen Jakobiner und Bonapartisten im restaurierten Frankreich.
Pierre-Jean Béranger: *Chansons*

1815 Schlußakte des Wiener Kongresses: Gleichgewicht der fünf Großmächte Großbritannien, Rußland, Frankreich, Österreich und Preußen wird wiederhergestellt.
Heilige Allianz der Monarchen Rußlands, Österreichs und Deutschlands: Bund von Thron und Altar gegen alle liberalen und nationalen Bestrebungen (Interventionsrecht).
England wird zum neuen Hort der liberalen Bewegung.
Beginn der politischen Neuordnung Deutschlands: Deutscher Bund (39 souveräne Staaten unter Vorsitz Österreichs).
* Anthony Trollope
* Johann Jakob Bachofen

1816 Benjamin Constant: *Adolphe*

1816 Goethe: *Italienische Reise*

1817 † Germaine de Staël

1817 † Jane Austin
* Henry David Thoreau
* Theodor Storm
Lord Byron: *Manfred*
David Ricardo: *Political Economy*

1818 Wiederaufnahme Frankreichs ins Kon-

1818 * Karl Marx

zert der Großmächte. Abzug der Besatzungstruppen.
* Charles Leconte de Lisle

1819 * Gustave Courbet
* Jacques Offenbach
André Chénier: *Œuvres complètes* (postum)
Théodore Géricault: *Le Radeau de la Méduse*

1820 Ermordung des Herzogs von Berry (Sohn des späteren Charles x.): verschärfte Reaktion in Frankreich; die liberale Opposition organisiert sich in Geheimbünden.
Alphonse de Lamartine: *Méditations poétiques*

1821 † Napoleon Bonaparte
* Charles Baudelaire
* Gustave Flaubert
Saint-Simon: *Du Système industriel*
Charles Nodier: *Smarra ou les Démons de la nuit*

1822 * Edmond de Goncourt
Stendhal: *De l'Amour*

1823 * Ernest Renan
* Théodore de Banville
Saint-Simon: *Catéchisme des industriels*
Stendhal: *Racine et Shakespeare*

1824 † Louis xviii.: Charles x. wird König von Frankreich. Er stützt sich hauptsächlich auf die ultraroyalistische Partei und den Klerus: verstärkte Reaktion und Repression in Frankreich bis 1830.
* Alexandre Dumas, fils
Eugène Delacroix: *Les Massacres de Scio*

1825 † Saint-Simon

* Jacob Burckhardt
* Iwan S. Turgenjew
Arthur Schopenhauer: *Die Welt als Wille und Vorstellung*

1819 »Karlsbader Beschlüsse« in Deutschland: Verbot der Burschenschaften, aller liberalen und demokratischen Schriften, Überwachung der Presse und der Universitäten.
* Theodor Fontane
* Gottfried Keller
* Herman Melville
Walter Scott: *Ivanhoe*
Lord Byron: *Don Juan*
Goethe: *West-östlicher Divan*

1820 Nationale Aufstände in Neapel, Piemont und Oberitalien, organisiert durch den Geheimbund der Carbonari.
* Friedrich Engels
Malthus: *Principles of Political Economy*

1821 Metternich wird österreichischer Innenminister.
Einmarsch österreichischer Truppen in Piemont und Neapel: Restauration.
Beginn des Freiheitskampfes der Griechen gegen die türkische Herrschaft.
* Fjodor Dostojewskij
Kleist: *Prinz Friedrich von Homburg*

1822 Westeuropäische Freiwillige unter Führung Lord Byrons unterstützen den griechischen Freiheitskampf.
Die katholische Kirche hebt das Verbot kopernikanischer Schriften auf.
† E.T.A. Hoffmann
Thomas de Quincey: *Confessions of an English Opium Eater*

1823 Niederschlagung der liberalen Revolution in Spanien durch französische Truppen.
Monroe-Doktrin: »Amerika den Amerikanern«; gegen europäische Einmischung in südamerikanische Befreiungskriege: Isolationismus.
J. F. Cooper: *The Pioneers*
Beethoven: *9. Symphonie*

1824 Anerkennung des Gewerkschafts- und Streikrechts in England.
† Lord Byron
* Wilkie Collins
Giacomo Leopardi: *Canzoni*
Washington Irving: *Tales of a Traveller*

1825 In Amerika erste Experimente Robert

	† Jacques-Louis David Prosper Mérimée: *Théâtre de Clara Gazul* (bis 1842)	Owens mit Produktions-Genossenschaften. Wirtschaftskrise in England. Dekabristenaufstand in Rußland nach dem Tod Zar Alexanders I. wird niedergeschlagen. † Jean Paul * Conrad Ferdinand Meyer Alessandro Manzoni: *I promessi Sposi* Alexander Puschkin: *Boris Godunow*
1826	Alfred de Vigny: *Cinq-Mars ou une Conjuration sous Louis XIII.* Victor Hugo: *Odes et ballades* Eugène Delacroix: *La Grèce sur les ruines de Missolonghi*	Heinrich Heine: *Die Harzreise* Joseph von Eichendorff: *Aus dem Leben eines Taugenichts*
1827	Victor Hugo: *Cromwell* Stendhal: *Armance*	† Ludwig van Beethoven † Giacomo Leopardi * Arnold Böcklin * Charles de Coster Heine: *Buch der Lieder* Walter Scott: *Life of Napoleon*
1828	* Jules Verne * Hippolyte Taine	† Franz Schubert † Goya * Lew Tolstoj * Henrik Ibsen
1829	Honoré de Balzac: *Le dernier Chouan* (erstes Werk der *Comédie Humaine*) Victor Hugo: *Les Orientales*	Unabhängigkeit Griechenlands. † Friedrich Schlegel Grabbe: *Don Juan und Faust*
1830	Juli-Revolution in Frankreich: Abdankung und Flucht von Charles X. Louis-Philippe von Orléans wird Bürgerkönig und hält sich durch geschicktes Lavieren zwischen Konservativen und Liberalen bis 1848 an der Macht. Beginn der »Goldenen Zeit« des Großbürgertums; Kapitalisierung und Industrialisierung Frankreichs. † Benjamin Constant * Frédéric Mistral * Jules de Goncourt Stendhal: *Le Rouge et le Noir* Victor Hugo: *Hernani* Alfred de Musset: *Contes d'Espagne et d'Italie* Balzac: *La Femme de trente ans* (bis 1842)	Im Gefolge der Juli-Revolution Unruhen und nationale Erhebungen in mehreren europäischen Ländern: Belgien löst sich von den Niederlanden; Aufstände in Polen (gegen Rußland) und in Italien (gegen Österreich) werden brutal niedergeschlagen. Mehrere deutsche Staaten erhalten nach Unruhen erstmals eine Verfassung. Emigration Heinrich Heines und Frédéric Chopins nach Paris. Begriff und Typus des Dandy kommen in Mode. Ludwig Feuerbach: *Gedanken über Tod und Unsterblichkeit*
1831	Arbeiteraufstand in Lyon. Honoré Daumier wird Mitarbeiter bei ›Le Charivari‹ und ›La Caricature‹. * Victorien Sardou Victor Hugo: *Notre-Dame de Paris* Balzac: *La Peau de chagrin, Le Chef-d'œuvre inconnu* Eugène Delacroix: *La Liberté guidant le peuple*	Cholera-Epidemie in Europa. † Georg Wilhelm Friedrich Hegel * Wilhelm Raabe Grillparzer: *Des Meeres und der Liebe Wellen*
1832	* Edouard Manet * Gustave Doré	† Walter Scott † Johann Wolfgang Goethe

Balzac: *Les cent Contes drôlatiques*
Alfred de Vigny: *Stello*
1833 Balzac: *Le Médecin de campagne*
George Sand: *Lélia*
Jules Michelet: *Histoire de France* (bis 1867)

1834 * Edgar Degas
† Marie-Joseph de Lafayette
Alfred de Musset: *Lorenzaccio*
Balzac: *Le Père Goriot, Eugénie Grandet*
Sainte-Beuve: *Volupté*

1835 Théophile Gautier: *Mademoiselle de Maupin*
Alfred de Vigny: *Servitude et grandeur militaires*
Alexis de Tocqueville: *De la Démocratie en Amérique*
1836 Putschversuch von Louis Napoléon, einem Neffen Bonapartes, in Straßburg.
Lamartine: *Jocelyn*
Alfred de Musset: *La Confession d'un enfant du siècle*
1837 Mérimée: *La Vénus d'Ille*
Balzac: *Grandeur et décadence de César Birotteau* (bis 1838), *Les Illusions perdues* (bis 1843)

1838 Auguste Comte prägt den Begriff »Soziologie«.
† Talleyrand
* Villiers de l'Isle-Adam
* Georges Bizet
Lamartine: *La Chute d'un ange*
Balzac: *Splendeurs et misères des courtisanes* (bis 1847)
1839 * Paul Cézanne
Stendhal: *La Chartreuse de Parme*
1840 Napoleons Leiche wird nach Paris überführt und im Invalidendom beigesetzt.
Putschversuch Louis Napoléons, des Thronprätendenten, von Boulogne aus.
* Alphonse Daudet
* Emile Zola
* Auguste Rodin
* Claude Monet
Prosper Mérimée: *Colomba*
Pierre-Joseph Proudhon: *Qu'est-ce que la Propriété?*
Sainte-Beuve: *Port-Royal* (bis 1859)
1841 * Gustave le Bon

* *Wilhelm Busch*
* *Lewis Carroll*
1833 Erstes Fabrik-Gesetz in Großbritannien.
Aufhebung der Sklaverei im britischen Empire.
* Wilhelm Dilthey
* Johannes Brahms
Puschkin: *Eugen Onegin*
1834 Gründung des Deutschen Zollvereins unter preußischer Führung.
Georg Büchner: *Der Hessische Landbote*
Edward Bulwer-Lytton: *The Last Days of Pompeji*
Grillparzer: *Der Traum ein Leben*
1835 Victor Cousin prägt den Begriff »L'art pour l'art«.
* Mark Twain
David Friedrich Strauß: *Das Leben Jesu*
Georg Büchner: *Dantons Tod*

1836 † Christian Dietrich Grabbe
* Bret Harte
Heine: *Die romantische Schule*
Eckermann: *Gespräche mit Goethe*

1837 Thronbesteigung der Königin Victoria in England (bis 1901).
† Alexander Puschkin
† Georg Büchner
Nathaniel Hawthorne: *Twice-Told Tales*
Charles Dickens: *The Pickwick Papers*
Jeremias Gotthelf: *Der Bauernspiegel*
Carlyle: *History of the French Revolution*
1838 Chartisten in England fordern allgemeines Wahlrecht.
† Adelbert von Chamisso
Edgar Allan Poe: *The Narrative of Arthur Gordon Pym*
Charles Dickens: *Oliver Twist*

1839 Büchner: *Lenz* (postum)
Schumann: *Nachtstücke*
1840 † Caspar David Friedrich
* Thomas Hardy
Poe: *Tales of the Grotesque and Arabesque*
Gogol: *Der Mantel*
Hebbel: *Judith*

1841 † Michail Lermontow

1842 † Stendhal
* Stéphane Mallarmé
Auguste Comte: *Cours de philosophie positive*
Eugène Sue: *Les Mystères de Paris*
1843 George Sand: *Consuélo*

1844 * Anatole France
* Paul Verlaine
Alexandre Dumas, père: *Les trois Mousquetaires*
Balzac: *Modeste Mignon*
1845 Karl Marx wird aus Frankreich ausgewiesen.
Prosper Mérimée: *Carmen*
Dumas, père: *Le Comte de Monte-Cristo*

1846 Wirtschaftskrise in Frankreich: Radikalisierung des Proletariats, Sammlung der oppositionellen Kleinbürger und Arbeiter unter Louis Blanc; Forderung nach Arbeitssicherung durch »Ateliers nationaux«.
* Lautréamont
George Sand: *La Mare au diable*
Proudhon: *La Philosophie de la misère*

1848 Februarrevolution in Frankreich: Louis-Philippe dankt ab und flieht nach England; Louis Napoléon wird Präsident der Zweiten Republik.
† François-René Chateaubriand
* Joris-Karl Huysmans
* Paul Gauguin
Chateaubriand: *Mémoires d'outre-tombe* (postum)
Alexandre Dumas, fils: *La Dame aux camélias*
1849 Gescheiterter republikanischer Aufstand gegen den antiparlamentarisch regierenden Louis Napoléon.

Feuerbach: *Vom Wesen des Christentums*
Schopenhauer: *Die beiden Grundprobleme der Ethik*
Carlyle: *On Heroes, Hero-Worship and the Heroic in History*
1842 * Karl May
* Ambrose Bierce
Annette von Droste-Hülshoff: *Die Judenbuche*

1843 † Friedrich Hölderlin
* Henry James
Kierkegaard: *Entweder – Oder*
Heine: *Atta Troll*
Richard Wagner: *Der fliegende Holländer*
1844 * Friedrich Nietzsche
Heine: *Deutschland, ein Wintermärchen*
Schopenhauer: *Die Welt als Wille und Vorstellung* II

1845 Hungersnot in Irland: eine Million Tote.
Poe: *The Raven*
Kierkegaard: *Furcht und Zittern*
Friedrich Engels: *Die Lage der arbeitenden Klasse in England*
Max Stirner: *Der Einzige und sein Eigentum*
Wagner: *Tannhäuser*
1846 Krieg USA–Mexiko (bis 1848).
Übergang Englands zur Freihandelspolitik.

1847 Charlotte Brontë: *Jane Eyre*
Heinrich Hoffmann: *Der Struwwelpeter*
Karl Marx: *Das Elend der Philosophie*
1848 Märzrevolution in Deutschland: Erstes Parlament in der Frankfurter Paulskirche. Aufhebung der »Karlsbader Beschlüsse«.
Erfolglose Revolution in Österreich und Italien.
Marx/Engels: *Das Kommunistische Manifest*
William Makepiece Thackeray: *Vanity Fair*

1849 Friedrich Wilhelm von Preußen lehnt die deutsche Kaiserkrone ab: Auflösung der Frankfurter Nationalversammlung.
† Edgar Allan Poe
† Frédéric Chopin

			* Fritz Mauthner * August Strindberg Kierkegaard: *Die Krankheit zum Tode* H. D. Thoreau: *On the Duty of Resistance to Civil Government*
1850	† Honoré de Balzac * Guy de Maupassant	1850	* Robert Louis Stevenson Nathaniel Hawthorne: *The Scarlet Letter* Charles Dickens: *David Copperfield* Jeremias Gotthelf: *Die Käserei in der Vehfreude*
1851	Staatsstreich Louis Napoléons: Auflösung des Parlaments. Neue Verfassung: Präsidentschaft auf zehn Jahre verlängert	1851	Indianer-Pogrome in den USA. Erste Weltausstellung in London. Herman Melville: *Moby Dick* Schopenhauer: *Parerga und Paralipomena* Heine: *Romanzero*
1852	Louis Napoléon wird als Napoléon III. Kaiser der Franzosen. Beginn der Umgestaltung von Paris zur »Kapitale der Welt« (bis 1865) nach Plänen des Präfekten Haussmann: Boulevards, über 60 000 Neubauten etc. Théophile Gautier: *Emaux et camées*	1852	† Nikolaj Gogol * George Moore Jacob und Wilhelm Grimm: *Deutsches Wörterbuch* (bis 1961). Harriet Beecher-Stowe: *Uncle Tom's Cabin* Thackerey: *Henry Esmond*
1853	Gérard de Nerval: *Sylvie, Voyage en Orient* Victor Hugo: *Les Châtiments* Joseph-Arthur de Gobineau: *Essai sur l'inégalité des races humaines* (bis 1855)	1853	Beginn des Krimkrieges (bis 1856): Türkei und England gegen Rußland. * Vincent van Gogh * Ferdinand Hodler Giuseppe Verdi: *La Traviata* Adalbert Stifter: *Bunte Steine* Charles Dickens: *Bleak House* Emily Brontë: *Wuthering Heights*
1854	* Arthur Rimbaud	1854	† Friedrich Wilhelm Schelling † Jeremias Gotthelf * Oscar Wilde H. D. Thoreau: *Walden or Life in the Woods* Gottfried Keller: *Der grüne Heinrich* (bis 1855) Thomas de Quincey: *On Murder Considered as One of the Fine Arts*
1855	Weltausstellung in Paris. † Gérard de Nerval Dumas, fils: *Le Demi-monde*	1855	Aufhebung der Leibeigenschaft in Rußland unter Zar Alexander II. † Sören Kierkegaard Walt Whitman: *Leaves of Grass* Gustav Freytag: *Soll und Haben* Mörike: *Mozart auf der Reise nach Prag*
1856	Victor Hugo: *Les Contemplations* Alexis de Tocqueville: *L'ancien Régime et la révolution*	1856	† Heinrich Heine * Henry Rider Haggard * George Bernard Shaw * Sigmund Freud
1857	† Eugéne Sue † Alfred de Musset † Auguste Comte Flaubert: *Madame Bovary* Baudelaire: *Les Fleurs du mal*	1857	* Joseph Conrad Adalbert Stifter: *Der Nachsommer* F. Th. Vischer: *Aesthetik*
1858	Attentat des italienischen Nationalisten Orsini auf Napoléon III.: verstärkt auto-	1858	* Heinrich Zille

	ritärer, repressiver Kurs in Frankreich. * Emile Durkheim		
1859	† Alexis de Tocqueville * Henri Bergson * Jean Jaurès Victor Hugo: *La Légende des siècles* (bis 1883)	1859	Italienischer Einigungskrieg gegen Österreich. Bau des Suez-Kanals (bis 1869). * Arthur Conan Doyle * Knut Hamsun * Edmund Husserl Darwin: *The Origin of Species* Marx: *Zur Kritik der politischen Ökonomie* Gontscharow: *Oblomow*
1860	Charles Baudelaire: *Les Paradis artificiels* Edmond und Jules de Goncourt: *Les Hommes de lettres*	1860	Abraham Lincoln wird Präsident der USA (bis 1865). * Anton Tschechow * Gustav Mahler † Arthur Schopenhauer Wilkie Collins: *The Woman in White* Nathaniel Hawthorne: *The Marble Faun* Jacob Burckhardt: *Die Kultur der Renaissance*
1861	Edmond und Jules de Concourt: *Sœur Philomène*	1861	Sturz der Bourbonen in Italien: Viktor Emanuel II. wird König von Italien (bis 1878). Elf Südstaaten der USA proklamieren die »Konföderierten Staaten von Amerika« (Abspaltung wegen der Sklavenfrage): Amerikanischer Sezessionskrieg (bis 1865). Bachofen: *Das Mutterrecht* Dostojewskij: *Aufzeichnungen aus einem Totenhaus* Herbert Spencer: *Education Intellectual, Moral and Physical*
1862	* Maurice Barrès * Maurice Maeterlinck Gustave Flaubert: *Salammbô* Victor Hugo: *Les Misérables*	1862	Bismarck wird preußischer Ministerpräsident (bis 1890). * O. Henry * Gerhart Hauptmann * Arthur Schnitzler Turgenjew: *Väter und Söhne*
1863	† Eugène Delacroix † Alfred de Vigny Ernest Renan: *Vie de Jésus* Jules Verne: *Cinq Semaines en ballon* Edouard Manet: *Olympia, Le déjeuner sur l'herbe*	1863	Proklamation Abraham Lincolns zur Befreiung aller Sklaven. † Friedrich Hebbel * Arno Holz * Edvard Munch John Stewart Mill: *Utilitarism* Brehm: *Illustriertes Tierleben*
1864	Zunehmende Kritik am diktatorischen Regime von Napoléon III.: Liberale Zugeständnisse, Pressefreiheit, persönliche Freiheiten. * Henri de Toulouse-Lautrec Edmond und Jules de Goncourt: *Renée Mauperin* Jules Verne: *Voyage au centre de la terre*	1864	Gründung der I. Internationale in London. Gründung des Roten Kreuzes. † Nathaniel Hawthorne † Ferdinand Lassalle * Max Weber * Frank Wedekind Tolstoj: *Krieg und Frieden*
1865	† Pierre-Joseph Proudhon	1865	Ermordung Abraham Lincolns.

Edmond und Jules de Goncourt: *Germinie Lacerteux*
Jules Verne: *De la Terre à la lune*

1866 * Romain Rolland
Théodore de Banville: *Gringoire*
Victor Hugo: *Les Travailleurs de la mer*

1867 Weltausstellung in Paris.
† Jean-Auguste-Dominique Ingres
† Charles Baudelaire
Emile Zola: *Thérèse Raquin*

1868 * Paul Claudel
* Edmond Rostand
* Francis Jammes
Lautréamont: *Les Chants de Maldoror* (bis 1874)

1869 † Alphonse de Lamartine
† Sainte-Beuve
* André Gide
Paul Verlaine: *Fêtes galantes*
Charles Baudelaire: *Petits Poèmes en prose*
Gustave Flaubert: *L'Education sentimentale*
Alphonse Daudet: *Lettres de mon moulin*

1870 Nach der Kapitulation der französischen Armee und der Gefangennahme von Napoléon III. Bildung einer Regierung der nationalen Verteidigung unter Adolphe Thiers.
† Jules de Goncourt
† Prosper Mérimée
† Alexandre Dumas, père
† Lautréamont
Hippolyte Taine: *De l'Intelligence*

1871 Niederlage Frankreichs im Krieg gegen Preußen. Friede von Frankfurt: Frankreich muß Elsaß-Lothringen abtreten und hohe Kriegsentschädigung bezahlen.
»Pariser Commune«: Machtergreifung der Kommunisten und Sozialisten in Paris. Blutige Niederschlagung (30 000 Tote) durch die Armee Mac Mahon.
* Marcel Proust
* Paul Valéry
Emile Zola: Erste Romane von *Les Rougon-Macquart* (bis 1893).

1872 † Théophile Gautier
Alphonse Daudet: *Les Aventures prodi-*

* *Rudyard Kipling*
* *William Butler Yeats*
Wilhelm Busch: Max und Moritz
Lewis Carroll: *Alice's Adventures in Wonderland*
Wagner: *Tristan und Isolde*

1866 Deutscher Krieg: Sieg Preußens über Österreich bei Königgrätz.
* H. G. Wells
* Wassily Kandinsky

1867 * John Galsworthy
* Hedwig Courths-Mahler
Marx: *Das Kapital* (bis 1894)
Ibsen: *Peer Gynt*
Dostojewskij: *Schuld und Sühne*

1868 * Maxim Gorki
* Stefan George
† Adalbert Stifter
Dostojewskij: *Der Idiot*
Wagner: *Die Meistersinger von Nürnberg*
Wilkie Collins: *The Moonstone*

1869 Eröffnung des Suez-Kanals.
Wagner: *Das Rheingold*

1870 Dogma von der Unfehlbarkeit des Papstes.
Deutsch-Französischer Krieg (bis 1871): Kapitulation der französischen Armeen.
* Rosa Luxemburg
* Wladimir Iljitsch Lenin
* Saki
† Charles Dickens
Gontscharow: *Die Schlucht*
Wagner: *Die Walküre*

1871 Gründung des Deutschen Reiches: Wilhelm I. deutscher Kaiser.
* Theodore Dreiser
* Stephen Crane
* Lyonel Feininger
* Heinrich Mann
* Christian Morgenstern
Dostojewskij: *Die Dämonen* (bis 1872)
Swinburne: *Songs Before Sunrise*
Verdi: *Aida*

1872 * Bertrand Russell
* Aubrey Beardsley

	gieuses de Tartarin de Tarascon Claude Monet: *Impression, soleil levant*		† *Ludwig Feuerbach* † *Franz Grillparzer* *George Eliot: Middlemarch* Friedrich Nietzsche: *Die Geburt der Tragödie aus dem Geiste der Musik*
1873	Mac Mahon wird als »Platzhalter der Monarchie« zum Präsidenten der Republik gewählt (bis 1879). * Alfred Jarry * Charles Péguy * Sidonie-Gabrielle Colette Arthur Rimbaud: *Une Saison en enfer* Emile Zola: *Le Ventre de Paris*	1873	Wirtschaftskrise in Europa. * Walter de la Mare † John Stuart Mill † Joseph Sheridan Le Fanu Tolstoj: *Anna Karenina* Bakunin: *Staat und Anarchie* Nietzsche: *Unzeitgemäße Betrachtungen*
1874	Gustave Flaubert: *La Tentation de Saint Antoine* Victor Hugo: *Quatre-vingt-treize* Paul Verlaine: *Romances sans paroles*	1874	* Gilbert Keith Chesterton * William Somerset Maugham * Gertrude Stein * Karl Kraus * Hugo von Hofmannsthal Wagner: *Der Ring des Nibelungen*
1875	Der Versuch einer Restauration der Monarchie in Frankreich scheitert an der Weigerung des letzten bourbonischen Thronprätendenten, die Trikolore anzuerkennen: Proklamation der Dritten Republik. † Georges Bizet * Maurice Ravel	1875	† Eduard Mörike † Hans Christian Andersen * John Buchan * Thomas Mann * Rainer Maria Rilke * C. G. Jung
1876	† George Sand Stéphane Mallarmé: *L'Après-midi d'un faune*	1876	* Constantin Brancusi * Jack London * Sherwood Anderson Mark Twain: *Tom Sawyer*
1877	Gustave Flaubert: *Trois Contes* Emile Zola: *L'Assommoir*	1877	* Hermann Hesse Henry James: *The American* Gottfried Keller: *Züricher Novellen*
1878	Weltausstellung in Paris. * Charles Ferdinand Ramuz	1878	Sozialistengesetz in Deutschland. * Upton Sinclair * Lord Dunsany * Robert Walser Nietzsche: *Menschliches, Allzumenschliches*
1879	Jules Grévy wird Präsident der Republik (bis 1887). † Honoré Daumier	1879	* Josiff W. Stalin * Albert Einstein Ibsen: *Nora* Strindberg: *Das rote Zimmer* Keller: *Der grüne Heinrich* (zweite Fassung) Dostojewskij: *Die Brüder Karamazow*
1880	Amnestie für die Teilnehmer am Aufstand der »Commune«. † Gustave Flaubert * Guillaume Apollinaire Emile Zola: *Nana* Guy de Maupassant: *Boule de suif*	1880	* Robert Musil Theodor Fontane: *L'Adultera*
1881	Einführung der Versammlungs- und Pressefreiheit in Frankreich. * Roger Martin du Gard Gustave Flaubert: *Bouvard et Pécuchet* (postum)	1881	† Thomas Carlyle † Fjodor M. Dostojewskij * Stefan Zweig * Pablo Picasso Ibsen: *Gespenster*

	Guy de Maupassant: *La Maison Tellier* Anatole France: *Le Crime de Sylvestre Bonnard*		Nietzsche: *Morgenröte* Dante Gabriel Rossetti: *Ballads and Sonnets*
1882	* George Braque * Jean Giraudoux Guy de Maupassant: *Mademoiselle Fifi*	1882	* James Joyce * Virginia Woolf * Igor Strawinsky Ibsen: *Ein Volksfeind* Wilhelm Busch: *Plisch und Plum* Wagner: *Parsifal*
1883	† Gustave Doré † Edouard Manet * Maurice Utrillo Arthur Rimbaud: *Le Bateau ivre* Villiers de l'Isle-Adam: *Contes cruels* Guy de Maupassant: *Une Vie*	1883	† Iwan S. Turgenjew † Karl Marx † Richard Wagner * Franz Kafka * Karl Jaspers * Anton Webern Robert Louis Stevenson: *Treasure Island* Friedrich Nietzsche: *Also sprach Zarathustra* (bis 1885)
1884	* Georges Duhamel Joris-Karl Huysmans: *A rebours* Guy de Maupassant: *Clair de lune*	1884	* Sean O'Casey Ibsen: *Die Wildente* Mark Twain: *Huckleberry Finn*
1885	† Victor Hugo * François Mauriac * Jules Romains Emile Zola: *Germinal* Guy de Maupassant: *Bel Ami, La petite Roque*	1885	* Sinclair Lewis * Ezra Pound * Ring Lardner * D. H. Lawrence Karl Marx: *Das Kapital* (Band 2)
1886	Nationalistisch-revanchistische Bewegung in Frankreich unter Kriegsminister Boulanger. * Henri Alain-Fournier Arthur Rimbaud: *Les Illuminations* Villiers de l'Isle-Adam: *L'Eve future*	1886	* Gottfried Benn * Hermann Broch * Oskar Kokoschka R. L. Stevenson: *The Strange Case of Dr. Jekyll and Mr. Hide* Ibsen: *Rosmersholm* Nietzsche: *Jenseits von Gut und Böse*
1887	Carnot wird Präsident der Republik. * Saint-John Perse * Blaise Cendrars Guy de Maupassant: *Le Horla, Mont-Oriol* Emile Zola: *La Terre* Edmond und Jules de Goncourt: *Journal* (bis 1896)	1887	* Marc Chagall Henry Rider Haggard: *She* Friedrich Nietzsche: *Zur Genealogie der Moral*
1888	* Georges Bernanos Guy de Maupassant: *Pierre et Jean* Maurice Barrès: *Le Culte du moi* (bis 1891)	1888	* Katherine Mansfield * Raymond Chandler * T. S. Eliot Strindberg: *Fräulein Julie* Theodor Storm: *Der Schimmelreiter*
1889	Pariser Weltausstellung: Eiffelturm. † Villiers de l'Isle-Adam * Jean Cocteau * Gabriel Marcel Maurice Maeterlinck: *La Princesse Maleine*	1889	† Wilkie Collins * Charles Chaplin Gerhart Hauptmann: *Vor Sonnenaufgang* Friedrich Nietzsche: *Götzendämmerung, Ecce homo*
1890	* Charles de Gaulle Emile Zola: *La Bête humaine*	1890	† Gottfried Keller † Vincent van Gogh

Paul Claudel: *Tête d'or*
Maurice Maeterlinck: *Les Aveugles*
Stendhal: *Vie de Henry Brulard* (postum)

1891 † Théodore de Banville
† Arthur Rimbaud
André Gide: *Les Cahiers d'André Walter*
Joris-Karl Huysmans: *Là-bas*

1892 Maurice Maeterlinck: *Pelléas et Mélisande*

1893 † Ernest Renan
† Hyppolite Taine
† Guy de Maupassant
Anatole France: *La Rôtisserie de la Reine Pédauque*
Victorien Sardou: *Madame Sans-gêne*

1894 Anarchisten-Attentat auf Präsident Carnot.
Beginn der Affäre Dreyfus.
† Leconte de Lisle
* Louis-Ferdinand Céline
Stendhal: *Lucien Leuwen* (postum)
Emile Zola: *Les trois Villes* (bis 1898)

1895 Gründung der ersten Gewerkschaft in Frankreich.
† Alexandre Dumas, fils
* Jean Giono
* Marcel Pagnol
* Paul Eluard
André Gide: *Paludes*

1896 † Edmond de Goncourt
† Paul Verlaine
* Tristan Tzara
* André Breton
* Henry de Montherlant
* Antonin Artaud
Alfred Jarry: *Ubu roi*
Marcel Proust: *Les Plaisirs et les jours*
Paul Valéry: *La Soirée avec Monsieur Teste*

1897 † Alphonse Daudet
* Louis Aragon
André Gide: *Les Nourritures terrestres*
Edmond Rostand: *Cyrano de Bergerac*
Stéphane Mallarmé: *Un Coup de dés jamais n'abolira le hasard*

1898 Polarisierung innerhalb der politischen Landschaft Frankreichs, ausgelöst durch die Dreyfus-Affäre: Die fortschrittli-

* Kurt Tucholsky
* Agatha Christie
Knut Hamsun: *Hunger*
Henrik Ibsen: *Hedda Gabler*
Stefan George: *Hymnen*

1891 † Iwan Gontscharow
Oscar Wilde: *The Picture of Dorian Gray*
Frank Wedekind: *Frühlings Erwachen*

1892 † Walt Whitman
Gerhart Hauptmann: *Die Weber*
Ambrose Bierce: *Tales of Soldiers and Civilians*
Conan Doyle: *The Adventures of Sherlock Holmes*
James A. McNeill Whistler: *The Gentle Art of Making Enemies*

1893 * Dorothy Parker
* George Grosz
Arthur Schnitzler: *Anatol*
Gerhart Hauptmann: *Der Biberpelz*

1894 † Robert Louis Stevenson
* Dashiell Hammett
* Aldous Huxley
* Katherine Anne Porter
* James Thurber
* Joseph Roth
Rudyard Kipling: *The Jungle Book*
Thomas Hardy: *Life's Little Ironies*

1895 Erstes Automobil.
† Friedrich Engels
H. G. Wells: *The Time Machine*
Theodor Fontane: *Effi Briest*

1896 * Francis Scott Fitzgerald
* John Dos Passos
Anton Tschechow: *Die Möwe*
Puccini: *La Bohème*
Richard Strauß: *Also sprach Zarathustra*

1897 † Jacob Burckhardt
† Johannes Brahms
* William Faulkner
* Thornton Wilder
* Liam O'Flaherty

1898 † Aubrey Beardsley
† Lewis Carroll
† C. F. Meyer

chen Kräfte sammeln sich im »Bloc Républicain« (darunter Zola, Clemenceau, Jaurès); Charles Maurras gründet die katholisch-konservative, nationalistische Bewegung »Action Française«.
† Stéphane Mallarmé
Emile Zola: *J'accuse; Lettre ouverte au Président de la République*
Joris-Karl Huysmans: *La Cathédrale*

1899 * Francis Ponge
* Jacques Audiberti
* Henri Michaux
André Gide: *Le Promethée mal enchaîné*
Emile Zola: *Le quatre Evangiles* (bis 1903)

1900 Weltausstellung, Olympiade in Paris
* Julien Green
* Antoine de Saint-Exupéry

1901 † Henri de Toulouse-Lautrec
* André Malraux
* Jacques Lacan
Anatole France: *L'Affaire Crainquebille*

1902 † Emile Zola
* Marcel Aymé
* Nathalie Sarraute
André Gide: *L'Immoraliste*

1903 † Paul Gauguin
* Georges Simenon
* Raymond Queneau
* Jean Tardieu
Francis Jammes: *Le Roman du lièvre*

1904 Entente Cordiale Frankreich–England.
Romain Rolland: *Jean-Christophe* (bis 1912)

1905 Trennung von Kirche und Staat in Frankreich.
† Jules Verne
* Jean-Paul Sartre

1906 Rehabilitierung von Dreyfus unter der Regierung Clemenceau.
† Paul Cézanne
Paul Claudel: *Partage de midi*

1907 † Alfred Jarry
† Joris-Karl Huysmans
Henri Bergson: *L'Evolution créatrice*
André Gide: *Le Retour de l'enfant prodique*

† Theodor Fontane
* Bertolt Brecht
H. G. Wells: *The War of the Worlds*
Henry James: *The Turn of the Screw*
Stephen Crane: *The Open Boat*
Tolstoj: *Auferstehung*
G. B. Shaw: *Mrs. Warren's Profession*

1899 * Ernest Hemingway
* Erich Kästner
Joseph Conrad: *Heart Of Darkness*
Hugo von Hofmannsthal: *Der Tor und der Tod*

1900 Viktor Emanuel III. wird König von Italien (bis 1946).
† Oscar Wilde
† Stephen Crane
† Friedrich Nietzsche
* Thomas Wolfe
* Sean O'Faolain
Sigmund Freud: *Traumdeutung*
Joseph Conrad: *Lord Jim*

1901 † Königin Victoria von England.
Rudyard Kipling: *Kim*
Thomas Mann: *Buddenbrooks*

1903 * George Orwell
* Evelyn Waugh
* Nathaniel West
* Frank O'Connor
Thomas Mann: *Tristan*
Jack London: *The Call of the Wild*
G. B. Shaw: *Man and Superman*

1904 † Anton Tschechow
Jack London: *The Sea Wolf*
Anton Tschechow: *Der Kirschgarten*
Frank Wedekind: *Die Büchse der Pandora*

1905 * Elias Canetti
Heinrich Mann: *Professor Unrat*
Christian Morgenstern: *Galgenlieder*

1906 † Henrik Ibsen
* Samuel Beckett
Carl Spitteler: *Imago*

1907 Joseph Conrad: *The Secret Agent*
Gustav Meyrink: *Das Wachsfigurenkabinett*

1908 Gründung der ›Nouvelle Revue Française‹.
† Victorien Sardou
* Simone de Beauvoir
* Arthur Adamov
Jules Romains: *La Vie unanime*

1909 * André Pieyre de Mandiargues
André Gide: *La Porte étroite*

1910 * Jean Anouilh
* Julien Gracq
* Jean Genet
Paul Claudel: *Cinq grandes Odes*
Charles Péguy: *Le Mystère de la charité de Jeanne d'Arc*

1911 * Jean Cayrol
Alfred Jarry: *Gestes et opinions du Docteur Faustroll* (postum)
Saint-John Perse: *Eloges*
André Gide: *Corydon*

1912 * Eugène Ionesco
Paul Claudel: *L'Annonce faite à Marie*
Anatole France: *Les Dieux ont soif*

1913 Raymond Poincaré wird Präsident der Republik: Anti-deutscher Nationalismus, Revanchismus, Politik des »Vorbereitetseins auf den Krieg«
* Albert Camus
* Claude Simon
Alain-Fournier: *Le Grand Meaulnes*
Guillaume Apollinaire: *Alcools*
Marcel Proust: erster Band von *A la Recherche du temps perdu* (bis 1927)

1914 † Frédéric Mistral
† Charles Péguy
† Alain-Fournier
* Marguerite Duras
André Gide: *Les Caves du Vatican*

1915 Romain Rolland: *Au-dessus de la Mêlée*

1917 Kriegsüberdruß in Frankreich: Streiks in der Schwerindustrie, Meutereien in der

1908 † Wilhelm Busch
G. K. Chesterton: *The Man Who Was Thursday*
Alfred Kubin: Die andere Seite

1909 † Algernon Charles Swinburne
Gertrude Stein: *Three Lives*
Thomas Mann: *Königliche Hoheit*

1910 † Mark Twain
† Lew Tolstoj
Sigmund Freud: *Über Psychoanalyse*
Rainer Maria Rilke: *Die Aufzeichnungen des Malte Laurids Brigge*

1911 Erste Südpolexpedition.
* Max Frisch
Hugo von Hofmannsthal: *Jedermann*
Ambrose Bierce: *The Devil's Dictionary*
H. G. Wells: *The Country of the Blind*

1912 Balkankrise (bis 1913): Interessenkonflikte der europäischen Großmächte.
Untergang der Titanic.
† August Strindberg
Gottfried Benn: *Morgue*

1913 D. H. Lawrence: *Sons and Lovers*
Marie Belloc Lowndes: *Jack the Ripper*
Thomas Mann: *Der Tod in Venedig*
G. B. Shaw: *Pygmalion*

1914 1. Weltkrieg (bis 1918).
Rascher deutscher Vormarsch durch Belgien und Nordfrankreich.
† Christian Morgenstern
* Alfred Andersch
* Arno Schmidt
* Dylan Thomas
James Joyce: *Ulysses*
Lenin: *Der Imperialismus als höchstes Stadium des Kapitalismus*

1915 W. Somerset Maugham: *Of Human Bondage*
John Buchan: *The Thirty-Nine Steps*
Ford Madox Ford: *The Saddest Story*

1916 Dada in Zürich gegründet.
* Wolfgang Hildesheimer
Franz Kafka: *Die Verwandlung*
James Joyce: *A Portrait of the Artist as a Young Man*

1917 Beginn der Russischen Revolution.
Kriegseintritt der USA.

	Armee. Georges Clemenceau wird zur Figur des nationalen Zusammenhalts. † Edgar Degas † Emile Durkheim Georges Duhamel: *Vie des martyrs*		** Carson McCullers* ** Heinrich Böll* *Upton Sinclair: King Coal*
1918	† Edmond Rostand † Guillaume Apollinaire Tristan Tzara: *Manifeste Dada 1918* Guillaume Apollinaire: *Calligrammes* (postum)	1918	Zusammenbruch der Mittelmächte: Ende des 1. Weltkriegs. 14-Punkte-Programm des amerikanischen Präsidenten Wilson zur Sicherung des Friedens. Deutschland wird Republik. Auflösung der Donaumonarchie. Heinrich Mann: *Der Untertan* Oswald Spengler: *Der Untergang des Abendlandes*
1919	Frankreich erhält Elsaß-Lothringen, Mandate in Afrika und im Orient sowie die Kohle-Ausbeutung des Saargebiets zuerkannt. André Gide: *La Symphonie pastorale* Jean Cocteau: *Le Potomak*	1919	Versailler Vertrag: Deutschland verliert seine Flotte, alle Kolonien und verpflichtet sich zu hohen Reparationszahlungen. Prohibition in den USA (bis 1933). Ezra Pound: *Cantos* Karl Kraus: *Die letzten Tage der Menschheit*
1920	* Boris Vian Georges Duhamel: *Vie et aventures de Salavin* (bis 1932)	1920	Der Völkerbund nimmt seine Tätigkeit in Genf auf.
1921	Paul Valéry: *L'Ame et la danse, Eupalinos ou l'architecte*	1921	* Friedrich Dürrenmatt John Galsworthy: *The Forsyte Saga* John Dos Passos: *Three Soldiers*
1922	† Marcel Proust * Alain Robbe-Grillet François Mauriac: *Le Baiser au lépreux* Paul Valéry: *Charmes*	1922	Bürgerkrieg in Irland. »Marsch auf Rom« Benito Mussolinis: Italien wird faschistisch. James Joyce: *Ulysees* T. S. Eliot: *The Waste Land* Hermann Hesse: *Siddharta*
1923	† Maurice Barrès Raymond Radiguet: *Le Diable au corps* Jean Cocteau: *Thomas l'imposteur*	1923	Besetzung des Ruhrgebiets durch französische und belgische Truppen. † Fritz Mauthner D. H. Lawrence: *The Fox* Rainer Maria Rilke: *Duineser Elegien*
1924	† Anatole France André Breton: *Manifeste du surréalisme* Saint-John Perse: *Anabase*	1924	† Wladimir Iljitsch Lenin † Franz Kafka † Joseph Conrad Thomas Mann: *Der Zauberberg* Herman Melville: *Billy Budd*
1925	Nach Aufständen in den Kolonien heftige innenpolitische Machtkämpfe in Frankreich. André Gide: *Les Faux-Monnayeurs* Gabriel Marcel: *Un Homme de Dieu* François Mauriac: *Le Désert de l'amour*	1925	Konferenz von Locarno: Entspannung, deutsch-französische Annäherung. F. Scott Fitzgerald: *The Great Gatsby* John Dos Passos: *Manhattan Transfer* Franz Kafka: *Der Prozeß* (postum) Adolf Hitler: *Mein Kampf*
1926	† Claude Monet * Michel Butor Georges Bernanos: *Sous le Soleil de Satan* Jean Cocteau: *Orphée* André Gide: *Si le Grain ne meurt* C. F. Ramuz: *La grande Peur dans la montagne*	1926	† Rainer Maria Rilke William Plomer: *Turbott Wolfe* Ernest Hemingway: *The Sun Also Rises* Franz Kafka: *Das Schloß* (postum)

1927 Autonomiebestrebungen in Elsaß und Lothringen.
Julien Green: *Adrienne Mesurat*
Gabriel Marcel: *Journal métaphysique*
François Mauriac: *Thérèse Desqueyroux*

1928 André Breton: *Nadja*
André Malraux: *Les Conquérants*

1929 Frankreich beginnt mit dem Bau der Maginot-Linie.
Julien Green: *Léviathan*
Jean Cocteau: *Les Enfants terribles*
Antoine de Saint-Exupéry: *Courrier sud*
Paul Claudel: *Le Soulier de satin*
Marcel Pagnol: *Marius* (bis 1936)

1930 André Breton: *Second Manifeste du surréalisme*
André Malraux: *La Voie royale*

1931 Antoine de Saint-Exupéry: *Vol de nuit*

1932 Wahlsieg der Linksparteien, jedoch häufiger Kabinettswechsel wegen unüberwindbarer Finanzkrise. Unzufriedenheit im Volk: Anwachsen antiparlamentarischer, rechtsextremistischer Bewegungen, der sogenannten »Ligues«.
* Fernando Arrabal
Louis-Ferdinand Céline: *Voyage au bout de la nuit*
Jules Romains: *Les Hommes de bonne volonté* (bis 1946)

1933 Marcel Aymé: *La Jument verte*
André Malraux: *La Condition humaine*

1934 Sturm der »Ligues« auf das Palais Bourbon nach dem Stavisky-Finanzskandal: Rücktritt der radikalen Regierung Daladier. Verschiedene Koalitionsregierungen bis 1936.
Paul Eluard: *La Rose publique*
C. F. Ramuz: *Derborence*

1935 * Françoise Sagan
André Gide: *Les nouvelles Nourritures*
Jean Giraudoux: *La Guerre de Troie n'aura pas lieu*

1936 Sozialisten und Kommunisten Frankreichs bilden eine »Volksfront« gegen

1927 * Günter Grass
Thornton Wilder: *The Bridge of San Louis Rey*
Hermann Hesse: *Der Steppenwolf*

1928 D. H. Lawrence: *Lady Chatterley's Lover*
Bert Brecht: *Dreigroschenoper*

1929 Haager Konferenzen (bis 1930): Herabsetzung der Reparationslasten für Deutschland.
Ausbruch der Weltwirtschaftskrise (bis 1933).
Alfred Döblin: *Berlin Alexanderplatz*
William Faulkner: *The Sound and the Fury*
G. K. Chesterton: *The Father Brown Stories*

1930 W. H. Auden: *Poems*
William Faulkner: *As I Lay Dying*
Dashiell Hammett: *The Maltese Falcon*
Carl Zuckmayer: *Der Hauptmann von Köpenick*

1931 Eugene O'Neill: *Mourning Becomes Electra*
William Faulkner: *Sanctuary*

1932 Aldous Huxley: *Brave New World*
Hans Fallada: *Kleiner Mann – was nun?*
Karl Jaspers: *Philosopie*

1933 Adolf Hitler wird deutscher Reichskanzler.
Staatsstreich in Österreich durch Dollfuß.
Nathaniel West: *Miss Lonelyhearts*
George Orwell: *Down and Out in Paris and London*

1934 »Der lange Marsch« Mao Tse Tungs.
Henry Miller: *Tropic of Cancer*
Dylan Thomas: *Poems*

1935 † Kurt Tucholsky
T. S. Eliot: *Murder in the Cathedral*
Elias Canetti: *Die Blendung*

1936 Staatsstreich General Francos in Spanien mit deutscher und italienischer Hilfe:

	den Faschismus. Volksfront-Kabinett unter Léon Blum (bis 1937): Soziale Verbesserung für die Arbeiterschaft, Verbot der »Ligues«, Anerkennung der Gewerkschaften, Verstaatlichungen in der Industrie. Georges Bernanos: *Journal d'un curé de campagne* Henry de Montherlant: *Les jeunes Filles* (bis 1939)		Beginn des Spanischen Bürgerkriegs (bis 1939). Olympiade in Berlin. † Karl Kraus † Maxim Gorki Margaret Mitchell: *Gone With the Wind*
1937	Georges Simenon: *Le Testament Donadieu* Gabriel Marcel: *Etre et avoir*	1937	John Steinbeck: *Of Mice and Men* E. Hemingway: *To Have and Have not* Liam O'Flaherty: *Famine*
1938	Auflösung der Volksfront. Kabinett Daladier (bis 1940): Krisenbehebung mittels Notverordnungen, Abschwächung der Sozialgesetze der Volksfront; die Arbeiterschaft reagiert mit Generalstreik. † Francis Jammes Jean-Paul Sartre: *La Nausée* André Malraux: *L'Espoir* Paul Claudel: *Jeanne d'Arc au bûcher*	1938	»Anschluß« Österreichs ans Deutsche Reich. Einmarsch deutscher Truppen in die Tschechoslowakei. Samuel Beckett: *Murphy* Bert Brecht: *Furcht und Elend des Dritten Reiches* George Orwell: *Homage to Catalonia* Thornton Wilder: *Our Town*
1939	Generalmobilmachung in Frankreich. Kriegserklärung an Deutschland nach dem deutschen Einmarsch in Polen. André Gide: *Journal 1889–1939* Jean-Paul Sartre: *Le Mur*	1939	Deutscher Überfall auf Polen: Beginn des 2. Weltkriegs (bis 1945). † Sigmund Freud James Joyce: *Finnegans Wake* Raymond Chandler: *The Big Sleep* Eric Ambler: *The Mask of Dimitrios* Anna Seghers: *Das siebte Kreuz*
1940	Einmarsch deutscher Truppen in Frankreich: Teilung des Landes in ein besetztes und ein unbesetztes Gebiet (»Vichy-Frankreich«). Marschall Pétain wird Chef der Vichy-Regierung. General Charles de Gaulle bildet ein Exilkabinett in London. Entstehung von Untergrundbewegungen (Résistance).	1940	Deutsche Besetzung Dänemarks und Norwegens. »Westfeldzug« Hitlers gegen die Niederlande, Belgien und Frankreich. Kriegseintritt Italiens: Beginn des Krieges in Afrika und auf dem Balkan. Graham Greene: *The Power and the Glory* Carson McCullers: *The Heart is a Lonely Hunter* William Faulkner: *The Hamlet* Bert Brecht: *Der gute Mensch von Sezuan*
1941	† Henri Bergson Jean Anouilh: *Eurydice*	1941	Deutscher Überfall auf Rußland. Angriff Japans auf Pearl Harbour. † James Joyce F. Scott Fitzgerald: *The Last Tycoon*
1942	Französische Truppen des Vichy-Regimes laufen in Nordafrika zu den Alliierten über: Deutsche Besetzung von Rest-Frankreich trotz Protest der Regierung Pétain. Louis Aragon: *Les Yeux d'Elsa* Albert Camus: *L'Etranger, Le Mythe de Sisyphe* Francis Ponge: *Le Parti pris des choses*	1942	Russische Gegenoffensive bei Stalingrad. Britisch-amerikanische Gegenoffensive in Nordafrika. William Faulkner: *Go Down, Moses*
1943	Simone de Beauvoir: *L'Invitée* Antoine de Saint-Exupéry: *Le petit Prince*	1943	Beginn der alliierten Gegenoffensive in Italien: Sturz Mussolinis. Hermann Hesse: *Das Glasperlenspiel*

Jean-Paul Sartre: *L'Etre et le Néant*, *Les Mouches*

1944 Nach der alliierten Invasion in der Normandie erfolgreicher Aufstand der französischen Widerstandsgruppen gegen die deutsche Besatzung in Paris: Einzug de Gaulles in Paris, Bildung einer »Regierung der Einmütigkeit« zusammen mit Führern der Résistance. Verfolgung von Kollaborateuren und Vichy-Anhängern.
† Antoine de Saint-Exupéry
† Romain Rolland
† Jean Giraudoux
Jean Anouilh: *Antigone*
Jean Genet: *Notre-Dame-des-fleurs*
Sartre: *Huis clos*

1945 Ausarbeitung einer neuen Verfassung in Frankreich: Vermehrte demokratische Kontrolle, Zweikammersystem.
† Paul Valéry
Jean Giraudoux: *La Folle de Chaillot* (postum)
Jean-Paul Sartre: *Les Chemins de la liberté* (bis 1948)

1946 Rücktritt de Gaulles aus Protest gegen die Verfassungspläne der Parteien. Vierte Republik in Frankreich.
Sartre: *Morts sans sépulture*
Paul Valéry: *Mon Faust*

1947 Der Sozialist Vincent Auriol wird Staatspräsident (bis 1954).
Wirtschaftskrise, Inflation, Streiks. Starke Opposition von Seiten der Kommunisten und der Anhänger eines Präsidialregimes unter de Gaulle.
Nobelpreis an André Gide.
† Charles-Ferdinand Ramuz
Albert Camus: *La Peste*
Jean Genet: *Les Bonnes*
Raymond Queneau: *Exercices de style*

1948 Überwindung der Wirtschaftskrise durch US-Kredite und Franc-Abwertung.
† Georges Bernanos
† Antonin Artaud
Jean-Paul Sartre: *Les Mains sales*
Albert Camus: *Etat de siège*
Paul Eluard: *Poèmes politiques*
Nathalie Sarraute: *Portrait d'un inconnu*

1949 † Maurice Maeterlinck
Simone de Beauvoir: *Le deuxième Sexe*
Albert Camus: *Les Justes*
Jean Genet: *Journal du voleur*

1944 Erfolgreiche alliierte Invasionen in Nord- und Südfrankreich.
Tennessee Williams: *The Glass Menagerie*

1945 Bedingungslose Kapitulation Deutschlands.
Luftkrieg der USA gegen Japan. Erste Atombomben auf Hiroshima und Nagasaki. Kapitulation Japans.
Gründung der United Nations Organisation (UNO) in San Francisco.
George Orwell: *Animal Farm*

1946 Nürnberger Prozesse.
† H. G. Wells

1947 Marshall-Plan zum wirtschaftlichen Wiederaufbau Westeuropas.
Gewaltloser Aufstand Ghandis: Ende der britischen Herrschaft in Indien.
Thomas Mann: *Doktor Faustus*
Wolfgang Borchert: *Draußen vor der Tür*
Tennessee Williams: *A Streetcar Namend Desire*

1948 Beginn des Kalten Krieges.
Abzug des alliierten Kontrollrates in Deutschland.
Norman Mailer: *The Naked and the Dead*
Ezra Pound: *The Pisan Cantos*
W. H. Auden: *The Age of Anxiety*

1949 Gründung der NATO in Washington.
Mao Tse Tung ruft die Chinesische Republik aus.
Arno Schmidt: *Leviathan*
Henry Miller: *Sexus*
Patricia Highsmith: *Strangers on a Train*
George Orwell: *1984*

1950	Eugène Ionesco: *La Cantatrice chauve*	Koreakrieg. † George Orwell † Heinrich Mann † George Bernard Shaw Gottfried Benn: *Doppelleben*
1951	† André Gide Samuel Beckett: *Molloy, Malone meurt* Albert Camus: *L'Homme révolté* Jean-Paul Sartre: *Le Diable et le Bon Dieu*	Intellektuellenjagd in den USA unter Innensenator Joseph McCarthy gegen »unamerikanische Umtriebe«. Wolfgang Koeppen: *Tauben im Gras* Ray Bradbury: *The Illustrated Man* Carson McCullers: *The Ballad of the Sad Café*
1952	† Paul Eluard Nobelpreis an François Mauriac. Eugène Ionesco: *Les Chaises*	Ernest Hemingway: *The Old Man and the Sea* John Steinbeck: *East of Eden*
1953	Samuel Beckett: *En attendant Godot* Arthur Adamov: *Le Professeur Taranne* Roland Barthes: *Le Degré zéro de l'écriture*	† Jossif W. Stalin Raymond Chandler: *The Long Good-Bye* Saul Bellow: *The Adventures of Augie March*
1954	Beginn des algerischen Unabhängigkeitskampfes gegen Frankreich (bis 1962) Frankreich gibt seine Kolonien in Indochina auf. † Sidonie-Gabrielle Colette Simone de Beauvoir: *Les Mandarins* François Sagan: *Bonjour Tristesse*	William Faulkner: *A Fable* Harold Brodkey: *First Love and Other Sorrows* Max Frisch: *Stiller* Thomas Mann: *Bekenntnisse des Hochstaplers Felix Krull*
1955	† Paul Claudel Alain Robbe-Grillet: *Le Voyeur* Arthur Adamov: *Le Ping-Pong*	† Thomas Mann Vladimir Nabokov: *Lolita* Tennessee Williams: *Cat on the Hot Tin Roof* J. R. R. Tolkien: *Lord of the Rings*
1956	Tunesien und Marokko werden von Frankreich unabhängig. Michel Butor: *L'Emploi du temps* Jean Genet: *Le Balcon* Albert Camus: *La Chute* Nathalie Sarraute: *L'Ere du soupçon*	Ungarn-Aufstand. Suez-Krise. † Gottfried Benn † Bertolt Brecht Eugene O'Neill: *Long Day's Journey into Night* Friedrich Dürrenmatt: *Der Besuch der alten Dame* Arno Schmidt: *Das steinerne Herz*
1957	Nobelpreis an Albert Camus. Samuel Beckett: *Fin de partie* Michel Butor: *La Modification* Alain Robbe-Grillet: *La Jalousie* Roland Barthes: *Mythologies*	Gründung der EWG. Sputnik, erster künstlicher Satellit. † Alfred Döblin Jack Kerouac: *On the Road* John Osborne: *Look Back in Anger* Alfred Andersch: *Sansibar oder der letzte Grund* Max Frisch: *Homo Faber*
1958	Putsch nationalistischer Algerienfranzosen in Algier: Krise der Vierten Republik; Rücktritt der Regierung; Berufung de Gaulles zum Ministerpräsidenten mit besonderen Vollmachten. Fünfte Republik unter Präsident de Gaulle.	Truman Capote: *Breakfast at Tiffany's* Alan Sillitoe: *Saturday Night and Sunday Morning* Graham Greene: *Our Man in Havanna*

	† Roger Martin du Gard Fernando Arrabal: *Le Cimetière des voitures* Simone de Beauvoir: *Mémoires d'une jeune fille rangée* Marguerite Duras: *Moderato Cantabile*	
1959	† Boris Vian Eugène Ionesco: *Les Rhinocéros* Raymond Queneau: *Zazie dans le métro* Alain Robbe-Grillet: *Dans le Labyrinthe* Nathalie Sarraute: *Le Planetarium* Jean-Paul Sartre: *Les Séquestrés d'Altona*	1959 Günter Grass: *Die Blechtrommel* Muriel Spark: *Memento Mori* Doris Lessing: *The Habit of Loving* Ernst Bloch: *Prinzip Hoffnung*
1960	Frankreich wird Atommacht. Nobelpreis an Saint-John Perse. † Albert Camus Michel Butor: *Degrés* Blaise Cendrars: *Du Monde entier au cœur du monde*	1960 Alfred Andersch: *Die Rote*
1961	† Louis-Ferdinand Céline † Blaise Cendrars Samuel Beckett: *Comment c'est* Jean Genet: *Les Paravents* Alain Robbe-Grillet: *L'Année dernière à Marienbad* Michel Foucault: *Histoire de la folie à l'âge classique*	1961 Bau der Berliner Mauer. † Ernest Hemingway Edward Albee: *An American Dream* P. C. Snow: *The Two Cultures*
1962	Beginn von de Gaulles Politik der Distanzierung Frankreichs von den USA und der Pläne für ein vereinigtes Europa. Eugène Ionesco: *Le Piéton de l'air, Le Roi se meurt* Claude Lévi-Strauss: *La Pensée sauvage*	1962 Kubakrise † William Faulkner † Hermann Hesse Friedrich Dürrenmatt: *Die Physiker* Alexander Solschenizyn: *Ein Tag im Leben des Iwan Denissowitsch* Edward Albee: *Who's Afraid of Virginia Woolf?*
1963	Deutsch-französischer Freundschaftsvertrag als erster Schritt zu de Gaulles »Europa der Vaterländer«. † Jean Cocteau † Georges Braque † Tristan Tzara Georges Simenon: *Les Anneaux de Bicêtre* Samuel Beckett: *Oh les beaux Jours* Nathalie Sarraute: *Les Fruits d'or*	1963 Heinrich Böll: *Ansichten eines Clowns* Rolf Hochhuth: *Der Stellvertreter* Mary McCarthy: *The Group* Alan Sillitoe: *The Death of William Posters*
1964	Sartre lehnt den Nobelpreis ab. Jean-Paul Sartre: *Les Mots*	1964 † Sean O'Casey Dürrenmatt: *Der Meteor* Max Frisch: *Mein Name sei Gantenbein*
1965	Frankreich nimmt nicht an den Manövern der NATO und der SEATO teil † Jacques Audiberti Robert Pinget: *Quelqu'un* Alain Robbe-Grillet: *La Maison des rendez-vous* Louis Althusser: *Lire le Capital*	1965 Eskalation des Vietnam-Krieges. † T. S. Eliot † William Somerset Maugham Saul Bellow: *Herzog* Wolfgang Hildesheimer: *Tynset*
1966	Wiederwahl de Gaulles als Präsident. Staatsbesuch de Gaulles in der UdSSR. † Georges Duhamel	1966 Edward Bond: *Saved* Truman Capote: *In Cold Blood* Peter Handke: *Publikumsbeschimpfung*

	† André Breton Simone de Beauvoir: *Les belles Images* Michel Foucault: *Les Mots et les choses*		
1967	† Marcel Aymé	1967	Staatsstreich der Obristen in Griechenland. Alfred Andersch: *Efraim*
1968	Studentenunruhen in Paris. Generalstreik. Zündung der ersten französischen H-Bombe Raymond Queneau: *Le Vol d'Icare*	1968	Ermordung Martin Luther Kings. Militärische Intervention des Warschauer Paktes in der Tschechoslowakei. † John Steinbeck Siegfried Lenz: *Deutschstunde*
1969	Rücktritt de Gaulles. Georges Pompidou wird Präsident. Marguerite Duras: *Détruire, dit-elle*	1969	Die amerikanischen Astronauten Armstrong, Aldrin und Collins als erste Menschen auf dem Mond. Philip Roth: *Portnoy's Complaint* Günter Grass: *Örtlich betäubt*
1970	† François Mauriac † Arthur Adamov Simone de Beauvoir: *La Vieillesse* Samuel Beckett: *Le Dépeupleur* Alain Robbe-Grillet: *Projet pour une révolution à New York*	1970	† Bertrand Russell David Mercer: *Flint* Alan Sillitoe: *A Start in Life* Arno Schmidt: *Zettels Traum*
1971	† Jean Giono Jean-Paul Sartre: *L'Idiot de la famille* (bis 1972)	1971	Heinrich Böll: *Gruppenbild mit Dame*
1972	† Jules Romains † Henry de Montherlant Eugène Ionesco: *Macbett*	1972	Carson McCullers: *The Mortgaged Heart* Brian Moore: *Catholics*
1973	† Gabriel Marcel	1973	Watergate-Skandal in den USA. † Pablo Picasso Ulrich Plenzdorf: *Die neuen Leiden des jungen W.*
1974	Valéry Giscard d'Estaing wird Präsident der Republik. † Marcel Pagnol Alain Robbe-Grillet: *Glissements progressifs du plaisir*	1974	Revolution in Portugal. Türkische Invasion auf Zypern. Sturz der Militärjunta in Griechenland. † Erich Kästner Heinrich Böll: *Die verlorene Ehre der Katharina Blum*
1975	† Saint-John Perse	1975	† Franco: Demokratisierung in Spanien. Abzug aller US-Truppen aus Vietnam.
1976	† André Malraux † Raymond Queneau		
		1979	Sturz des Schah-Regimes in Persien. † Arno Schmidt
1980	† Jean-Paul Sartre		
1981	François Mitterrand wird Präsident der Republik.		

Zu den Autoren

STENDHAL (eigentlich Marie-Henri Beyle; 23. Januar 1783, Grenoble – 23. März 1842, Paris) entzog sich dem vom Vater vorgesehenen Studium an der Ecole Polytechnique, versuchte sich statt dessen als Komödienschreiber in Paris, reiste als Leutnant, später als Kriegskommissar mit dem napoleonischen Heer durch halb Europa (Italien, Deutschland, Österreich, Rußland), setzte sich 1814 – nach der Restauration in Frankreich – in seine Wahlheimat Italien ab. Dort lebte er mehrere Jahre von einer kargen Rente, beschäftigte sich intensiv mit der italienischen Kultur (er verfaßte u. a. Reise- und Kunstführer) sowie mit zahlreichen, meist unglücklich ausgehenden Liebschaften und schlug sich mit seinen ständigen literarischen Mißerfolgen und finanziellen Problemen herum. Ab 1830 war er französischer Konsul in Civitavecchia.

Stendhal ist eine der widersprüchlichsten Gestalten der französischen Literatur: eiskalter Sezierer der menschlichen Psyche und Theoretiker und Praktiker einer schwärmerisch-platonischen Liebe, nüchterner Stilist (er orientierte sich beim Schreiben am Stil des Code Napoléon, des neuen französischen Grundgesetzes) und Streiter für die romantische Dichtungstheorie, Demokrat und glühender Verehrer Napoleons.

Hauptwerke: *De l'Amour* (psycholog. Studie, 1822); *Le Rouge et le Noir* (Roman, 1830); *La Chartreuse de Parme* (Roman, 1839); *Lucien Leuwen* (Romanfragment, postum); *Vie de Henri Brulard* (Autobiographie, postum).

Vanina Vanini erschien erstmals unter dem Titel *Vanina Vanini, ou Particularités sur la dernière vente de Carbonari découverte dans les Etats du Pape* in ›Revue de Paris‹, 1829. Die hier vorliegende deutsche Fassung ist Band 5 der Stendhal-Werkausgabe in 10 Bänden, *Eine Geldheirat*, detebe 20970, Diogenes Verlag Zürich 1981, einem Reprint der Georg Müller-Ausgabe, entnommen.

HONORÉ DE BALZAC (20. Mai 1799, Tours – 18. August 1850, Paris), Sohn eines Emporkömmlings aus dem Bauerntum, studierte Jura, gab dann das Studium auf, um – gegen den Willen seines Vaters – eine Schriftstellerlaufbahn zu beginnen, schrieb zuerst Tragödien und philosophische Romane – und gleichzeitig, unter Pseudonym, billigste Kolportage. Er unternahm mehrere Versuche, das große Geld zu machen – als Verleger, Druckereiunternehmer, später durch die Ausbeutung einer Silbermine –, scheiterte aber stets und geriet in hohe Verschuldung. Obwohl fast zeitlebens von Gläubigern verfolgt, führte Balzac ein elegantes, aufwendiges Leben in Paris und zeitweise in Italien, verkehrte in den exklusivsten Kreisen der Aristokratie und der Hochfinanz (z. B. mit Baron Rothschild, der das Vorbild für den Baron Nucingen in der *Comédie Humaine* war). Daneben war er ein rastloser Arbeiter, schrieb oft ganze Nächte durch und starb schließlich an Erschöpfung.

In seinem Lebenswerk, dem gigantisch angelegten Romanzyklus *La Comédie Humaine*, der mit über 40 Bänden nur etwa zwei Drittel des geplanten Umfanges erreichte, schildert Balzac auf realistische, scharf beobachtende und analysierende Art Personen aus allen sozialen Schichten, Gruppierungen und Regionen des nachnapoleonischen Frankreichs.

Hauptwerke: *La Comédie Humaine* (Romanzyklus, 1829–54); *Contes drôlatiques* (Novellen, 1832–37).

Facino Cane ist Band 7 der Gesamtausgabe von *Die menschliche Komödie*, detebe 130/1–40, Diogenes Verlag Zürich 1977, einem Reprint der Rowohlt-Ausgabe, entnommen.

PROSPER MÉRIMÉE (28. September 1803, Paris – 23. September 1870, Cannes), Sohn eines Malers; wuchs in gutbürgerlichen Verhältnissen auf, studierte Archäologie und Philologie in Paris. Seine ersten literarischen Arbeiten – Sammlungen von Theaterstücken und Prosagedichten – veröffentlichte er unter verschiedenen Pseudonymen. Zahlreiche längere Reisen, als Privatmann und ab 1831 im Staatsdienst, nach Spanien, Italien, Korsika, Griechenland, Kleinasien, lieferten ihm die Stoffe und vor allem das südliche Milieu für seine Erzählungen. Nach einer langen Periode des Erfolgs im literarischen und öffentlichen Leben (1844 wurde er Mitglied der Académie Française, 1853 Senator im zweiten Kaiserreich) trieben ihn private Rückschläge und das zunehmende Versiegen seiner literarischen Produktivität zum Rückzug aus der Öffentlichkeit, und er starb völlig vereinsamt.

Ähnlich wie Stendhal, mit dem er befreundet war, beschreibt Mérimée die menschlichen Gefühle und Leidenschaften in einer leidenschaftslosen klaren Prosa; seine Form ist die Novelle.

Hauptwerke sind die Novellen: *La Vénus d'Illé* (1837); *Colomba* (1840); *Carmen* (1845).
Matteo Falcone erschien erstmals 1829 in der ›Revue de Paris‹. Die hier vorliegende deutsche Übersetzung ist Prosper Mérimées *Gesammelten Werken* in 4 Bänden, hrsg. von Arthur Schurig, München 1924, entnommen. Abdruck mit freundlicher Genehmigung von Frau Wiltrud Schurig Freifrau v. Schrenck v. Notzing, Bremen.

Charles Baudelaire (9. April 1821, Paris – 31. August 1867, Paris) verlebte nach dem frühen Tod seines Vaters und der Wiederverheiratung der Mutter mit einem General eine unglückliche Kindheit in Paris, flog wegen einer psychischen Krise vom Lyzeum, begann ein Studium der Rechte, das er nicht beendete, lebte dann als Schriftsteller, Kunstkritiker und Bürgerschreck in Paris, verpraßte innert kurzer Zeit das väterliche Erbe, wurde deshalb 1844 von seiner Familie finanziell bevormundet, worauf er für den Rest seines Lebens zusammen mit seiner Geliebten, der Mulattin Jeanne Duval, in Elendsquartieren hauste, ständig von Geldnöten geplagt.
Baudelaire ist der erste Lyriker der Großstadt. Mit seinen Gedichten, die nicht erbauen, sondern oft das Morbide, Häßliche und Böse feiern, stieß er das zeitgenössische Publikum – mit Ausnahme einiger Schriftstellerfreunde wie Balzac, Gautier, Nerval – dermaßen vor den Kopf, daß gar ein Prozeß wegen Gefährdung der Sittlichkeit gegen ihn angestrengt wurde. Um so größer war sein Einfluß auf die folgende Künstlergeneration: auf Verlaine, Rimbaud, Mallarmé, George, Rilke, d'Annunzio, Pound etc.
Hauptwerke: *Les Fleurs du Mal* (Gedichtzyklus, 1857); *Les Paradis artificiels* (Prosa, 1860); *Petits Poèmes en prose* (1869, später auch unter dem Titel *Le Spleen de Paris* erschienen).
Der schlechte Glaser ist dem Band *Die Tänzerin Fanfarlo und Der Spleen von Paris*, detebe 144, Diogenes Verlag Zürich 1977, entnommen, einem Reprint der 1947 im Verlag Lambert Schneider, Heidelberg, erschienenen Ausgabe.

Gustave Flaubert (12. Dezember 1821, Rouen – 8. Mai 1880, Croisset), Sohn einer Ärztefamilie; schrieb schon während der Schulzeit mehrere Romane, Dramen und Erzählungen und las sich quer durch die Weltliteratur; begann gegen seine eigentlichen Interessen ein Jurastudium in Paris, das er aber nach zwei Jahren, als sich Anzeichen einer Nervenkrankheit bemerkbar machten, abbrach, um auf den Familiensitz in Croisset zurückzukehren. Dort führte er ein sehr zurückgezogenes Leben, widmete sich fast ausschließlich dem Schreiben, das ihm allerdings nur unter unsäglicher Mühe und immer neuen Korrekturen von der Hand ging. Unterbrochen wurde seine Isolation durch Reisen (1849–51 mit seinem Freund Maxime du Camp in den Orient, 1858 nach Tunesien und Algerien), durch rege Briefwechsel mit seiner Geliebten Louise Colet und später mit George Sand und ab ca. 1860 durch den Verkehr mit zahlreichen Schriftstellern wie den Brüdern Goncourt, Ernest Renan, Hippolyte Taine, Sainte-Beuve, Maupassant, Zola.
Flaubert wandelte sich im Laufe seines Lebens und Schreibens vom Romantiker zum kühlen, pessimistischen, zynischen Realisten, der die Mittelmäßigkeit und Langeweile des heraufkommenden Industriezeitalters genauestens sah, analysierte, beschrieb – und verachtete. Durch die Präzision und Nüchternheit seines Stils wurde er zum Vorbild vieler moderner Schriftsteller, von den Naturalisten bis zum Nouveau Roman.
Hauptwerke: *Madame Bovary* (Roman, 1857); *Salammbô* (Roman, 1862); *L'Education sentimentale* (Roman, 1869); *La Tentation de Saint Antoine* (Roman, 1874); *Bouvard et Pécuchet* (Romanfragment, postum).
Ein schlichtes Herz (Un Cœur simple) ist dem Band *Drei Geschichten* der Flaubert-Werkausgabe, detebe 210/1–6, Diogenes Verlag Zürich 1979, entnommen.

Jules Verne (8. Februar 1828, Nantes – 24. März 1905, Amiens), Sohn eines angesehenen Notars; studierte lustlos Jura, schrieb erfolglos Vaudevillekomödien und Opernlibretti, versuchte sich ebenso erfolglos mit dem Geld seines Vaters als Börsenspekulant, bis er – beeinflußt von Alexandre Dumas und vor allem von Edgar Allan Poe – 1863 auf die Idee kam, einen Abenteuerroman, *Cinq semaines en ballon,* zu schreiben. Der Erfolg war durchschlagend: Mit seiner ganz neuen Mischung aus gefährlichen Abenteuern, exotischen Paradiesen und wissenschaftlich-technischer Weltbeherrschung hatte er den Geschmack des zeitgenössischen Publikums so gut getroffen, daß sein Verleger Hetzel einen Vertrag auf zwanzig Jahre mit ihm abschloß, der ihm ein regelmäßiges Jahreseinkommen von 20 000 Francs garantierte, worauf er bis zu seinem Lebensende in ungeheurer Arbeitswut noch über 90 Abenteuerromane nach demselben Erfolgsrezept verfaßte.

Hauptwerke: *Voyage au centre de la terre* (1864); *De la terre à la lune* (1865); *Les enfants du capitaine Grant* (1867); *Vingt mille lieues sous les mers* (1869); *Le tour du monde en 80 jours* (1873). *Im* XXIX. *Jahrhundert – Ein Tag aus dem Leben eines amerikanischen Journalisten im Jahre 2889* stammt aus *Der ewige Adam*, detebe 64/18, Diogenes Verlag Zürich 1967, 1977.

AUGUSTE COMTE DE VILLIERS DE L'ISLE-ADAM (7. November 1838, St.-Brieuc – 18. August 1889, Paris) stammte aus einem alten, während der Französischen Revolution im Kampf für den König verarmten Adelsgeschlecht aus der Bretagne. Schon als Gymnasiast führte er ein exzentrisches Künstlerleben, schwänzte die Schule, schrieb und komponierte ausschließlich nachts und hielt tagsüber die Vorhänge zugezogen. Seine Familie glaubte an seine literarische Begabung und zog 1857 in der Hoffnung auf Ruhm und finanziellen Erfolg mit ihm nach Paris um. Villiers fand rasch Eingang in den Literatenkreis der Parnassiens, befreundete sich dauerhaft mit Baudelaire, später auch mit Wagner, Mallarmé und Huysmans, verlebte zwei glückliche Jahre in Paris, jedoch ohne den erhofften literarischen Erfolg. Nach dem vollständigen Verlust des Familienvermögens durch Spekulationen des Vaters führte Villiers ein ärmliches, glanz- und erfolgloses Bohèmeleben in Paris, war oft monatelang obdachlos und starb schließlich im Armenspital.
Seine schriftlich festgehaltene literarische Produktion blieb relativ klein: der Einfall an sich, der rasch hingeworfene Entwurf, die poetischen Improvisationen im Freundeskreis waren ihm oft wichtiger als das ›fertige‹ Werk. Er haßte die moderne Wirklichkeit, den Materialismus, die Demokratie des 19. Jahrhunderts und reagierte in seinem Werk teils mit bitter ironischen Angriffen, teils mit poetischen Gegenwelten darauf.
Hauptwerke: *Premières Poésies* (1859); *Elën* (Drama, 1865); *Contes cruels* (Novellen, 1883).
Vox Populi, eine Novelle aus Villiers' *Contes cruels*, ist dem Band Villiers de l'Isle-Adam, *Grausame Geschichten*, München 1962, entnommen. Abdruck mit freundlicher Genehmigung von Frau Dr. Irma Sander, Freiburg im Breisgau.

EMILE ZOLA (2. April 1840, Paris – 29. September 1902, Paris) wuchs als Sohn eines Ingenieurs in Aix-en-Provence auf; war eng befreundet mit Paul Cézanne; zog 1858 mit seiner Mutter nach Paris, besuchte dort das Gymnasium, fiel durchs Abitur und arbeitete dann nacheinander als Dockarbeiter, Verlagsangestellter, Journalist und Kunstkritiker neben seiner schriftstellerischen Arbeit. Er trat vehement für die neuen Tendenzen in Malerei und Literatur ein, förderte junge unbekannte Künstler (u. a. Cézanne, Manet, die Impressionisten, Huysmans, Maupassant) und engagierte sich auch politisch: Mit seinem offenen Brief an den Präsidenten der Republik, der 1898 in 300 000 Exemplaren in ganz Frankreich verkauft wurde und in dem er in der Affäre Dreyfus gegen den Justizmord an Dreyfus, d. h. gegen die reaktionären, antisozialistischen und antisemitischen Tendenzen im Land Stellung nahm, spaltete er die Nation in zwei Lager. Er wurde dafür zu einem Jahr Gefängnis verurteilt, floh aber nach England und kehrte ein Jahr später begnadigt und gefeiert nach Paris zurück.
Zola ist als Erzähler und als Literaturtheoretiker das Haupt des französischen Naturalismus; zeitgenössische wissenschaftliche Erkenntnisse wie Milieutheorie und Vererbungslehre gehen bei ihm ins literarische Werk ein und führen zu einem neuen Menschenbild sowie zu neuen Themen (Technik, Arbeitswelt, Massenphänomene, soziale Probleme etc.).
Hauptwerke: *Thérèse Raquin* (Roman, 1867); *Les Rougon-Macquart* (Romanzyklus in 20 Bänden, 1871–93, enthaltend u. a.: *Nana* und *Germinal*).
Der Tod des Olivier Bécaille (La Mort d'Olivier Bécaille) ist dem Band: Emile Zola, *Gesammelte Novellen*, Weimar 1974, entnommen. Copyright © 1921. Abdruck mit freundlicher Genehmigung des Gustav Kiepenheuer Verlags, Weimar.

GUY DE MAUPASSANT (5. August 1850, Schloß Miromesnil – 7. Juli 1893, Paris) stammte aus einer alten, wenig begüterten Adelsfamilie; wuchs in der Normandie auf, nach der Scheidung seiner Eltern von seiner Mutter allein erzogen. Nach einem abgebrochenen Jura-Studium arbeitete er ab 1871 als kleiner Beamter im Marine-, später im Kultusministerium in Paris und begann gleichzeitig mit ersten literarischen Arbeiten, unterstützt und geformt von Flaubert, der mit Maupassants Onkel Alfred Le Poittevin befreundet war. Nach zehnjähriger literarischer Produktion unter Ausschluß der Öffentlichkeit erschien 1880 ein Band Gedichte von Maupassant und seine Erzählung *Boule de suif*, die ihn mit einem Schlag berühmt machte und ihm Publikationsmöglichkeiten in verschiedenen

Zeitungen verschaffte, so daß er seinen Brotberuf aufgeben und sich allein durch seine unermüdliche literarische Produktion ein mondänes Leben und zahlreiche Reisen leisten konnte. Ab ca. 1889 verschlechterte sich aber der psychische Zustand des scheinbar robusten und lebenslustigen Maupassant immer mehr; 1892 mußte er in eine psychiatrische Klinik eingewiesen werden, wo er ein Jahr später in völliger Umnachtung starb.
Maupassant ist einer der Väter der modernen Kurzgeschichte; sie ist seine Form, er hat fast 300 davon geschrieben: präzise psychologische Beobachtungen, Chroniken des Alltags des Fin-de-Siècle, auf knappem Raum in eine kühl-distanzierte Sprache gefaßt.
Hauptwerke: *La maison Tellier* (Kurzgeschichte, 1881); *Mademoiselle Fifi* (Kurzgeschichte, 1883); *Bel Ami* (Roman, 1885); *Le Horla* (Kurzgeschichte, 1887).
Schmalzpummel (Boule de suif) aus: Guy de Maupassant, *Meistererzählungen*, Diogenes Verlag Zürich 1963, 1977.

Charles Ferdinand Ramuz (24. September 1878, Cully-sur-Lausanne – 23. Mai 1947, Lausanne) stammte aus einer alten Bauern- und Winzerfamilie, studierte Philologie in Lausanne, ging 1902 nach Paris, wo er bei verschiedenen Zeitschriften arbeitete und erste schriftstellerische Versuche machte. 1914, bei Ausbruch des ersten Weltkrieges, kehrte er ins Waadtland zurück, lebte dort als Schriftsteller und Herausgeber einer literarischen Zeitschrift und zog sich ab 1930 völlig auf sein Familiengut in Cully bei Lausanne zurück.
Ramuz' Erzählungen und Romane spielen fast alle in seiner Heimatregion; er schildert mit großer Genauigkeit und Kenntnis das einfache Leben der Bauern, ihre Sitten, ihr Verhältnis zur Natur, und ist dadurch zu einem der ersten Anreger der Wiederaufwertung der regionalen Kulturen im 20. Jahrhundert geworden.
Hauptwerke: *La grande peur dans la montagne* (Roman, 1926); *Farinet ou la fausse monnaie* (Roman, 1932); *Derborence* (Roman, 1934); *Le garçon savoyard* (Roman, 1936).
Mousse stammt aus: Charles Ferdinand Ramuz, *Pastorale*, Diogenes Verlag Zürich 1963. Abdruck mit freundlicher Genehmigung von Frau Marianne Olivieri-Ramuz, Pully/Lausanne.

Marcel Aymé (28. März 1902, Joigny – 14. Oktober 1967, Paris), Sohn eines Schmiedes, verlor mit zwei Jahren seine Mutter und wuchs bei den Großeltern und bei einer Tante auf; ging nur unregelmäßig zur Schule, entdeckte aber mit sechzehn – bei der Lektüre von Balzac und Villon – seine Begeisterung für die Literatur. Auf Drängen der Familie begann er ein Medizinstudium, das er nach kurzer Zeit wieder abbrach, schlug sich während einiger Jahre als Versicherungsvertreter, Maurer, Bankbeamter, Filmstatist und Journalist durch und begann Mitte der Zwanzigerjahre, nach einer längeren schweren Krankheit, regelmäßig zu schreiben. 1929 wurde sein Roman *La table-aux-crevés* mit dem Prix Renaudot ausgezeichnet, wodurch sein Werk einer größeren Leserschaft – auch außerhalb des französischsprachigen Raums – bekannt wurde.
Aymé schrieb Romane, Erzählungen, Tiermärchen, in späteren Jahren auch Dramen und Essays, deren Ton vor allem seit dem 2. Weltkrieg vehement gesellschaftskritisch und bissig-ironisch ist.
Hauptwerke: *La jument verte* (Roman, 1933); *Les contes du chat perché* (1939); *La belle image* (Roman, 1940); *Le confort intellectuel* (Essay, 1949); *La tête des autres* (Drama, 1953).
Oskar und Erik (Oscar et Erick, in: *En arrière*) ist Marcel Aymés *Die Verlobung (Les fiançailles)*, Diogenes Verlag Zürich 1956, entnommen. Abdruck mit freundlicher Genehmigung der Editions Gallimard, Paris.

Georges Simenon (* 13. Februar 1903, Lüttich), Sohn eines Buchhalters; Berufsziel mit elf Jahren: Priester oder Schriftsteller. Mit fünfzehn verließ Simenon das Gymnasium wegen einer schweren Erkrankung seines Vaters, arbeitete als Konditor und Buchhändler, dann, ab 1922 in Paris, als Reporter, Sekretär und pseudonymer Massenfabrikant von erotischen und weniger erotischen Groschenromanen für Zeitschriften. Leben und Werk Simenons zeugen von einer ungeheuren Vitalität und Produktivität: Er schrieb mehr als 200 Romane (über die Hälfte davon Kriminalromane um die Figur des Kommissar Maigret, den er 1929 erfand), über 1000 Erzählungen sowie Reportagen, Reiseberichte und autobiographische Werke und ist damit einer der erfolgreichsten und meistgelesenen Autoren des 20. Jahrhunderts; er verbrachte einen großen Teil seines Lebens auf Reisen durch die ganze Welt, teilweise mit seinem eigenen Schiff (Nordeuropa, Afrika, Mittelmeerraum, Tahiti, USA, Kanada etc.); er lebte in Lüttich, Paris, Orléans, Cannes und jetzt seit einigen Jahren in Lausanne; er war zweimal verheiratet und hatte vier Kinder.

Simenons Stärke sind die atmosphärisch dichten Beschreibungen des Alltags kleiner Leute, ihrer großen Hoffnungen und Sehnsüchte, ihrer miefigen Kneipen und peinlich sauber gehaltenen Wohnungen.

Einige seiner Werke: *Le testament Donadieu* (Roman, 1937); *L'homme qui regardait passer les trains* (Roman, 1938); *Lettre à mon juge* (Roman, 1947); *Pedigree* (autobiographischer Roman, 1948); *Les volets verts* (Roman, 1950); *Les anneaux de Bicêtre* (Roman, 1963); *Je me souviens* (Memoiren, 1970).

Der Arzt von Kirkenes ist dem 1980 im Diogenes Verlag erschienenen Sonderband *Gesammelte Erzählungen* von Georges Simenon entnommen.

Die Schule der Frauen / Kritik der ›Schule der Frauen‹ / Die Schule der Ehemänner. Komödien II. detebe 20200
Tartuffe oder Der Betrüger / Der Betrogene oder George Dandin / Vorspiel in Versailles. Komödien III. detebe 20201
Don Juan oder Der steinerne Gast / Die Lästigen / Der Arzt wider Willen. Komödien IV. detebe 20202
Der Menschenfeind / Die erzwungene Heirat Die gelehrten Frauen. Komödien V. detebe 20203
Der Geizige / Der Bürger als Edelmann Der Herr aus der Provinz. Komödien VI. detebe 20204
Der Hypochonder / Die Gaunereien des Scappino. Komödien VII. detebe 20205
Als Ergänzungsband liegt vor:
Über Molière. Zeugnisse, Essays und Aufsätze von Anouilh bis Voltaire. Mit Chronik und Bibliographie. Herausgegeben von Christian Strich, Rémy Charbon und Gerd Haffmans. detebe 20067

● Ernest Renan

Das Leben Jesu. Autorisierte Übersetzung von 1863. detebe 20419

● Jean Renoir

Die Spielregel. Drehbuch mit Fotos. Deutsch von Angela von Hagen. detebe 20434
Die große Illusion. Drehbuch mit Fotos. Deutsch von Angela von Hagen. detebe 20435
Mein Vater Auguste Renoir. Ein Bericht. Deutsch von Sigrid Stahlmann. kunst-detebe 26024

● Maurice Sandoz

Am Rande. Unheimliche Erzählungen. Deutsch von Gertrud Droz-Rüegg. detebe 20739

● Georges Simenon

Neuedition in Einzelbänden. Bisher liegen vor:
Als ich alt war. Tagebücher 1960–1963. Deutsch von Linde Birk
Briefwechsel. Georges Simenon – André Gide. Deutsch von Stefanie Weiss
Brief an meine Mutter. Deutsch von Trude Fein
Ein Mensch wie jeder andere. Mein Tonband und ich. Deutsch von Hans Jürgen Solbrig
Über Simenon. Zeugnisse und Essays von Patricia Highsmith bis Alfred Andersch. Mit einem Interview, Chronik und Bibliographie. Herausgegeben von Claudia Schmölders und Christian Strich. detebe 20499
Das Georges Simenon Lesebuch. Herausgegeben von Daniel Keel. detebe 20500
Betty / Die Tür. Zwei Romane in einem Sonderband. Deutsch von Raymond Regh und Linde Birk
Der Neger / Das blaue Zimmer. Zwei Romane in einem Sonderband. Deutsch von Linde Birk und Angela von Hagen
Maigret hat Angst / Maigret erlebt eine Niederlage. Zwei Romane in einem Sonderband. Deutsch von Elfriede Riegler
Maigret gerät in Wut / Maigret verteidigt sich. Zwei Romane in einem Sonderband. Deutsch von Wolfram Schäfer
Gesammelte Erzählungen. Deutsch von Wolfram Schäfer. Ein Diogenes Sonderband
Maigret-Geschichten. Erste Folge. Ein Diogenes Sonderband
Zum weißen Roß. Roman. Deutsch von Trude Fein
Der Tod des Auguste Mature. Roman. Deutsch von Anneliese Botond
Brief an meinen Richter. Roman. Deutsch von Hansjürgen Wille und Barbara Klau. detebe 20371
Der Schnee war schmutzig. Roman. Deutsch von Willi A. Koch. detebe 20372
Die grünen Fensterläden. Roman. Deutsch von Alfred Günther. detebe 20373
Im Falle eines Unfalls. Roman. Deutsch von Hansjürgen Wille und Barbara Klau. detebe 20374
Sonntag. Roman. Deutsch von Hansjürgen Wille und Barbara Klau. detebe 20375
Bellas Tod. Roman. Deutsch von Elisabeth Serelmann-Küchler. detebe 20376
Der Mann mit dem kleinen Hund. Roman. Deutsch von Stefanie Weiss. detebe 20377
Drei Zimmer in Manhattan. Roman Deutsch von Linde Birk. detebe 20378
Die Großmutter. Roman. Deutsch von Linde Birk. detebe 20379
Der kleine Mann von Archangelsk. Roman. Deutsch von Alfred Kuoni. detebe 20584
Der große Bob. Roman. Deutsch von Linde Birk. detebe 20585
Die Wahrheit über Bébé Donge. Roman. Deutsch von Renate Nickel. detebe 20586
Tropenkoller. Roman. Deutsch von Annerose Melter. detebe 20673
Ankunft Allerheiligen. Roman. Deutsch von Eugen Helmlé. detebe 20674
Der Präsident. Roman. Deutsch von Renate Nickel. detebe 20675
Der kleine Heilige. Roman. Deutsch von Trude Fein. detebe 20676

Der Outlaw. Roman. Deutsch von Liselotte Julius. detebe 20677
Die Glocken von Bicêtre. Roman. Deutsch von Hansjürgen Wille und Barbara Klau. detebe 20678
Der Verdächtige. Roman. Deutsch von Eugen Helmlé. detebe 20679
Die Verlobung des Monsieur Hire. Roman. Deutsch von Linde Birk. detebe 20681
Der Mörder. Roman. Deutsch von Lothar Baier. detebe 20682
Die Zeugen. Roman. Deutsch von Anneliese Botond. detebe 20683
Die Komplizen. Roman. Deutsch von Stefanie Weiss. detebe 20684
Die unbekannten im eigenen Haus. Roman. Deutsch von Gerda Scheffel. detebe 20685
Der Ausbrecher. Roman. Deutsch von Erika Tophoven. detebe 20686
Wellenschlag. Roman. Deutsch von Eugen Helmlé. detebe 20687
Der Mann aus London. Roman. Deutsch von Stefanie Weiss. detebe 20813
Die Überlebenden der Télémaque. Roman. Deutsch von Hainer Kober. detebe 20814
Der Mann, der den Zügen nachsah. Roman. Deutsch von Walter Schürenberg. detebe 20815
Maigrets erste Untersuchung. Roman. Deutsch von Roswitha Plancherel. detebe 20501
Maigret und Pietr der Lette. Roman. Deutsch von Wolfram Schäfer. detebe 20502
Maigret und die alte Dame. Roman. Deutsch von Renate Nickel. detebe 20503
Maigret und der Mann auf der Bank. Roman. Deutsch von Annerose Melter. detebe 20504
Maigret und der Minister. Roman. Deutsch von Annerose Melter. detebe 20505
Mein Freund Maigret. Roman. Deutsch von Annerose Melter. detebe 20506
Maigrets Memoiren. Roman. Deutsch von Roswitha Plancherel. detebe 20507
Maigret und die junge Tote. Roman. Deutsch von Raymond Regh. detebe 20508
Maigret amüsiert sich. Roman. Deutsch von Renate Nickel. detebe 20509
Hier irrt Maigret. Roman. Deutsch von Elfriede Riegler. detebe 20690
Maigret und der gelbe Hund. Roman. Deutsch von Raymond Regh. detebe 20691
Maigret vor dem Schwurgericht. Roman. Deutsch von Wolfram Schäfer. detebe 20692
Maigret als möblierter Herr. Roman. Deutsch von Wolfram Schäfer. detebe 20693
Madame Maigrets Freundin. Roman. Deutsch von Roswitha Plancherel. detebe 20713
Maigret kämpft um den Kopf eines Mannes. Roman. Deutsch von Roswitha Plancherel. detebe 20714
Maigret und die kopflose Leiche. Roman. Deutsch von Wolfram Schäfer. detebe 20715
Maigret und die widerspenstigen Zeugen. Roman. Deutsch von Wolfram Schäfer. detebe 20716
Maigret am Treffen der Neufundlandfahrer. Roman. Deutsch von Annerose Melter. detebe 20717
Maigret bei den Flamen. Roman. Deutsch von Claus Sprick. detebe 20718
Maigret und die Bohnenstange. Roman. Deutsch von Guy Montag. detebe 20808
Maigret und das Verbrechen in Holland. Roman. Deutsch von Renate Nickel. detebe 20809
Maigret und sein Toter. Roman. Deutsch von Elfriede Riegler. detebe 20810
Maigret beim Coroner. Roman. Deutsch von Wolfram Schäfer. detebe 20811
Maigret, Lognon und die Gangster. Roman. Deutsch von Wolfram Schäfer. detebe 20812
Maigret und der Gehängte von Saint-Pholien. Roman. Deutsch von Sibylle Powell. detebe 20816
Maigret und der verstorbene Monsieur Gallet. Roman. Deutsch von Roswitha Plancherel. detebe 20817
Maigret regt sich auf. Roman. Deutsch von Wolfram Schäfer. detebe 20820

● Stendhal

Denkwürdigkeiten über Napoleon. Fragmente. Deutsch von S. Adler. detebe 20966
Über die Liebe. Deutsch von Franz Hessel. detebe 20967
Armance. Roman. Deutsch von A. Elsaesser. detebe 20968
Rot und Schwarz. Roman. Deutsch von Rudolf Lewy. detebe 20969
Eine Geldheirat. Erzählungen. Deutsch von Arthur Schurig, Franz Hessel, Franz Blei und Otto von Gemmingen. detebe 20970
Die Äbtissin von Castro. Erzählungen. Deutsch von M. von Musil und Franz Blei. detebe 20971
Lucian Leuwen. Romanfragment. Deutsch von Joachim von der Goltz. detebe 20972
Leben des Henri Brulard. Autobiographie. Deutsch von Adolf Schirmer. detebe 20973
Die Kartause von Parma. Roman. Deutsch von Erwin Rieger. detebe 20974
Amiele. Romanfragment. Deutsch von Arthur Schurig. detebe 20975

Als Ergänzungsband liegt vor:
Über Stendhal. Essays und Zeugnisse. Mit Chronik und Bibliographie. Herausgegeben von Irene Riesen. detebe 20976

● Roland Topor

Memoiren eines alten Arschlochs. Roman. Deutsch von Eugen Helmlé. detebe 20775
Der Mieter. Roman. Deutsch von Wolfram Schäfer. detebe 20358

● Jules Verne

Die Hauptwerke, ungekürzt, originalgetreu, mit allen Stichen der französischen Erstausgabe. Bisher liegen vor:
Reise um die Erde in achtzig Tagen. Roman. Aus dem Französischen von Erich Fivian. detebe 20126
Fünf Wochen im Ballon. Roman. Deutsch von Felix Gasbarra. detebe 20241
Von der Erde zum Mond. Roman. Deutsch von William Matheson. detebe 20242
Reise um den Mond. Roman. Deutsch von Ute Haffmans. detebe 20243
Zwanzigtausend Meilen unter Meer. Roman in zwei Bänden. Deutsch von Peter Laneus und Peter G. Hubler. detebe 20244 + 20245
Reise zum Mittelpunkt der Erde. Roman. Deutsch von Hansjürgen Wille und Barbara Klau. detebe 20246
Der Kurier des Zaren. Roman in zwei Bänden. Deutsch von Karl Wittlinger. detebe 20401 + 20402
Die fünfhundert Millionen der Begum. Roman. Deutsch von Erich Fivian. detebe 20403
Die Kinder des Kapitäns Grant. Roman in zwei Bänden. Deutsch von Walter Gerull. detebe 20404 + 20405
Die Erfindung des Verderbens. Roman. Deutsch von Karl Wittlinger. detebe 20406
Die Leiden eines Chinesen in China. Roman. Deutsch von Erich Fivian. detebe 20407
Das Karpathenschloß. Roman. Deutsch von Hansjürgen Wille und Barbara Klau. detebe 20408
Die Gestrandeten. Roman in zwei Bänden. Deutsch von Karl Wittlinger. detebe 20409 + 20410
Der ewige Adam. Erzählungen. Deutsch von Erich Fivian. detebe 20411
Robur der Eroberer. Roman. Deutsch von Peter Laneus. detebe 20412
Zwei Jahre Ferien. Ein Abenteuerroman. Deutsch von Erika Gebühr. Mit 91 Illustrationen von Benett und einer Karte. detebe 20440
Das erstaunliche Abenteuer der Expedition Barsac. Roman. Deutsch von Eva Rechel-Mertens. Mit 54 Illustrationen von G. Roux. Ein Diogenes Sonderband
Die großen Seefahrer und Entdecker. Eine Geschichte der Entdeckung der Erde im 18. und 19. Jahrhundert. Auswahl und Redaktion von Claudia Schmölders. Mit Illustrationen von Philippoteaux und Benett sowie 125 Karten und Faksimiles (nach alten Dokumenten) von Matthis und Morieu. Register. Ein Diogenes Sonderband

● Ambroise Vollard

Erinnerungen eines Kunsthändlers. Deutsch von Margaretha Freifrau von Reischach-Scheffel. Reproduktionen von 29 Bildern, 22 Zeichnungen, 10 Fotos und 15 Dokumenten. kunst-detebe 26022

● Das Diogenes Lesebuch französischer Erzähler

Von Stendhal bis Simenon. Herausgegeben von Anne Schmucke und Gerda Lheureux. detebe 20304

● Liebesgeschichten aus Frankreich

Von Sade bis Simenon. Herausgegeben von Anne Schmucke und Gerda Lheureux. Ein Diogenes Sonderband

Lesebücher im Diogenes Verlag

Das Diogenes Lesebuch klassischer deutscher Erzähler
in drei Bänden: I. von Wieland bis Kleist, II. von Grimm bis Hauff, III. von Mörike bis Busch. Herausgegeben von Christian Strich und Fritz Eicken. detebe 20727, 20728, 20669

Das Diogenes Lesebuch moderner deutscher Erzähler
in zwei Bänden: I. von Schnitzler bis Kästner, II. von Andersch bis Urs Widmer. Herausgegeben von Christian Strich und Fritz Eicken. detebe 20782 und 20776

Das Diogenes Lesebuch amerikanischer Erzähler
Geschichten von Washington Irving bis Harold Brodkey. Bio-Bibliographie der Autoren und Literaturhinweise. Herausgegeben von Gerd Haffmans. detebe 20271

Das Diogenes Lesebuch englischer Erzähler
Geschichten von Wilkie Collins bis Alan Sillitoe. Bio-Bibliographie der Autoren und Literaturhinweise. Herausgegeben von Gerd Haffmans. detebe 20272

Das Diogenes Lesebuch irischer Erzähler
Geschichten von Joseph Sheridan Le Fanu bis Edna O'Brien. Bio-Bibliographie der Autoren und Literaturhinweise. Herausgegeben von Gerd Haffmans. detebe 20273

Das Diogenes Lesebuch deutscher Balladen
von Bürger bis Brecht. Herausgegeben von Christian Strich. detebe 20923

Das Diogenes Lesebuch französischer Erzähler
von Stendhal bis Simenon. Herausgegeben von Anne Schmucke und Gerda Lheureux. detebe 20304

Das Alfred Andersch Lesebuch
Herausgegeben von Gerd Haffmans. detebe 20695

Das Erich Kästner Lesebuch
Herausgegeben von Christian Strich. detebe 20515

Das Karl Kraus Lesebuch
Herausgegeben und mit einem Nachwort von Hans Wollschläger. detebe 20781

Das George Orwell Lesebuch
Essays, Reportagen, Betrachtungen. Herausgegeben und mit einem Nachwort von Fritz Senn. Deutsch von Tina Richter. detebe 20788

Das Georges Simenon Lesebuch
Herausgegeben von Daniel Keel. detebe 20500

Das Urs Widmer Lesebuch
Herausgegeben von Thomas Bodmer. Vorwort von H. C. Artmann. Nachwort von Hanns Grössel. detebe 20783